Valeska von Roques · Verschwörung gegen den Papst

neu € 22,-

€ 9,-

Valeska von Roques

Verschwörung gegen den Papst

Warum Ali Agca auf Johannes Paul II. schoss

Karl Blessing Verlag

Umwelthinweis:
Dieses Buch und sein Schutzumschlag wurden auf chlorfrei gebleichtem Papier gedruckt.
Die Einschrumpffolie (zum Schutz vor Verschmutzung) ist aus umweltschonender recyclingfähiger PE-Folie.

Der Karl Blessing Verlag ist ein Unternehmen der Verlagsgruppe Bertelsmann.

1. Auflage

Umschlaggestaltung: Design Team München
Satz: Uhl + Massopust, Aalen
Druck und Bindung: GGP Media, Pößneck
Printed in Germany
ISBN 3-89667-102-2
www.blessing-verlag.de

Inhalt

Für Padre P. G.,
dem ich wichtige Einsichten verdanke

Vorbemerkung

Zwei Minuten nach dem Verbrechen war der Täter gefasst. Wenige Monate später wurde Ali Agca, damals 23 Jahre alt, der am 13. Mai 1981 zwei Schüsse auf Papst Johannes Paul II. abgegeben hatte, zu lebenslanger Haft verurteilt. Das Motiv des rechtsradikalen Türken für den Anschlag auf das Oberhaupt von damals 800 Millionen Katholiken ist im Laufe der nachfolgenden Jahrzehnte nie aufgeklärt worden. Ali Agca trug selbst kräftig zu dieser Vernebelung bei, indem er der Justiz mehr als 20 verschiedene Versionen für die Ursprünge seiner Tat vorgetragen hat, und so blieb das Attentat auf den Papst eines der ungelösten Rätsel des 20. Jahrhunderts.

Zwar hatte es fast umgehend nach dem Mordanschlag amerikanische Interpretationen des Geschehens gegeben, die den Türken als geheuerten Killer des Kommunismus entlarven wollten. Aber das waren Propagandaprodukte – mit freilich weit reichenden Folgen. Nachdem Agca im Anschluss an das Attentat als Einzeltäter bereits zu lebenslanger Haft verurteilt wurde, scheiterte 1986 ein großer Prozess gegen seine angeblichen bulgarischen Komplizen jämmerlich. Bereits am ersten Verhandlungstag erklärte Agca, er sei Jesus Christus, und stellte seine Kooperation mit der Justiz ein.

Zugleich lief über 13 Jahre lang ein Ermittlungsverfahren des römischen Richters Rosario Priore, das 1998 mit einer Verfahrenseinstellung zu Ende ging. Die Einsichten, die er gewann, die Perspektiven, die seine Ergebnisse eröffneten, lieferten den Ausgangspunkt für meine Arbeit. Rosario Priore, der aussieht wie ein preußischer Landgerichtsrat und sicher genauso präzise ist, bin ich sehr verpflichtet – nicht nur für die Akteneinsicht, die er mir gewährte, sondern auch für viele Informationen, die er mir in ausführlichen Gesprächen gab. Für meine Interpretationen ist Priore jedoch in keiner Weise verantwortlich. Er teilt sie vermutlich nicht alle. Eine Kritik an meiner These kann nur mich treffen. Die Lektüre von tausenden und abertausenden von Aktenseiten aus dem Archiv des römischen Tribunals war auf große Strecken unterhaltsam. Sie wurde wesentlich leichter, als sie ab Anfang der Neunzigerjahre auf Computern geschrieben wurden, was zum Beispiel die Schreibweise von Namen vereinheitlichte. Ich danke dem Präsidenten des römischen Tribunals, Dr. Luigi Scotti, der mir den Zugang zu diesem wichtigen historischen Material ermöglichte.

Etliches fand ich auch im National Security Archive in Washington – eine löbliche Einrichtung der Georgetown University, die mit dem Freedom of Information Act Berge von amerikanischem Material von der CIA erobert hat. Einzelne Anfragen waren weniger erfolgreich. Internationale Historikerverbände fordern immer heftiger, die Archive der CIA für die Forschung zu öffnen.

Nützlich waren Stasi-Akten, die auf ihre Art belegten, wie Bulgarien sich gegen die westliche Schuldzuweisung gewehrt hat. Erich Mielke und seine Leute halfen ihm dabei. So viel Solidarität musste sein. Türkische Akten bezogen sich in der Mehrheit auf die Susurluk-Affäre, die mit dem wahrscheinlich manipulierten Unfalltod Abdullah Catlis begann, der in der rechten Todesschwadron, der Agca angehörte, der Boss war.

Die elektronischen Medien sind zu einem unverzichtbaren Hilfsmittel für Zeithistoriker geworden. Stunde um Stunde konnte ich zum Beispiel das Attentat auf Johannes Paul II. im elektronischen Archiv der italienischen Nachrichtenagentur *Ansa* (www.dea.ansa.it) verfolgen; die amerikanische Presse ist inzwischen fast komplett über das elektronische Archiv des *Wall Street Journal* (www.djinteractive.com) abrufbar, wenn auch gegen ziemlich heftige Zahlung. Zunehmend breiter ist auch die europäische Presse bei DowJones vertreten.

Ganz besonders nützlich und originell ist das zeithistorische Archiv PIR (Public Information Research, www.pir.org) von Daniel Brandt, der in San Antonio, Texas, lebt. Bei Eingabe eines wichtigen Namens erscheint eine Literaturliste mit Seitenangaben. Die genannten Seiten werden auf Wunsch fotokopiert und treffen selbst in Italien innerhalb von wenigen Tagen aus San Antonio ein. Zugleich entwirft der computerbesessene Brandt völlig neuartige Grafiken, welche die Beziehungen einzelner Personen zu anderen optisch darstellen. Noch ist diese elektronische Schatztruhe überwiegend auf amerikanische, das heißt, englischsprachige Zeitgeschichte spezialisiert. Das aber sollte sich ändern. Erfreulich ist es natürlich auch, dass Personen, die man früher angerufen oder sogar selbst aufgesucht hätte, um mit ihnen zu reden, inzwischen meistens bereit sind, Fragen per E-Mail zu beantworten. Man kann auch über ernsthafte Themen chatten.

Von besonderer Hilfsbereitschaft war der türkische Journalist Hakan Kara, Nachrichtenchef der Tageszeitung *Cumhurryet*, der in seinem PC ein erstaunlich vielfältiges elektronisches Archiv aufgebaut hat und mich großzügig daran teilhaben ließ. Hakan ist in Deutschland aufgewachsen und hatte entsprechend auch deutsches Material gesammelt. Meine Kollegin Yasmin Taskin, Korrespondentin der türkischen Tageszeitung *Shabah* in Rom, hat mir mit ihrem Netz von Verbindungen in Istanbul und Ankara weitergeholfen und die wichtigsten Kapitel aus Büchern übersetzt, die für meine Arbeit unabdingbar waren.

Kollegen und Freunde, mit denen ich mein Vorhaben besprach, baten mich, Ross und Reiter in diesem Jahrhundertverbrechen zu finden und zu nennen. Es hat fast drei Jahre gedauert, bis ich genügend Indizien gesammelt hatte, um meinen Verdacht niederzulegen. So viel im Voraus: Es spricht vieles dafür, dass der Mordanschlag auf Papst Johannes Paul II. im Westen entworfen sein könnte, wenn auch nicht von der CIA. Die Bulgaren und der KGB sind, jahrelang als Hintermänner im Verdacht, unbeteiligt. Ihnen die Schuld an dem Mordanschlag auf den Papst unterzuschieben, war von vornherein Bestandteil des Projekts.

Ich danke allen, die mir Mut machten, ein Thema aufzugreifen, bei dem Ergebnisse alles andere als gewiss waren, vor allem Peter Matson, meinem New Yorker Agenten, der stoische Geduld bewies.

Freunde haben mir meine Wanderungen zwischen Istanbul, Washington, Rom, Hamburg und New York mit ihrer Gastfreundschaft ermöglicht. Ich danke besonders Ann und Paul Sperry in New York, Norman Birnbaum in Washington, Christa Naumann und Gisela Augstein Stelly in Hamburg, Sophie und Christoph v. Bethmann-Hollweg auf Gut Altenhof. Meine Tochter Karoline hat ihre letzten Weihnachtsferien vor dem Abitur auch dazu genutzt, ihrer Mutter die Akten zu ordnen und binden zu lassen und mit der Literaturliste anzufangen. Ihnen allen gilt mein besonderer Dank.

Kapitel 1

Ende eines Pontifikats

Johannes Paul II. glitt auf einer rollenden Plattform durch den Petersdom, die von zwei vatikanischen, weiß behandschuhten Dienern in Schwarz geschoben wurde. Der alte Mann stützte sich schwer auf ein vorne angebrachtes Geländer. Nur dann und wann, erkennbar mühsam, gelang es ihm, seinen rechten Arm zum Zeichen des Segens zu heben. Es war ein kläglicher Anblick, gespenstisch und tragisch zugleich. Ein Rollstuhl hätte der Realität eines greisen, schwer kranken, fast bewegungsunfähigen Papstes wahrscheinlich würdevoller entsprochen.

Während seine Kirche ihr 2000-jähriges Jubiläum eröffnete, was gerade in Rom allerlei historische Widerrede fand, sprach die physische Erscheinung des über 80-jährigen Johannes Paul II. erkennbar vom Ende seiner Tage. Die Parkinson'sche Krankheit, eine Degeneration des Nervensystems, nahm ihm zunehmend die Kontrolle über seinen Körper und seinen Geist. Das Medikament, das die Symptome mildern soll, ist mit schweren Nebenwirkungen verbunden. Es erzeugt bei vielen Patienten nicht nur Depressionen, sondern auch zeitweilige Absencen oder Zustände von geistiger Verwirrung. Gerade deshalb nahm der Papst so wenig wie möglich davon ein – was sein Krankheitsbild nach außen immer auffälliger und seine Hilflosigkeit offenkundig machte.

Die Artikulation beim Sprechen fiel Johannes Paul II.

zunehmend schwer. Seine Gesichtsmuskulatur funktionierte kaum noch, was seinem aufgeblähten Gesicht eine unheimliche Starre gab, zumal auch die Augen ihr Blinken eingestellt hatten. Seine Fähigkeit zu kommunizieren war in jeder Hinsicht reduziert. Es war das sichtbare Ausgeliefertsein eines alten Menschen an Kräfte, die er nicht mehr kontrollieren konnte; es war die Machtlosigkeit des einst mächtigsten Mannes der katholischen Kirche, des geistlichen Oberhauptes von fast einer Milliarde von Katholiken rings um den Erdball, es war seine Unfähigkeit, sein Leben und sein Amt selbst zu steuern; es war eine Schmach, die selbst Agnostiker betroffen machte: dass dieser im 20. Jahrhundert wahrscheinlich wichtigste Papst zu Beginn des neuen Jahrtausends von zwei Schwarzgekleideten durch den Petersdom geschoben werden musste wie eine lebensgroße Puppe.

Für Kenner der Machtverhältnisse im Vatikan war das Bild zudem von einer makabren Symbolik überlagert. Die beiden Diener, die das päpstliche Podest bewegten und seinen Pfad bestimmten, konnten als Repräsentanten der beiden antagonistischen Lager gesehen werden, die sich seit Jahren im Vatikan zäh bekämpfen, Mord eingeschlossen: Der Papst ist ihnen ausgeliefert, seit langem. Nur das faktische Interregnum bewirkt, dass die beiden Seilschaften (mit ihren durchaus schwimmenden Abgrenzungen und Querströmungen) an der Wende vom zweiten zum dritten Jahrtausend ihren Kriegszustand unauffällig halten: Ein Konklave steht an, das von seinen Teilnehmern in allererster Linie verdeckte Karten verlangt.

Gleichwohl sind die Lager abgesteckt. Die Anhänger des integralistisch-reaktionären Opus Dei, die die Ergebnisse des Zweiten Vatikanischen Konzils annulieren möchten, belagern die in einem logenähnlichen Geheimbund verknüpfte, überwiegend italienische Kurienfraktion, die auch kaum als liberal bezeichnet werden kann. Das Opus Dei hat unter dem Papst aus Polen weites Terrain gewonnen; manche sagen, es habe schon gesiegt. Radikal-konservative Aussagen werden dem Papst in den Mund gelegt, gegen die er sich nur zuweilen wehrt; als etwa Kardinal Ratzinger, Oberhaupt der kirchlichen Orthodoxie, behauptete, der Katholizismus sei die einzig seligmachende Religion, korrigierte ihn der Papst. Darin eine Trendwende zu sehen, gar einen Aufstand liberaler Kräfte im Vatikan, wäre völlig verfehlt.

Zunehmend isoliert, umgab sich der Papst mit seinen engsten polnischen Getreuen, dem an den Rollstuhl gefesselten Landsmann Kardinal Andrze Deskur und seinem langjährigen Privatsekretär Stanislaw Dziwisz. Seine täglichen Pflichten waren an der Jahrtausendwende bereits extrem reduziert worden. Meist ging der Papst um sechs Uhr abends zu Bett.

Immer wieder wurden die Gläubigen von allgemein erkennbaren Krankheitssymptomen und von der Schwäche des Papstes alarmiert: die Öffnung der heiligen Tür am Silvesterabend des Jahres 1999 gelang ihm nur mit Mühe; Anfang November desselben Jahres hatte er in Neu-Delhi, vor dem Denkmal Mahatma Gandhis, das Gleichgewicht verloren und drohte hinzufallen. Wenig später befand sich der immer noch unablässig auf Reisen geschickte Papst in Georgien. Aus Tiflis berichtete der *Corriere della Sera*: »Der Papst hat dreimal gewaltig gezittert. Nicht mit der Hand, mit dem ganzen Körper. Es hat lange gedauert, vielleicht eine Minute, als er sich am Flughafen von Tiflis auf den für ihn reservierten Stuhl neben Eduard Schewardnaze gesetzt hatte. Sein Privatsekretär hat sich ihm genähert und ihm ins Ohr gesprochen; er hat seine Hand auf die Schulter des Papstes gelegt und ihm geholfen, den roten Mantel anzuziehen.«[1]

Joaquín Navarro-Valls, der Sprecher des Vatikans, war, wie üblich, um eine Erklärung nicht verlegen. Der Papst habe gefroren, sagte er. Am 12. Juni 1999, während seines achten Besuchs in Polen erschien Karol Wojtyla mit einem Pflaster an der Stirn, das eine kleine Wunde verdeckte, die mit drei

Stichen genäht worden war. Navarro-Valls: Der Papst sei ausgerutscht. Die Journalisten dagegen sprachen von einer kurzen Ohnmacht. Drei Tage später: Ein hohes Fieber zwang den Pontifex, sämtliche Verpflichtungen für den Tag zu streichen. Die geplante Kurzreise nach Armenien wurde abgesagt.

Der physische Bankrott des Karol Wojtyla, der nach Antritt seines hohen Amtes 1978 in seiner Freizeit sich beim Bergsteigen, Skifahren und Schwimmen erholte, wurde nicht nur durch die parkinsonsche Krankheit beschleunigt. Seine Gesundheit ist in einer langen Serie von Unfällen und Krankheiten ruiniert worden, die ihm immer wieder Operationen unter Vollnarkose aufzwangen: Zuletzt die Blinddarmoperation 1996, vier Jahre zuvor die Entfernung eines gutartigen Tumors; ein Oberschenkelhalsbruch 1984, eine Bauchoperation im Sommer 1981 und schließlich das Attentat des Türken Ali Mehmed Agca, mit einer schwierigen Rekonvaleszenz, die sich über mehr als sechs Monate erstreckte.

Eine Anfang 2001 erschienene Insiderschrift, das zweite Buch anonymer Kleriker, die sich »Discepoli della Verità« nennen, zitiert eine medizinische Kapazität: »Die Störungen des Bewegungsapparates des Papstes sind auf Anomalien im Zerebralsystem zurückzuführen; sie sind das Ergebnis der Ansammlung kleinerer Pathologien, die im Zusammenhang der fünf Vollnarkosen im Lauf von ebenso vielen Operationen entstanden sind, und vor allem die zerebralen Folgen des plötzlichen Verlustes von drei Litern Blut beim Attentat von 1981.«[2]

Johannes Paul II. hatte diesen verhängnisvollen Tag im Mai 1981 als kräftiger und sogar attraktiver Mann begonnen, der jünger wirkte als seine 60 Jahre. Das sollte sich für immer ändern. Die Verletzung des Papstes durch die Schüsse des Türken war weitaus schwerwiegender, als es die optimistischen Gesundheitsbulletins aus dem vatikanischen Pressesaal erkennen lassen wollten.

Die Folgen des Attentats, die Johannes Paul II. fast ein halbes Jahr lang von der vollen Ausübung seiner Amtspflichten fern hielten, wurden systematisch bagatellisiert und behandelt wie ein »unbedeutender Jagdunfall«, so der vatikanische Kleriker Monsignore Marinelli. »Für mehr als fünf Monate war die römische Kirche ohne Papst, aber der Heilige Vater, der dem Stuhl Petri zurückgegeben wurde, glich dem Schatten von Johannes Paul II.«[3] Die gerichtliche Klärung des Geschehens hat der Vatikan boykottiert. Drei Prozesse und ein Ermittlungsverfahren um das Attentat blieben überwiegend wegen der Haltung des Vatikans ohne Ergebnis. Am Ende eines Ermittlungsverfahrens, das sich über 13 Jahre hingezogen hatte und 1998 ohne Anklageerhebung endete, kam der römische Ermittlungsrichter Rosario Priore zu einer »bitteren Schlussfolgerung: Die Zusammenarbeit zwischen den Staaten in diesem einzigartigen Delikt, das als Verbrechen des Jahrhunderts bezeichnet worden ist, war minimal oder nicht existent.

Zu nennen sind in erster Linie der Vatikan, der sich auf eine rein formelle Behandlung des italienischen Rechtshilfeersuchens beschränkt hat, und Frankreich, das wichtige Quellen zum Staatsgeheimnis erklärte. Es bleibt der starke Eindruck, dass auf den höchsten Ebenen der Staaten ein verbreiteter Willen besteht, einen unverrückbaren Felsstein auf das Geschehen zu wälzen.«[4]

Sowohl Rosario Priore als auch seine Kollegin Adele Rando, die sich mit dem Verschwinden der 15-jährigen Vatikanbürgerin Emanuela Orlandi im Jahr 1983 befasste, hatten in ihren Anträgen an den Vatikan darum gebeten, etliche hohe Kleriker vernehmen zu dürfen, unter ihnen die Kardinäle Sodano, Ratzinger und Oddi sowie den (inzwischen verstorbenen) Kardinal Agostino Casaroli. Die beiden Ermittler hatten sehr gute Gründe dafür. Einige davon sind an die Öffentlichkeit gesickert und werden in diesem Buch behandelt. Mit dem Hinweis auf die staatliche Souveränität des Kirchenstaates wurde die italienische Justiz immer wieder abgewiesen, obwohl es darum ging, ein kapitales Verbrechen auf das Oberhaupt der katholischen Kirche mit ihren globalen Verzweigungen aufzuhellen.

Den wichtigsten Grund für das Scheitern der Gerichte bei der Aufklärung des Attentats aber lieferte die Politik. Zwei amerikanische Propagandisten, die Journalistin Claire Sterling und der ehemalige CIA-Mann Paul Henze, fanden mit ihren Thesen, dass Ali Agca vom bulgarischen Geheimdienst angeheuert und vom sowjetischen KGB gesteuert worden sei, in der westlichen Welt allzu schnelle, unkritische Akzeptanz. Sterlings *Time of Assassins* erschien 1983, genau wie Henzes *The Plot to Kill the Pope*. Gegenpropaganda aus dem östlichen Lager blieb nicht aus, etwa das schnell zusammengenagelte Buch *On the Wolf's Track* des sowjetischen Korrespondenten der *Literaturnaja Gazeta* in New York, Ion Antonow, oder das aus östlichen Geheimdienstquellen gespeiste Buch des französischen Rechtsanwalts Christian Roulette, *La Filière* (Das Netz). Die »bulgarische These« von Sterling und Henze haben zwar zwei amerikanische Politologen, Edward Herman und Frank Brodhead, umgehend und gründlich demontiert, zunächst in Aufsätzen, die sie in der Anti-CIA-Zeitschrift *Covert Action* veröffentlichten, dann in ihrem 1986 erschienenen Buch *The Rise and Fall of the Bulgarian Connection*.

Aber ihre wichtigen Einsichten blieben weitgehend unbeachtet oder gelangten über Akademikerkreise in den USA nicht hinaus. Bis auf den heutigen Tag wird das Attentat auf den Papst mit dem Klischee kommentiert: Ach ja, das waren doch diese Bulgaren. Immerhin scheinen in dieser Auffassung die weltpolitischen Parameter auf, welche die Interpretation des Anschlags auf den Papst ebenso bestimmt haben wie seine Genesis.

Am Ende der Siebziger-, Anfang der Achtzigerjahre hatte

sich eine von spasmodischen Veränderungen geschüttelte Welt in einen neuen kalten Krieg verrannt, der an Hysterie und wechselseitiger Aggressivität seinem Vorgänger in den Fünfzigerjahren kaum nachstand. In Vietnam war die Hightechmilitärmacht USA an der überlegenen Strategie, Flexibilität und Ausdauer des Vietcong gescheitert. Eine gedemütigte Nation flüchtete sich in Großmachtallüren und in einen neuen, aggressiv gefärbten Patriotismus. Aber Amerika wird erneut in den Staub geworfen, als im November 1979 in Teheran die fanatisierten Anhänger des Ayatollah Khomeini, einer archaischen Gestalt mit langem Bart und wallendem Gewand, die amerikanische Botschaft besetzen und 53 Amerikaner in Geiselhaft nehmen. Und als sei das nicht genug: Im April 1980 scheitert eine Rettungsaktion der USA, bei der drei von acht gewaltigen Militärhubschraubern technisch versagen und ein vierter nach einem Zwischenstopp in der iranischen Wüste ein Begleitflugzeug rammt.

Nach dem glücklosen Jimmy Carter übernimmt Ronald Reagan die Führung der Nation, ein ehemaliger Filmschauspieler, der sein Verständnis von der Welt in die einfachen Begriffe der patriotischen Hollywoodproduktionen fasst, in denen er früher mitgewirkt hat. Die USA spielen Sheriff der westlichen Welt, zuweilen an unterproportional wichtigen Objekten, etwa mit der Invasion der Karibikinsel Grenada. Die Sowjetunion, als konventionelle Militärmacht den USA vielfach überlegen, sucht ihre innere Schwäche mit außenpolitischen Abenteuern auszugleichen: Sie besetzt, mit großen Opfern unter ihren jungen Soldaten, Afghanistan und unterstützt mit ihren Truppen antiwestliche Freiheitsbewegungen in Afrika.

Im Innern werden die immer stärker, immer vielfältiger werdenden Stimmen der Dissidenten drakonisch unterdrückt. In Polen entsteht – unter ständiger Bedrohung durch eine sowjetische Invasion – die erste demokratische Gewerkschaftsbewegung des Ostblocks. Der Vatikan unterstützt Solidarność entgegen aller internationaler Spielregeln mit unzähligen Dollarmillionen. Wachsende Spannung also rings um den Erdball. Alle in den vorangegangenen Jahren unternommenen Versuche von Entspannung und Abrüstung gehen über Bord. Die USA entwerfen gigantische Rüstungsprojekte. So soll die Interkontinentalrakete MX auf einem tausende von Kilometer langen Schienensystem in der Wüste Nevada hin und her gefahren werden, begleitet von hunderten von Attrappen ihrer selbst – für den Angriff des Feindes aus dem Osten ein reines Vabanquespiel.

Vermutlich nach einem Besuch in einem Hollywoodstudio[5] fällt Ronald Reagan das Star-Wars-Konzept ein, ein Laserschild über dem amerikanischen Kontinent, an dem die östlichen Megaraketen abprallen würden. Schon der Plan verstört die Russen. In einen ähnlichen Irrsinn sind europäische Länder verwickelt.

In Italien hat eine illegale Freimaurerloge, die P2, gleichsam einen Untergrundstaat gebaut, dem die wichtigsten Männer aus dem Militär, den Geheimdiensten, der Wirtschaft und der Politik angehören. Ungeachtet der Tatsache, dass in den Siebzigerjahren die sowjetische Bedrohung durchaus geschrumpft war, sieht der italienische Männerbund P2 seine Existenzberechtigung im Kampf gegen den Kommunismus. Angeblich um die Demokratie zu retten, hat das untergründige Netz der P2 die demokratische Willensbildung in Italien über etliche Jahre hinweg entscheidend gestört.

In der Türkei, der Heimat Ali Agcas, wütet ein entfesselter Terrorismus. Das Morden hatte in den Sechzigerjahren mit den vornehmlich linken Studentenunruhen begonnen, zehn Jahre später wurde es vornehmlich von rechten Todesschwadronen besorgt. Ali Agca gehörte einem solchen Killerkommando an.

Da wo er herkam, aus einem Slum am Rande der Provinzhauptstadt Malatya im westlichen Anatolien, waren die Straßen nicht gepflastert, und in den zusammengeschusterten Hütten schliefen die Bewohner auf dem festgestampften Lehmboden. Alis Vater arbeitete in einer Mine, er trank und schlug seine Frau. Eines Tages kam er nicht mehr nach Hause. Ali, 1958 geboren, zwei jüngere Geschwister, Adnan und Fatima, wird mit zwölf Jahren Ernährer der Familie. Er verkauft Wasser an die Reisenden auf dem Bahnhof, wenig später schleppt er auf Baustellen Zementsäcke. Seine politischen Ansichten sind früh geprägt. Ein Foto des 14-Jährigen zeigt ihn stolz mit Gewehr und Freunden von den Grauen Wölfen, der bewaffneten Miliz der faschistischen Partei NAP.[6] Agca schreibt überschwängliche Gedichte auf Adolf Hitler und wird in der Schule bestraft, als er die Mauern des Schulhofs mit Nazislogans beschmiert. Aber er ist auch ein guter Schüler, gewinnt ein Stipendium für die Universität und begibt sich zum Studium nach Istanbul, wo er sich umgehend rechtsradikalen Studenten anschließt, zu denen auch Oral Celik, ein Schulfreund aus Malatya gehört. Die beiden begehen dann und wann Raubüberfälle und sind fanatische Graue Wölfe.

Ende 1978 laufen beachtliche Geldsummen, insgesamt etwa 10000 Dollar auf verschiedenen Konten Ali Agcas ein. Der Einzahlende fälscht die Unterschrift des Studenten Agca. Aus welchen Quellen das Geld stammt, blieb ungeklärt. Am 1. Februar 1979 begeht Ali Agca gemeinsam mit Celik und einem unerkannt gebliebenen Komplizen seinen ersten politischen Mord. Die Gruppe stoppt den Chefredakteur der liberalen Tageszeitung *Milliyet*, Abdi Ipekci, bei der Ankunft vor seiner Wohnung im Zentrum Istanbuls und tötet ihn mit mehreren Kopfschüssen. Bis heute ist die Dynamik des Attentats und die Frage, wer wirklich geschossen hat, nicht geklärt. Die türkische Justiz mauert. Die Familie Ipekci gedenkt, ihren Fall vor den Europäischen Gerichtshof zu tragen. Ali Agca wird im Juni 1979 verhaftet, nachdem ihn ein Gesinnungsgenosse denunziert hat, und ins Militärgefängnis Kartal Maltepe eingeliefert. Fünf Monate später befreien ihn Anhänger der Faschistenpartei. Agca erschießt seinen Denunzianten, nachdem er ihn gemeinsam mit seinen Freunden schrecklich gefoltert hatte. Am Tag vor dem Eintreffen des Papstes in Istanbul schreibt Ali Agca einen öffentlichen Brief, in dem er droht, das Oberhaupt der Katholiken zu erschießen. Er selbst hat später ausgesagt, dass dieses Projekt nicht ernst gemeint war – er wollte, dass sich die Polizei auf den Schutz des Papstes konzentriert, statt ihn, den inzwischen zum Tode verurteilten Terroristen, zu suchen.

Drei Wochen lang verbirgt sich Agca bei dem Chef seiner Bande, Abdullah Catli, dann begibt er sich auf eine unstete Flucht, auf der ihn freilich von seiner Tat begeisterte Anhänger der Faschistenbewegung gerne beschützen und verstecken. Im Frühjahr 1980 unternimmt Agca eine merkwürdige Reise in den Iran, die zeitlich mit dem amerikanischen Versuch, die Geiseln zu befreien, zusammenfällt.

Einige Tage Ende Juli/Anfang August 1980 – keineswegs sechs Wochen lang, wie Sterling/Henze behaupten – finden wir Agca in der bulgarischen Hauptstadt Sofia. Der türkische Waffen- und Drogenhändler Bekir Celenk versorgt den jungen Flüchtling mit Reisegeld – später, als sich das Projekt »Papst« deutlicher abzeichnet, wird Celenk auf ihn zurückkommen.

Ohne Geldsorgen begibt sich Agca von nun an auf eine monatelange Europatour, auf der er nichts entbehren muss. Er besucht seine Freunde Oral Celik und Abdullah Catli, die nach dem Militärputsch in der Türkei im September 1980 in komfortablem Exil erst in Frankreich und dann in Österreich leben. Das Projekt Papst ist inzwischen geboren worden. In Wien wird bei einem neofaschistischen Waffenhändler der Revolver gekauft, mit dem Ali auf den Heiligen Vater schießen soll. Der Zeitpunkt ist bereits festgelegt: der 13. Mai, der

Tag der Madonna von Fatima, oder, falls das Attentat aus irgendwelchen Gründen an diesem Tag nicht stattfinden kann, am Sonntag oder am Mittwoch darauf. Vor der Erfüllung seiner Mission gönnt sich Ali noch einen 14-tägigen Urlaub auf Mallorca. Die italienische Reisegruppe, mit der er unterwegs ist, erlebt ihn als »einsamen Wolf«.

13. Mai 1981. Ali Agca befindet sich seit zwei Tagen in Rom, in wechselnden Unterkünften. Die Nacht vor dem Anschlag wohnt er in der Pension Isa des Vatikans. In der gemeinsam mit der italienischen Journalistin Anna Maria Turi verfassten Autobiografie, die mehr Dichtung als Wahrheit ist, schildert der Attentäter, wie er sich im Morgengrauen erhebt, »um zehn Minuten lang auf den Knien zum Allmächtigen zu beten«. Er rasiert sich sorgfältig und entfernt auch sein gesamtes Körperhaar, um sich auf den Heldentod, der ihm gewiss scheint, vorzubereiten.

»Mit leichter Kost und spirituellen Übungen«, schreibt Agca, habe er sich auf die Endphase seines Projekts vorbereitet und weiß nun: »Ich möchte weder essen noch trinken. Seit drei Tagen ernähre ich mich sehr einfach, mit Obst, Gemüse oder Käse. Ich trinke Milch, Pampelmusensaft oder Orangeade, alles in minimalen Mengen. Es ist eine Diät, die dazu beiträgt, dass ich mich leicht und unbeschwert fühle. Die der Meditation gewidmete Ruhepause in Spanien hat mir meine physische und seelische Energie wiedergegeben.«[7] Ein Mann, eine Mission, zwölf Stunden vor der Tat. Als er gegen neun Uhr morgens seine Pension verlässt, fällt ihm auf, dass deren Name in arabischer Umschrift auch »Jesus« bedeuten könnte. »Ich lächele«, schreibt Agca im Nachhinein, »und es scheint mir wie vorherbestimmt, dass ich von der Pension Jesus aufbreche, um das Oberhaupt der katholischen Kirche zu ermorden.«[8]

Kapitel 2

Ein Mordanschlag

Die Schüsse fallen um 17.17 Uhr. Zwei kurze, harte Detonationen[1] und ihr Widerhall vom Rund der Bernini-Säulen, die den Petersplatz umschließen, der knatternde Flügelschlag aufstiebender Tauben, gefolgt von jener Sekunde der Stille, in der eine noch diffuse Wahrnehmung in menschlichen Gehirnen definiert und verstanden wird.

Dann ein plötzliches Durcheinander von Stimmen, ein Aufschreien, das der Woge des Entsetzens folgt, die über den Petersplatz läuft. »Der Papst, sie haben den Papst erschossen«, ruft jemand, und wer sich auf der rechten Seite des Platzes befindet, etwa in der Höhe der vatikanischen Post, meint auch, es gesehen zu haben. In seinem offenen, weißen Jeep, in dem er stehend durch die Menge glitt, sinkt Johannes Paul II. nach hinten, in die Arme seines Privatsekretärs Don Stanislaw Dziwisz und seines persönlichen Adjutanten Angelo Gugel.

Ein berühmt gewordenes Foto zeigt das verstörte Gesicht des Papstes, in dem Überraschung zu lesen ist und der einsetzende Schmerz. Inzwischen färbt von innen hochquellendes Blut die weiße Soutane Karol Wojtylas und breitet sich aus »wie eine Rose, die sich entfaltet«.[2] Die »campagnola«, der Toyota-Jeep, mit dem Karol Wojtyla in der Sommersaison an jedem Mittwochnachmittag bei gutem Wetter den Petersplatz umkreist, hat jäh gewendet. Fünf Sicherheitsbeamte sind auf das hintere Trittbrett des Jeeps gesprungen, zwei weitere laufen voraus, um dem Wagen mit gebrüllten Kommandos den Weg durch die Menge der entsetzten Gläubigen zu bahnen. Die »campagnola« kehrt in den Vatikan zurück. Wenig später braust eine Ambulanz des Malteser Hilfsdienstes durch das St.-Anna-Tor, den offiziellen Eingang des Kirchenstaates, und steuert in wildem Tempo das Klinikum der katholischen Universität Gemelli im Nordwesten der Stadt an, mit 1029 Betten und mehr als 500 Ärzten eines der größten Krankenhäuser der Stadt. Acht Minuten nach den Schüssen des Attentäters fährt die Ambulanz dort vor.

Unter einem wolkenüberwehten Maihimmel hatte die Mittwochsaudienz 40 Minuten vorher pünktlich begonnen. Um genau 17.05 Uhr erschien der Wagen des Papstes auf der linken Seite des Petersdoms. Der Pontifex blickte zufrieden auf eine erwartungsvolle, freudig gestimmte Menge von etwa 20000 Menschen: auf Nonnen mit ihren Grundschülern, die in ihren steif gestärkten hellblauen und rosa Kittelchen aussahen wie kleine Bonbons; auf Pilger aus aller Welt, unter ihnen fast tausend Polen, so viele auf einmal hatten sich selten auf dem Petersplatz eingefunden. Da standen in dichten Gruppen polnische Bäuerinnen in Landestracht, aufgeregt und überwältigt von der barocken Pracht, die sie umgab, zahlreiche Priester und Nonnen waren mit ihnen gereist, und schließlich hatte sich auch eine 450 Mann starke Abordnung von Solidarność, der polnischen Gewerkschaftsbewegung, auf dem Petersplatz aufgebaut; erst nach zähen Verhandlungen mit der polnischen Regierung hatte sie ausreisen dürfen. Friedlich aufgereiht in der Mitte des Platzes, fanden sich die Polen neben einer Delegation amerikanischer Marineoffiziere aus Neapel in ihren schneeweißen Uniformen. Ein Kirchenchor aus der Bundesrepublik hatte sich die Wartezeit vertrieben, indem er Frühlingslieder trällerte, wobei das deutsche Liedgut zuweilen von den Quetschtönen aus den Dudelsäcken von Hirten aus den Sabiner Bergen untermalt wurde. Strahlende Gesichter überall, flatternde Fähnchen, wippende Ballons und ein leichter Wind. Auch der Papst sah ausgeruht und rosig aus, ein kraftvoller Mann von 60 Jahren. »Wie jung er wirkt«, sagt eine Ordensschwester zu ihren Gefährtinnen.[3]

Verborgen hinter einer stämmigen Nonne, auf der rechten Seite der Arkade, wartet Ali Agca, ein 23-jähriger Türke, darauf, dass sich der Papst ihm nähere. Er ist ein magerer junger Mann mit ausgeprägten Backenknochen und olivfarbener Haut, der Wert darauf gelegt hat[4], sich für sein großes Vorhaben ordentlich zu kleiden. Er trägt einen leichten grauen Doppelreiher. Über dem Revers der Jacke liegt der offene Kragen seines hellblauen Hemdes. Seine Ponyfrisur ist frisch gestutzt. So wie er da steht, könnte er ein junger Tourist aus dem Nahen Osten sein. Doch die Kamerahülle, die ihm vor dem Bauch hängt, verbirgt eine Browning Parabellum Kaliber 9 mm, während in seiner Umhängetasche eine Rauchbombe wartet, die er bei seiner Flucht zünden will. Ali Agca gedenkt zu entkommen. Seine Komplizen haben zwischen den Gläubigen Position bezogen. Ein Fluchtauto steht mit laufendem Motor an der vatikanischen Post für ihn bereit. Ein letzter Blickkontakt zwischen den Verschwörern bestätigt: Es kann losgehen.

Der weiße Jeep zieht eine erste Runde auf der linken Hälfte des Petersplatzes, um sich dann in dessen rechte Zone zu begeben. In etwa sechs Meter Entfernung fährt der Papst an dem Attentäter vorbei, wobei er diesem den Rücken zuwendet. Agca, ein sorgfältig trainierter Killer, hätte ihn leicht treffen können – aber er scheut sich davor, »einen Menschen von hinten zu ermorden«.[5] Der Papst nähert sich nun ein zweites Mal der Absperrung, hinter der Agca lauert. Ein blondlockiges Kleinkind, das freudig einen hellblauen Ballon schwenkt, wird dem Papst zum Kuss nach oben gereicht. Wieder zögert der Attentäter. Doch als sich der Jeep erneut in Bewegung setzt, hebt Ali Agca die Arme durchgestreckt nach oben, lässt die Kamera fallen, um über die Köpfe der vor ihm Stehenden hinweg auf den Papst zu feuern.

Aus der Nähe vernommen, hörten sich die Schüsse an wie eine »ohrenbetäubende Explosion«, so Don Dziwisz später. Eine der austretenden Kugeln trifft eine amerikanische Touristin, Ann Odry, in die Brust und verletzt sie lebensgefährlich. Die neben ihr stehende Rose Hall aus Jamaika streift die Patrone leicht am Oberarm, ohne größeren Schaden anzurichten. In den ersten, verworrenen Momenten nach seinen Schüssen versucht Agca noch zu fliehen. Aber er wird von der Nonne festgehalten, hinter der er sich versteckt hatte. »No io, no io, sono solo« (nicht ich, ich bin allein), stammelt der junge Türke in seinem kümmerlichen Italienisch, aber die Nonne schreit ihm entgegen: »Du warst es wohl, ich habe es selbst gesehen.«

Ein zweiter Versuch Agcas, sich aus dem festen Griff der stämmigen Frau zu lösen, gelingt, aber jetzt stürzt sich eine aufgebrachte Menge auf ihn: »Haltet ihn fest, bringt ihn um, der soll hier nicht lebend wegkommen«, schreien einige. Zornige Katholiken prügeln auf den jungen Mann ein, treten ihn mit Füßen, schlagen ihn ins Gesicht. Lynchjustiz bahnt sich an. Zwei Polizeibeamte kämpfen sich durch das dichte Knäuel der aufgebrachten Gläubigen, entreißen ihnen den jungen Türken und nehmen ihn fest. Agca steht ruhig und ausdruckslos da, als sei er wegen zu schnellen Fahrens angehalten worden. Folgsam schreibt er seinen Namen samt Geburtsdatum auf ein Stück Papier, das ihm gereicht wird. Er »benahm sich, als ginge ihn die ganze Angelegenheit nichts an«, so einer der Polizisten, die ihn festnahmen. Agca wird an den Rand des Platzes geführt und in einen wartenden Streifenwagen gestoßen, der mit kreischenden Reifen und wirbelndem Blaulicht davonrast. »Es waren nur Minuten vergangen, aber es schien mir, als sei ich über Stunden in einem Albtraum gefangen gewesen«, erinnert sich eine Afrikanerin unter ihrem gewaltigen

Turban aus gelbem Stoff.[6] Nonnen treiben ihre Schulklassen zusammen, um schnell den Ort des Schreckens zu verlassen. Über der sich auflösenden Menge kreisen die ersten Polizeihubschrauber mit knatterndem Propellerschlag.

Dann meldet sich die Kirche wieder zu Wort. Ein Monsignore besteigt das leer gebliebene Podium, auf dem die einsamen Stühle der Würdenträger und der unbenutzte Thronsessel des Papstes die unterbrochene Audienz bebildern. Mit ruhiger Stimme, in vielen Sprachen, bald unterstützt von anderen multiglotten Padres übernimmt der Kleriker die Regie einer dramatisch unterbrochenen Veranstaltung. »Der Heilige Vater ist verwundet worden«, sagt der namenlose Priester, »lasst uns für seine Genesung beten.« Er stimmt das Ave Maria auf Lateinisch an, die Gläubigen respondieren, und der Wechselgesang legt sich dämpfend über die durchdringenden Heultöne der Polizeisirenen.

»Warum haben sie das nur getan?«, flüstert der Papst, als er gegen 18.00 Uhr im dritten Stockwerk des Gemelli-Krankenhauses in den Operationssaal gerollt wird. Kurz zuvor hat Don Stanislaw Dziwisz seinem Mentor die Letzte Ölung gereicht. Der Papst hat drei Liter Blut verloren, er ist kaum noch bei Bewusstsein, und sein Leben scheint zu Ende zu gehen.

Ab 17.58 Uhr kämpft ein Team von vier Chirurgen, den Papst zu retten. Zwei der drei Schusswunden erweisen sich als relativ harmlos. Der erste Schuss hatte ihn an einem Ellenbogen gestreift, ein zweiter den linken Zeigefinger zertrümmert. Doch die nächste Kugel war unterhalb des Nabels in den Bauchraum eingeschlagen. Das 9-Millimeter-Geschoss hatte mehrere Dünndarmschlingen und den s-förmigen Teil des Dickdarms, das Sigma, zerfetzt und war dann neben der Wirbelsäule am unteren Teil des Rückens wieder ausgetreten.[7] Der dabei aufgerissene Schusskanal erwies sich bei näherer Inspektion als trichterförmig. Das Einschussloch im

Bauch des Papstes war nur markstückgroß, erst nach der Öffnung des Leibes wurde das Ausmaß der Verwüstung erkennbar, die der Schuss in der Bauchhöhle angerichtet hatte. Die Kugel hatte allerdings weder eines der großen Blutgefäße noch Leber, Bauchspeicheldrüse, Nieren, Harnleiter oder Wirbelsäule getroffen. Zwischen allen wichtigen Organen hatte die Kugel millimetergenau die einzige Bahn gefunden, die das Überleben des Papstes ermöglichte. Verständlich, dass der Papst selber seine Rettung später mit den Worten umschrieb: »Eine Hand hat die Pistole gehalten, eine andere die Kugel gelenkt.«

Die Operation dauerte fünf Stunden und 25 Minuten, wobei am Ende ein vorläufiger, künstlicher Darmausgang gelegt wurde. Gewaltige Dosen von Antibiotika, die dem Papst gleich im Operationssaal gespritzt wurden, sollten die bei derartig massiven Eingriffen im Darmbereich fast unumgängliche Bauchfellentzündung verhindern. Kurz nach der Operation klangen die Prognosen in den medizinischen Bulletins reserviert, aber nicht gänzlich negativ, und Wojtylas Mitarbeiter begannen zu hoffen. »Zuerst waren wir völlig verzweifelt, aber dann stellte sich heraus, dass kein lebenswichtiges Organ schwer getroffen war. Die Überlebenschancen besserten sich«, erzählte Don Stanislaw später dem französischen Journalisten André Frossard.

In einem reservierten Wartezimmer des dritten Stockes im Gemelli hatte sich derweil die politische Prominenz Italiens versammelt. Der greise Staatspräsident Sandro Pertini, 85, ein Sozialist, eilte zuerst ins Krankenhaus: Er war der Einzige unter den italienischen Politikern, der sich mit dem Papst richtig angefreundet hatte – so sehr, dass die beiden sich dann und wann im Apostolischen Palast auf eine Pizza treffen konnten, ein Genuss, der beiden kraft ihrer Ämter meist verwehrt blieb. Der Ministerpräsident Italiens, Arnaldo Forlani, ein Christdemokrat mit seinem leicht lila schimmernden weißen Haarschnitt wie aus Gips, traf ein. Nur eine Woche später wird er sein hohes Amt nicht mehr bekleiden, weil er den Skandal um die Freimaurerloge P2 zu lange verschleppt hat. Neben ihm ließ sich der massige Parteichef der Liberalen, Giovanni Spadolini, nieder. Er wiederum wird Forlanis Nachfolger sein, der erste laizistische Regierungschef Italiens, über das seit 1945 immer christdemokratisch geführte Koalitionen herrschten. Der Sozialistenführer Bettino Craxi rutschte unruhig auf dem harten Krankenhausstuhl im Wartezimmer hin und her, weil ihm seine Zigaretten fehlten. Nilde Iotti, Kommunistin und Präsidentin der Abgeordnetenkammer, kam, elegant wie immer, von einer großen Kundgebung auf der Piazza del Popolo.

Am nächsten Sonntag, dem 17. Mai, soll Italien in einem Volksentscheid darüber abstimmen, ob das liberale Abtreibungsgesetz des Landes widerrufen wird oder nicht. Die Christdemokraten, die das Referendum eingebracht hatten, wollen die Abschaffung des Paragraphen. Die katholische Kirche, allen voran Papst Johannes Paul II., hatte sie wortmächtig unterstützt, bis hart an den Rand von Einmischung in die italienische Innenpolitik. Auf der Seite der Gegner des Referendums, die das Nein zum Widerruf durchsetzen wollten, stehen die laizistischen politischen Kräfte Italiens, von den Kommunisten und den Sozialisten bis zu den Liberalen, die von der kräftig angewachsenen italienischen Frauenbewegung unterstützt und angetrieben werden.

Als die Nachricht vom Anschlag auf den Papst bekannt wird, entscheiden die versammelten Parteiführer, die Kundgebung zu unterbrechen, ein Entschluss, der im Publikum heftige Buhrufe auslöst. Hätten Craxi und Nilde Iotti verraten, wohin sie so eilig strebten, nämlich ins Gemelli-Krankenhaus, hätten erzürnte Demonstranten ihre Autos wahrscheinlich blockiert. Es waren bewegte Zeiten in der italienischen Politik. Der offene Konflikt mit der Kirche über die Abtreibung signalisierte den Wunsch eines großen Teils der Bevölkerung, sich von der Vormundschaft des Klerus in wichtigen Fragen ihres persönlichen Lebens zu befreien. Ein 1974 erlassenes Gesetz, das die Scheidung erlaubte, war ein erster Schritt auf diesem Weg gewesen. Mailänder Ermittlern war es endlich gelungen, eine wenn auch unvollständige Mitgliederliste der P2 zu beschlagnahmen, an der zu erkennen war, wie sehr das politische, wirtschaftliche und militärische Establishment Italiens mit Licio Gellis antidemokratischem Verschwörerverein verbandelt war. Die Roten Brigaden paktierten mit den Kräften des Staates, was ihren künftigen Untergang signalisierte. Einige Ereignisse am 13. Mai 1981, dem Tag, an dem Ali Agca auf den Papst schoss, spiegeln diese Tendenzen und heften sich wie Gewebespuren an die dem Attentat nachfolgenden Ereignisse.

In einer neapolitanischen Wohnwagensiedlung für Opfer des verheerenden Erdbebens von 1980 (2500 Tote, 10000 Obdachlose) erklingt am Vormittag des 13. Mai 1981 die verängstigte Stimme des Stadtrats Ciro Cirillo, zuständig für das Wohnungswesen der Stadt und am 27. April von den Roten Brigaden entführt. Er befinde sich in einem »Volksgefängnis der Roten Brigaden« liest Cirillo eine ihm aufgezwungene Botschaft vor, die über die Lautsprecheranlage der Siedlung abgespielt wird; er bitte die Behörden Neapels »den Erdbebenopfern umgehend freistehende Wohnungen zur Verfügung« zu stellen. Das geschieht natürlich nicht. Die Obdachlosen bleiben, wo sie sind, und Cirillo wird noch eine ganze Weile in seinem Volksgefängnis schmachten. Aber Monate später kommt er frei, und das durch die Vermittlung eines wendigen, 35 Jahre alten Geheimdienstmannes, der vielen – westlichen – Herren dient; er heißt Francesco Pazienza, eine schillernde Erscheinung. Neben seinen Verbindungen zum italienischen, amerikanischen und französischen Geheimdienst pflegt er Kontakte zur italienischen, zur amerikanischen und zur neapolitanischen Mafia, der Camorra. Er wird auch in der Geschichte, die hier zu erzählen ist, eine nicht unwichtige Rolle spielen.

Für Verhandlungen mit den Roten Brigaden setzt Pazienza seine Kontakte zum obersten Boss der Camorra, Raffaele Cutolo, ein, der im Hochsicherheitsgefängnis von Ascoli Piceno in den Abruzzen einsitzt, was die Führung seiner Amtsgeschäfte wenig beeinträchtigt. Auch der türkische Attentäter Ali Agca wird nach seiner ersten Verurteilung zu lebenslanger Haft im Juli 1981 eine bald recht komfortable Zelle in Ascoli Piceno bewohnen; und der Camorra-Boss Cutolo wird Ali Agca im Gefängnis interessante Vorschläge unterbreiten.

Als die Dämmerung fällt, zieht es hunderte von Römern auf den Petersplatz, um mit neugierigem Schauer die Stelle zu betrachten, an der Ali Agca auf den Papst geschossen hatte. Viele der polnischen Pilger sind seit dem Attentat auf dem Petersplatz geblieben. Manchmal sind polnische Choräle zu vernehmen, die für Umstehende »patriotisch und kämpferisch« klingen, dann wieder auf Polnisch ein Ave Maria, von Priestern und Gläubigen im Wechselgesang rezitiert. Ein junger polnischer Priester hat die Rolle des Nachrichtenvermittlers übernommen. Ihm werden die Bulletins aus dem Gemelli-Krankenhaus gereicht, die er von der Tribüne aus erst auf Polnisch, dann auf Italienisch verliest, als sei dies die gebührende Reihenfolge bei diesem unerhörten Angriff auf den Papst aus Polen. Niemand wagt in diesen Stunden, den Anschlag zu deuten. Nur wenn sie unter sich reden, sagen manche der Polen auf dem Petersplatz so etwas wie: »Na, wer wohl!«

Genau an diesem 13. Mai hatte die sowjetische Führung ihre Angriffe auf die polnische Regierung verschärft. Die *Literaturnaja Gazeta* behauptete zum Beispiel, Solidarność sei eine politische Gruppierung, die das »sozialistische System zerstören wollte«.[8] Die polnische Führung sei offensichtlich nicht in der Lage, diese Gefahr zu erkennen. Unter diesen Umständen war es beachtlich, wenn nicht geradezu provokant Moskau gegenüber, wie Edward Gierek und die Seinen mit dem Anschlag auf den Papst und der emotionellen Reaktion der Bevölkerung umgingen.

Kaum war die Nachricht bekannt geworden, läuteten die Glocken in allen Orten des Landes Sturm, als gelte es, die Gläubigen zusammenzurufen. Aber die hatten sich schon von selbst auf den Weg gemacht und strömten ihren Kirchen entgegen, die bald überfüllt waren. Vor der St.-Florians-Kirche in Warschau, wo Wojtyla als junger Vizepfarrer seine kirchliche Laufbahn begonnen hatte, knieten Menschen auf dem Straßenpflaster. In spontanen Pilgerzügen hatten sich die Bürger des ganzen Landes aufgemacht, um mit anderen zusammen zu sein, um Trost zu suchen und die Neuigkeiten aus Rom zu vernehmen. Alle Zugangswege nach Wadowice, dem Geburtsort Wojtylas, waren von Autos und Menschenströmen blockiert, sodass in Radio und Fernsehen davor gewarnt wurde, diese Straßen anzusteuern. Hunderte von Polen bestürmten ihre Pfarrer und Bischöfe, Blut für den Papst spenden zu dürfen, als könnte nur wahrhaft polnischer Lebenssaft ihn retten. In solcher verzweifelter Inbrunst, in der sich Frömmigkeit mit Patriotismus und historischer Erinnerung mischten, in der neben Deutschland auch und vor allem Russland als Todfeind eine negative Rolle spielte, war in Polen eine Stimmung aufgekommen, die dicht vor der Explosion lag. »Wäre der Papst tatsächlich gestorben, hätte es hier umgehend einen blutigen Aufstand gegeben«, so damals Ludwig Zimmerer, langjähriger Korrespondent des *Westdeutschen Rundfunks* in Warschau.[9]

Die polnische Führung hatte freilich verstanden, dass sie sich in dieser Situation, ohne zu zaudern, ohne Wenn und Aber, auf die Seite ihrer katholischen Bevölkerung stellen musste. Die Kirchen blieben die ganze Nacht geöffnet, was sonst nicht erlaubt war. Betriebsversammlungen polnischer Arbeiter, die vor Beginn ihrer Schicht für den Papst beten wollten, wurden geduldet. Kinos und Theater blieben geschlossen. Die »Juvenalia«, ein jährliches, ausgelassenes Fest der Studenten von Krakau, die scherzhaft die Regierung in der Stadt übernehmen, wurde abgesagt. Ganz anders als beim triumphalen ersten Besuch Karol Wojtylas in seinem Heimatland, im Juni 1979, berichteten die staatlichen Medien, Fernsehen und Rundfunk, ununterbrochen über den Anschlag auf den Papst, es gab Schaltungen in alle Städte Polens, Interviews, biografische Zusammenfassungen der Geschichte Karol Wojtylas, Aufnahmen von seinen Reisen, umrahmt von klassischer Musik. Zum Abschluss des Fernsehprogramms gegen Mitternacht des 13. Mai erschien in großen roten Lettern auf einem weißen Feld eine in einem kommunistischen Land völlig unerhörte Inschrift, nämlich ein Gebet: »Maria, Königin Polens, gib der Welt den Papst zurück.«

Was für die Polen in ihrer bedrängten Lage als sinnvolle Deutung des Anschlags auf den Papst auf der Hand zu liegen schien, wurde in anderen Teilen der Welt nüchterner betrachtet. An der Piazza San Lorenzo in Lucina saß kurz vor Mitternacht Giulio Andreotti, Italiens dauerhaftester, gerissenster und abgründigster Politiker mit einigen seiner Getreuen beisammen. Befragt, ob er an eine östliche Herkunft des Attentats glaube, schüttelte er den Kopf. Auf seinen Lippen erschien jenes schmale Lächeln, das Andreotti für die weniger Kundigen bereithielt, und er sagte: »Das ist ein ganz voreiliger, ja ein oberflächlicher, wenn nicht sogar gefährlicher Schluss. Unsere sowjetischen Freunde sind weder dumm noch Dilettanten.«

Auf den leer gebliebenen Thronsessel des Papstes hatten Pilger aus Polen in der Nacht nach dem Anschlag ein Bild der Schwarzen Madonna von Tschenstochau gelehnt. Ihr mystischer Blick schwebte über dem Petersplatz, als wisse sie alles und mehr. Die Ermittler hatten inzwischen schon viel über den jungen Mann in Erfahrung gebracht, den sie ein paar Stunden zuvor festgenommen hatten. Aber verständlich, schlüssig wird ihre anschwellende Faktensammlung deswegen noch nicht.

Ali Mehmet Agca, 1958 in Malatya in Anatolien geboren, ist ein Rechtsterrorist aus der faschistischen Partei des Obersten Alparslan Türkesch, der nationalen Aktionspartei, und steht der militanten, waffentragenden Untergrundbewegung des Obersten Türkesch nahe. Am 1. Januar 1979 erschoss er den Chefredakteur der liberalen Tageszeitung *Milliyet*, Abdi Ipekci, und wird dafür zu lebenslanger Haft verurteilt. Am 28. November 1979 entkommt er, offensichtlich mit Hilfe von Gesinnungsgenossen von der faschistischen Bewegung, aus dem Militärgefängnis Kartal Maltepe in Istanbul. Am selben Abend wirft er einen Brief an die Redakteure von *Milliyet* in den Briefkasten der Zeitung. Darin droht Ali Agca, den Papst zu ermorden, der am 29. November zu einem zweitägigen Besuch in der Türkei eintreffen soll. Begründung: »Die westlichen Imperialisten, in Furcht davor, dass die Türkei gemeinsam mit ihren islamischen Schwesternationen eine politisch-militärische Macht im Vorderen Orient werden könnte, schicken in einem so schwierigen Moment den Oberbefehlshaber der Kreuzzüge, Johannes Paul, verkleidet als religiöser Führer. Wenn dieser Besuch, der weder von der Zeit, in der er stattfindet, noch von seiner Bedeutung her sinnvoll ist, nicht abgesagt wird, werde ich auf jeden Fall den Papst ermorden. Das ist der einzige Grund dafür, dass ich aus dem Gefängnis geflohen bin. Im Übrigen werden die Verantwortlichen für das Attentat in Mekka, das amerikanische und israelische Ursprünge hat, nicht ungestraft bleiben. Ich bitte euch, meine Flucht nicht zu übertreiben. Sie ist ohne Blutvergießen, in aller Stille und auf eine einfache Art und Weise vor sich gegangen.«[10]

10000 Soldaten werden daraufhin zum Schutz des Papstes abgestellt, doch der Besuch verläuft ohne Störungen. Ali Agca taucht unter. Als er anderthalb Jahre später auf dem Petersplatz festgenommen wird, trägt er ein Bekennerschreiben bei sich, das merkwürdig anders klingt. Die nationalistisch-islamischen Töne sind nicht mehr vernehmbar. Ali Agca macht sich stattdessen zum Sprecher der Armen und Unterdrückten, wobei er die Vereinigten Staaten und die Sowjetunion gleichermaßen anklagt: »Ich sehe mich gezwungen, den Papst zu ermorden, um gegen das Schweigen gegenüber den Verbrechen der Welt und dem Tod von tausenden von unschuldigen Menschen zu protestieren, die von den imperialistischen Mördern Amerikas und der Sowjetunion und ihren totalitären Vasallen in verschiedenen Ländern der Welt umgebracht werden. Dabei habe ich keine persönlichen Ziele und Wünsche. Mit meiner Tat akzeptiere ich die Aufgabe, die öffentliche Meinung der Welt über einige Anliegen zu informieren, die von den Massenmedien ignoriert werden, obwohl sie den grundsätzlichen Wünschen und Bedürfnissen der Bevölkerung in der gesamten Welt entsprechen ...«

Den Beamten der Digos, der politischen Polizei, wiederum, die ihn als Erste verhörten, hatte der Attentäter würdevoll erklärt: »Ich bin Ali Agca, der berühmteste Terrorist der Türkei.« Und auf die Frage, welcher politischen Gruppierung er zuzurechnen sei, antwortete er: »Ich bin ein internationaler Terrorist, weder schwarz noch rot, sondern vielmehr schwarz *und* rot.«

Aber diese chamäleonartige Tarnung blieb dem Attentäter nicht lange erhalten. Aus der Türkei hatte die Nachrichtenagentur *Anatolia* bereits um 19.45 Uhr gemeldet, dass Ali Agca als Mörder Ipekcis mit einem internationalen Haftbefehl gesucht wird. Am Tag vor dem Attentat hatte die türkische Militärregierung ihren westlichen Verbündeten sogar mitgeteilt, dass Ali Agca zu den 18 gefährlichsten Terroristen des Landes zähle und sich derzeit vermutlich in Italien aufhalte. In der Türkei werde ohne Anruf auf ihn geschossen. Doch Agca lässt sich auf präzise Fragen zu seiner Vorgeschichte nicht ein.

Bis weit in die Morgenstunden des 14. Mai wird Agca in der Digos-Zentrale vernommen. Der junge Mann sitzt kühl, abweisend und präsent vor den Beamten. Eine vorläufige ärztliche Untersuchung bestätigt, dass der Attentäter nicht unter dem Einfluss von Drogen, Aufputschmitteln oder anderen bewusstseinsverändernden Pharmaka steht. Der Polizeiarzt bestätigt dem Gefangenen eine »perfekte körperliche Verfassung«.[11] Seine Konzentration lässt nicht nach. Während des ununterbrochenen Verhörs, bei dem er von mehreren Beamten befragt wird, kann es zwar vorkommen, dass er einschläft, nur um sich Minuten später, hellwach, erneut den Ermittlern zu stellen.

Agca verweigert die Nahrung und nimmt in zwölf Stunden nur zwei Becher Wasser zu sich. »Ali Agca ist ein Terrorist mit großem T«, sagt Alfredo Lazzarini, ein leitender Digos-Beamter, »eiskalt, glasklar im Kopf und als Schütze hervorragend trainiert.« Agca sei »kein exaltierter Verrückter, den religiöser oder politischer Fanatismus umtreibt, sondern ein Mann, der ein Vorhaben jedweder Art durchführen kann, bis hin zur Selbstopferung«.[12] Das Verhör wird vom römischen Oberstaatsanwalt, Achille Galuzzi, geführt, gemeinsam mit seinen Starermittlern Domenico Sica und Alfredo Lazzarini, von Männern, die sich auskennen mit den Tricks und Verstellkünsten von intellektuell begabten Terroristen. Ali Mehmet Agca lässt sich nicht beirren. Er schweigt auf Fragen, die den Hintergrund enthüllen können, und hält an seiner Linie fest, die Tat allein, ohne Hilfe und ohne Unterstützung durch andere begangen zu haben. Fakten und Funde der Ermittler widerlegen ihn längst. Schon bei seiner Verhaftung wurde Agca ein aufschlussreicher Zettel aus der Jackentasche gezogen, auf der handschriftlich und auf Türkisch präzise aufgelistet war, wie er sich in den Tagen vor der Tat und unmittelbar danach zu verhalten hätte. Da wurde Agca angeordnet:

> Freitag zwischen sieben und acht Uhr abends anrufen.
> 13. Mai, Mittwoch: Auftritt [des Papstes] auf dem Platz.
> 17. Mai, Sonntag: Vielleicht Erscheinen auf dem Balkon.
> 20. Mai, Mittwoch: auf jeden Fall.
> Eine Umhängetasche kaufen, sorgfältig aussuchen.
> Haarfärbemittel ist unerlässlich.
> Falls nötig, trage ein Kreuz, kurze Jeans, Turnschuhe, Windjacke.
> Nach Mittwoch: Rundreise nach Florenz und zurück.
> Pass gut auf, dass du nicht in der Gegend des Vatikans oder irgendwo anders, wo du auffallen könntest, gesehen wirst.
> Wenn du Postkarten gekauft hast, zerreiße sie.
> Finanzen (500000 Lire: 180000 Hotel, 20000 Telefon, 200000 tägliche Ausgaben, 100000 Lire für Notfälle zurückbehalten.)
> Unbedingt: Zugfahrt nach Neapel, um die Tasche und das Haarfärbemittel zu kaufen. Achte darauf, dass das Billett gültig ist.
> Pass sehr gut auf, was du isst.
> Frühstück: hier um 9.00 Uhr.[13]

Eine politische Färbung haben diese Anweisungen nicht, sie könnten in jede Richtung weisen. Erkennbar wird freilich eine untergeordnete Position Ali Agcas in einem Team, das aus einem weiteren oder aus mehreren Menschen bestanden haben kann. Er muss Befehlen folgen, ihm wird vorgerechnet, wie er sein Geld aufzuteilen hat, was er essen soll: Ali Agca agierte im Rahmen eines Komplotts, in einer ihm vorgeschriebenen Rolle. Während Agca sich geschickt durch die Klippen seines ersten Verhörs in Italien bewegt, wird die Pension Isa in der Via Cicerone 35 durchsucht, in der Agca nach eigener Aussage in der Nacht von Dienstag auf Mittwoch übernachtet hat. Der Besitzer erinnert sich lebhaft an den ruhigen jungen Mann, der Zimmer 31 angemietet hatte, nicht zum ersten Mal übrigens. Sein Gästebuch zeigt, dass »Faruk Ozgün« bereits im April 1981 und im Dezember 1980 in der Pension Isa übernachtet hat. Die Reservierung für die Nacht vom 12. auf den 13. Mai habe nicht »Ozgün«, sondern jemand anders vorgenommen, der korrektes Italienisch sprach – ein weiterer Hinweis auf Komplizen. In Zimmer 31 entdecken die Fahnder eine kleine Reisetasche mit wenigen Kleidungsstücken und einigen Dokumenten, darunter, als wichtigstes Beutestück, einen gültigen Reisepass, ausgestellt am 12. August 1980 in Nevsehir in der Türkei unter der Nummer Tr-F 136635, auf den Namen Faruk Ozgün, geboren am 7. Januar 1953 in ebendieser Stadt. Das Passbild ist vorschriftsmäßig eingesiegelt worden, aber es zeigt das Gesicht Ali Agcas: Der Pass ist gefälscht und gültig zugleich. Ein Beamter auf dem Passamt der anatolischen Kleinstadt Nevsehir hat also auch kollaboriert.

An den zahlreichen Ein- und Ausreisestempeln, die sich über die Seiten des Dokuments verteilen, ist abzulesen, dass »Faruk Ozgün« nach dem 12. August 1980, dem Datum der Ausstellung des Passes, viel unterwegs gewesen ist: Aus der Türkei reiste er nach Bulgarien, von dort aus nach Jugoslawien, Ungarn, Italien, Frankreich, in die Bundesrepublik, nach Belgien, England, Spanien, inklusive einer vierzehntägigen Ferienreise nach Mallorca, 18 Monate ohne Rast. Wer hat dem mittellosen Studenten diese lange und kostspielige Reise finanziert, fragen sich die Ermittler.

Dazu Ali Agca: »Türkische Freunde haben mir vor der Abreise 40000 Mark zur Verfügung gestellt. Ihre Namen kann ich nicht nennen.«

In einem Schachzug, der »von jemandem, der sich gut auskennt, präpariert sein musste«, so ein Digos-Beamter, hatte sich Ali Agca alias Faruk Ozgün im April 1981 an der Fremdenuniversität von Perugia eingeschrieben. Unter seinen Unterlagen findet sich die Quittung für die Studiengebühr von 150000 Lire, ein Studentenausweis mit seinem falschen Namen und schließlich auch eine vorläufige Aufenthaltsgenehmigung – in einem Land, das damals in der Furcht des Terrorismus lebte, ein überaus wichtiges Stück Papier für einen jungen Ausländer. Auch diese sorgsam geplanten Schritte, so meinen die Beamten, könne der Türke nicht ohne kundige Komplizen vollzogen haben. Aus allen Ecken Italiens treffen nun Nachrichten über den Türken ein. In der Hauptstadt Siziliens war Ali Agca Mitte Dezember 1980 und hatte sich für eine Nacht und für einen Tag in dem kleinen Hotel Liguria einquartiert.

Die Besitzerin meldet sich noch am Abend des Attentats bei der Polizei, um mitzuteilen, dass ihr Gast einen gültigen Reisepass auf den Namen Faruk Ozgün vorgelegt hätte. Sie habe, wie es ihre Pflicht sei, die Anwesenheit des jungen Ausländers in ihrer Pension umgehend der Fremdenpolizei weitergemeldet. Er sei ihr wie ein junger Mann aus geordneten Verhältnissen vorgekommen – sie verstünde sich auf solche Einschätzungen, weil sie eine Contessa sei. Aus Mailand wird bestätigt, dass Ali Agca vom 27. April bis zum 9. Mai an einer Ferienreise nach Mallorca teilgenommen habe. Er logierte im Dreisternehotel Flamboyant, Mitreisende erinnern sich an Agca als »einsamen Wolf«. Zwar nimmt er an den gemeinsamen Mahlzeiten und an den Ausflügen teil, die für die Gruppe organisiert werden, unterhält sich aber niemals mit seinen Reisegefährten. Am 9. Mai trifft der Urlauber in Mailand ein, geht mit seinem Pass ohne Schwierigkeiten durch die Grenzkontrollen und nimmt einen Zug nach Rom. Vom 10. bis zum 12. Mai wohnt er stets unter dem Namen Faruk Ozgün in verschiedenen Pensionen und Hotels. Aus dem Hotel Torino führt Agca ein langes, kostspieliges Ferngespräch nach Hannover. Der Anschluss gehört Hassan Taskin, einem der führenden Grauen Wölfe in der Bundesrepublik.

Fast über Nacht kommt ein ziemlich komplettes Porträt des jungen Menschen zusammen, der am Vortag auf den Papst geschossen hat. Erste Zeugen melden sich, die einen zweiten Mann auf dem Petersplatz gesehen haben wollen, der mit einer Pistole in der erhobenen Hand kurz nach den beiden Schüssen in Richtung Via della Conciliazione davonläuft: Das politische Umfeld des Attentäters wie auch der Umstand, dass er nicht allein gehandelt haben kann, sind bereits wenige Stunden nach den Schüssen auf dem Petersplatz belegt. Schlagzeilen römischer Zeitungen vom 14. Mai sprechen von einem »Neonazi« (*La Repubblica*) oder gar von einem »Nazifaschista« (*Paese Sera*), der auf den Papst geschossen habe. Hinweise auf ein »internationales Komplott« werden in sämtlichen Zeitungen aufgeführt und diskutiert. Der Haftbefehl, den Generalstaatsanwalt Achille Galuzzi gegen Ali Mehmet Agca erlässt, beschuldigt den Türken, einen »Anschlag auf das Leben eines Staatsoberhauptes« begangen zu haben, und zwar »gemeinsam mit anderen, derzeit noch unbekannten Personen«. Der ermittelnde Richter, Luciano Infelisi, sagt vor der Presse: »Wir haben dokumentarische Beweise dafür, dass Agca nicht allein gehandelt hat.«[14]

In den folgenden Tagen kann auch das politische Profil Agcas weiter ergänzt werden. Zumindest in der Bundesrepublik ist Agca landein, landaus als »schwarzer« Terrorist bekannt. Mehrfach hatten ihn türkische Arbeiter angezeigt, die ihn als gefährlichen neofaschistischen Killer erlebt haben, der mit internationalem Haftbefehl gesucht wurde – aber die deutsche Polizei reagierte nicht auf diese Hinweise. Die kommunistische »Föderation der türkischen Arbeiter in der Bundesrepublik« hatte deshalb bereits im November 1980 einen Protestbrief an den deutschen Innenminister Gerhard Baum geschickt; die Föderation beschwerte sich bitter, »dass ein politischer Mörder, der sich nach vielen Hinweisen in der Bundesrepublik befinde, trotz der Anzeigen durch türkische Landsleute nicht verhaftet« werde.[15] In Bonn verteilt der sozialdemokratische Abgeordnete Klaus Thüsing schon am Tag nach dem Anschlag auf den Papst ein »persönliches Kommunikee« an die Presse, in dem er auf die Fragestunde des Bundestages am 13. November 1980 verweist.[16] Thüsing hatte damals vom deutschen Innenminister wissen wollen, ob er über die vielfach bezeugte Anwesenheit des rechtsradikalen Mörders Ali Agca in der Bundesrepublik informiert worden sei und was er zu tun gedenke, um den Mann an die türkische Justiz auszuliefern. Der Bundesminister ließ sich Zeit mit der Antwort. Mehr als vier Wochen später erwiderte Staatssekretär Andreas von Schöler schriftlich, dass der Gesuchte »unauffindbar« sei. Deutschlands berühmte Rasterfahndung versagte, obwohl deutsche Kriminalbeamte in zwei verschiedenen politischen Mordfällen in der Bundesrepublik nach Ali Agca gesucht hatten.

In Kempten war ein türkischer Lebensmittelhändler, ein ehemaliger Grauer Wolf, der sich von der Bewegung abgesetzt hatte, mit einer Browning Kaliber 9 mm angeschossen worden: ein Fememord. Der schwer verletzte Türke lebte noch neun Tage und konnte der Polizei mitteilen, dass Ali Agca auf ihn geschossen habe. Mit einer gleichen Waffe war wenig später ein türkischer Journalist in Frankfurt umgebracht worden, doch die Fingerabdrücke auf der Browning stimmten nicht mit denen Agcas überein. Auf jeden Fall: Deutsche Zeitungen hatten in den Monaten vor dem Attentat mehrfach über Ali Agca berichtet. Er war kein Unbekannter.

Auch die Grauen Wölfe waren bundesdeutschen Zeitungslesern nicht fremd geblieben. In der Türkei hatte am 12. September 1980 eine Militärregierung die Macht ergriffen. Um sich bei ihren westlichen Verbündeten als demokratisch zu legitimieren, verbot sie bald die faschistische Bewegung des Alparslan Türkesch und stellte deren Führer unter Anklage. Viele Grauen Wölfe hatten sich daraufhin in die Bundesrepublik abgesetzt. Dass sie den besonderen Schutz des Bundesnachrichtendienstes genossen, stand am 18. Mai 1981 sogar in der *New York Times*: »Die Ankläger führten aus, dass seine [Türkesch'] Partei auch Verbindungen zum deutschen Geheimdienst hatte. Die türkische Anklage legte den Briefwechsel eines Repräsentanten der Partei, Enver Altayli, mit seinen westdeutschen Geheimdienstkollegen vor, einem gewissen Dr. Kannapin, der bislang noch nicht identifiziert werden konnte, und einem Dr. Mehmet Kengerli, der als ehemaliger, in Aserbaidschan geborener SS-Offizier bezeichnet wurde.«

Das sorgte für Spannungen im deutsch-türkischen Verhältnis. Mit großer Genugtuung konnte jedenfalls der türkische Regierungschef General Evans am Tag nach dem Attentat auf den Papst eine Pressekonferenz einberufen und sich als demokratischer Lehrmeister für die Natoverbündeten aufspielen: »Wir haben die Bundesrepublik oft genug darauf hingewiesen, dass sie nicht jedermann aufnehmen soll, der sich als politischer Flüchtling ausgibt. Hoffen wir, dass unsere fehlgeleiteten europäischen Freunde durch diesen tragischen Zwischenfall zur Besinnung kommen.« Auch die türkische Botschaft erinnert daran, dass sie dem Bonner Außenministerium nicht weniger als viermal offizielle Noten zugeleitet hätten, in denen sie »die Anwesenheit des Rechtsterroristen Ali Agca auf dem Gebiet der Bundesrepublik angezeigt und um Auslieferung gebeten hatte«.[17]

Das politische Couleur des Attentäters vertieft sich in den folgenden Wochen durch zahlreiche neue Details. Auch dafür, dass er nicht allein gehandelt haben konnte, finden sich weitere Belege. In gleichem Maße scheint freilich das Rätsel Agca zu wachsen.

Warum sollte ein rechtsradikaler Türke, dessen Bewegung in ihrer Ideologie nationalistisch und eher laizistisch als islamistisch ausgerichtet war, das Oberhaupt der katholischen Weltkirche ermorden wollen? Welchen Publicity-Gewinn konnte sich die fanatisch antikommunistische Türkesch-Bewegung und ihre Grauen Wölfe vom Mord an einem ganz gewiss nicht kommunistischen Papst versprechen, der zwar aus einem Land des Ostblocks stammte, dort aber zu den führenden Gegnern der herrschenden Ideologie gehörte?

Das Rätsel Agca wird dichter, je mehr die Ermittler über ihn erfahren. Die italienische Justiz, die Stunden nach dem Anschlag schon selbstsicher von einem internationalen Komplott gesprochen hat, wirkt, je näher der Prozess rückt, wie gelähmt und verunsichert. Richter Infelisi beteuert, dass die Ermittler nach wie vor von einer Verschwörung überzeugt seien – doch leider fehlten ihnen die Fakten. War es vielleicht das »falsche« Komplott, das sich in den vergangenen Wochen vor ihren Augen ausgebreitet hatte? Fiel ihnen nichts ein zu einem Täter, der als rechtsradikaler Killer ausgewiesen war und einer faschistischen türkischen Organisation nahe stand, die in der Bundesrepublik den geheimen Schutz des BND genoss?

Eine kollektive Wahrnehmungsstörung setzt ein, die alles konkrete Wissen über Agca, den Rechtsterroristen, in Nebelschwaden versenkt. Auch die zahlreichen Nachrichten über einen Komplizen Agcas auf dem Petersplatz werden ausgeblendet. In offenem Gegensatz zu dem, was die Öffentlichkeit in den Tagen und Wochen nach dem Anschlag über den Attentäter erfahren hat, soll Ali Mehmet Agca als Einzeltäter gerichtet werden. Die Anklage wirft ihm im ersten Punkt ein »Attentat auf ein Staatsoberhaupt« vor; der zweite spricht von einem »Mordanschlag« auf die beiden Touristinnen, die Agcas Kugeln auf dem Petersplatz trafen. Auch die »strafbare Einführung und Nutzung einer illegalen Feuerwaffe« wollen die römischen Richter ahnden, desgleichen die »Benutzung gefälschter Dokumente«. Die Verhandlungen finden in den tristen Betongewölben des römischen Justizgebäudes an der Piazzale Clodio statt. Für den zu erwartenden Andrang von Presse und Publikum wurde der größte Saal des Gerichts ausgesucht, der nach dem römischen Richter Vittorio Occorsio benannt ist. Occorsio wurde 1976 von italienischen Rechtsterroristen ermordet.

Am 20. Juli 1981, 9.30 Uhr, wird der Angeklagte in Handschellen von fünf Carabinieri in den kugelsicheren Glaskäfig geführt, der extra für diesen Prozess an der Stirnseite des Saales errichtet wurde. Ali Agca hat sich einen dichten Vollbart stehen lassen, er tritt in Hosen und einem nicht ganz weißen Oberhemd auf, so als sollte sein ungepflegtes Äußeres die unzivilisierten Haftbedingungen widerspiegeln, die er gleich beklagen wird. Unbewegten Gesichts lässt er die Blitzlichter der Kameras über sich ergehen und reagiert nicht auf die Fragen, die ihm die Journalisten, einander in Lautstärke überbietend, zurufen.

9.40 Uhr: Einzug des Gerichts. In wallender Toga schreitet der Vorsitzende Richter Severino Santiapichi, ein hervorragender Kenner islamischen Rechts, voran. Nebenrichter ist Antonino Germano Abate, dessen schöpferische Wortgewalt sich beim Verfassen der Urteilsbegründung entfalten wird. Auch Staatsanwalt Nicoló Amato berauscht sich gern an seiner eigenen Redekunst, was ein feuerwerksähnliches Plädoyer in Aussicht stellt. Er wird seine Fans nicht enttäuschen.

Doch zunächst darf der Angeklagte reden, und er beginnt mit einer viertelstündigen Tirade gegen seine Behandlung im Gefängnis: »Ich werde unter Druck gesetzt und mit dem Tode bedroht. Mein Aussehen und mein physischer Zustand belegen diese Qualen… Mir scheint, dass ich in einen mittelalterlichen Kerker geraten bin.«[18] Dass es solche Pressionen gegeben hat, wird sich später als wahr erweisen, was der Vorsitzende nicht wissen kann. Verständlich also, dass er nicht nachfragt. Auch der zweite Teil der Rede Agcas wird nur aus dem zukünftigen Wissen verständlich: Der Attentäter verlangt, von einem vatikanischen Gericht verurteilt zu werden. Er setzt sogar Termine. »Wenn der Vatikan in seinem Schweigen verharrt und sich nicht an den italienischen Staat wendet, damit der Kirchenstaat über mich Gericht halten und mich nach Hause, in mein Land, schicken kann, dann werde ich in genau fünf Monaten, am 20. Dezember, einen Hungerstreik beginnen.«

Die italienischen Journalisten blicken verwirrt und diskutieren Agcas merkwürdige Forderungen in einer Verhandlungspause. Will er etwa versuchen, den Geisteskranken zu mimen, um freigelassen zu werden? Doch einem türkischen Journalisten, dem Bonner Korrespondenten der Tageszeitung *Milliyet*, fällt eine erstaunliche Parallele auf: Als Ali Agca zwei Jahre zuvor wegen des Mordes an Abdi Ipekci in Istanbul vor Gericht stand, verlangte er, genau wie jetzt im römischen Gerichtssaal, seine Freiheit und kündigte einen Hungerstreik für einen fünf Monate später liegenden Termin an.

Der Prozess in Istanbul begann am 25. Juni 1979. Genau fünf Monate später, am 25. November 1979, wurde Agca aus dem Militärgefängnis Kartal Maltepe befreit und spazierte in einer Armeeuniform, begleitet von Freunden aus der Faschistenbewegung, ungehindert durch sieben verriegelte Tore. Agcas Botschaft war damals also verstanden worden und hatte bei den Hintermännern des Mordes an Ipekci Eindruck hinterlassen. Aber wer sollten Agcas Komplizen in Italien sein?

»Das haben wir doch alle soeben gehört«, trumpft der türkische Reporter auf. »Er will vom Vatikan abgeurteilt werden. Da wird ihm jemand Hilfe zugesagt haben.« Allgemeines Gelächter. Es wird fast zwei Jahrzehnte dauern, bis ein ernst zu nehmender römischer Richter, Rosario Priore, es für richtig hält, einer »vatikanischen Fährte« nachzugehen.[19] Ali Agca beendet sein Eigenplädoyer in der trotzigen Haltung eines gescheiterten Feldherrn, der glaubt, noch über Waffen zu verfügen, von denen die Gegner nichts wissen.

»Ich erwarte die schriftlichen Antworten des Vatikans und des italienischen Staates innerhalb von exakt fünf Monaten. Meinem Verteidiger bleibt nichts mehr zu tun. Der Prozess ist beendet, ich danke Ihnen.« Ali Agca verlässt seinen Käfig und wendet sich zum Gehen. Das Gericht erstarrt. Das Publikum raunt. Doch der Vorsitzende lässt den Angeklagten ziehen. Begleitet von seiner Eskorte von fünf Carabinieri geht Ali Agca erhobenen Hauptes aus dem Gerichtssaal und reist in seinem gepanzerten Polizeitransporter zurück in das römische Gefängnis Rebibbia.

Die Verhandlung geht ohne ihn weiter. Richter Severino Santiapichi verliest aus den Vernehmungsprotokollen, was die Ermittler von Agca erfahren haben. Er habe sich in Sofia, bei seinem Sommeraufenthalt in Bulgarien, mit zwei bulgarischen Studenten angefreundet, hatte Agca erzählt. Von einem der beiden, dem Architekturstudenten Ahmed, habe er seine Browning Parabellum Kaliber 9 mm für 3000 DM gekauft. Der zweite, ein gewisser Mustafaeoff, sei, wie er selbst, auf dem Gebiet des internationalen Terrorismus tätig gewesen. Mit Mustafaeoff habe er sich auf der nächsten Etappe seiner Reise, in Tunesien, noch einmal getroffen; sie hätten die Möglichkeit erwogen, den tunesischen Staatschef Habib Bourguiba und dessen Gast, den Präsidenten von Malta Dom Mintoff, zu ermorden. Doch die dichte Mauer von Leibwächtern, die beide umgab, hätte sie daran gehindert. Aber immerhin: Agca gibt an, westlich orientierte Staatsmänner ins Visier genommen zu haben. In Umrissen wird hier der von Moskau gesteuerte Terrorist erkennbar, für den sich Agca demnächst verkaufen will: Auch das wird erst im Rückblick eminent wichtig sein.

Ein Korrespondent der *Frankfurter Rundschau* in Rom, Horst Schlitter, bemerkt freilich schon am ersten Prozesstag Agcas merkwürdige Bewegung nach links: »Die Sprache des entflohenen Mörders des türkischen Chefredakteurs Abdi Ipekci verrät noch das Pathos seiner nationalistischen Phase … Aber zwischen diesem Zeitpunkt und dem Anschlag in Rom scheint der türkische Killer eine Art von Gehirnwäsche durchgemacht zu haben. Das Vokabular der Grauen Wölfe, das er bisher verwendet hat, ist verschwunden. Auf eine oberflächliche Art erklärt Agca seine Tat heute mit Schlagworten aus der bewaffneten Linken«[20], schreibt Schlitter in seinem Bericht zur Eröffnung des Prozesses gegen Ali Agca und trifft damit den Kern einer Entwicklung, die sich vor aller Augen vollzieht: Die (vorgetäuschte) Mutation eines fanatisch antikommunistischen türkischen Faschisten in einen linken Terroristen. Ali Agca erweist sich als glänzender Schauspieler, was seine Prozessgeschichte freilich nicht erleichtert.

Das römische Schwurgericht hatte sich indes entschlossen, die klaren und eindeutigen Nachrichten aus dem politischen Umfeld des Attentäters nicht zu beachten. Staatsanwalt Nicoló Amato, der am frühen Nachmittag des zweiten Verhandlungstages mit seinem Plädoyer beginnt, entwirft das Porträt eines Psychopathen, den eine individuelle Neurose zu seiner Tat getrieben habe.

»Warum, warum hat er das getan?«, ruft der Staatsanwalt ins Publikum. »Was steckt hinter dem Pistolenlauf des Ali Agca? Es war ein ödipaler Konflikt, ein symbolischer Vatermord. Die Ermordung des Vaters bedeutet die Annullierung der eigenen Vergangenheit.« Nun wendet sich Amato an den leeren Glaskäfig, den Agca am Vortag verlassen hatte, ohne dem Gericht die Ehre zu erweisen, für den zweiten Verhandlungstag zu erscheinen.

»Du, der du ein Leben voller Elend und Traurigkeit geführt hast, ein Leben voller Frustration und Angst, du willst deine eigene Vergangenheit ermorden. Und deshalb musstest du das oberste Symbol der Menschheit treffen, eine Figur, hinter der es einen Höheren nicht gibt – nur Gott. Und das ist es, was dich umtreibt, wie im übrigen alle Terroristen, ein Geist des Protagonismus, des Narzismus, ein perverser Exhibitionismus.«[21]

Unterdrücktes Gelächter im Zuschauerraum. Santiapichi hebt warnend die Hände. Amato fährt ungestört fort. Nach seiner psychoanalytischen Laieninterpretation des Täters spricht er nun im Tonfall eines Erweckungspredigers das Opfer an: »Du, Johannes Paul, du bist wie Gandhi, wie John Fitzgerald und Robert Kennedy, wie Aldo Moro oder Paul VI., der in Manila ein Attentat erlitt, du bist der Mann des Friedens, der Hoffnung und des Lebens, Paladin der Gerechtigkeit, du kämpfst für eine universale und ewige Wahrheit, du, das Opferlamm, für dessen Gesundheit wir noch beten. O bleibe bei uns, Johannes Paul.«

»Was wird er wohl für Agca fordern«, zischelt ein Journalist seinen Nachbarn zu, »fünf Paternoster und drei Ave Maria?«

Aber die vorgesehene Strafe kann Amato nicht individualisieren. Das italienische Gesetzbuch legt sie fest. Nach Paragraph 276 des Codice Penale muss ein Anschlag auf das Leben eines ausländischen Staatsoberhauptes mit lebenslanger Haft bestraft werden. Und zu der wird Agca denn auch verurteilt.

»Der Prozess gegen den türkischen Neofaschisten ist beendet«, kritisiert die römische Tageszeitung *La Repubblica*, »aber er hat nichts geklärt.« Alle wichtigen Fragen seien nicht behandelt worden – von Agcas Flucht aus dem Militärgefängnis in Istanbul über seinen Aufenthalt in Bulgarien und seine anderthalbjährige Reise durch Westeuropa. Der Kommentar schließt mit schwerer Behördenschelte: »Der Graue Wolf des

Alparslan Türkesch hat sich der unerklärlichen Leichtfertigkeit und der Untätigkeit derjenigen erfreut, die ihn eigentlich hätten kontrollieren müssen. Das Eintreffen Ali Agcas und seine Absicht, den Papst zu ermorden, sind den italienischen Behörden wenige Tage vor dem Attentat auf dem Petersplatz signalisiert worden. Aber niemand hat etwas unternommen. Und auch später, während der Ermittlungen hat sich niemand darum bemüht, die Fäden aufzugreifen, die zu den Mittätern Ali Agcas geführt hätten.«[22]

Agca nimmt das Urteil widerspruchslos an. Wenige Tage später bezieht er eine Einzelzelle im Hochsicherheitsgefängnis von Ascoli Piceno in den Abruzzen. Seitdem der Boss der neapolitanischen Camorra, Raffaele Cutolo, dort eingekerkert ist, gilt es als fideles Gefängnis. Ali Agca wird bald davon profitieren. Ein zweiter Prozess und ein Ermittlungsverfahren liegen vor ihm. Das letztere hat Ermittlungsrichter Rosario Priore geführt.

Im Jahr 1994 gelingt Priore ein geradezu sensationeller Fund. Unter den Aktenbergen, die sich über dem Anschlag aufgetürmt haben, entdeckt er einen bräunlichen Umschlag, aus dem ihm ein Foto entgegenfällt. Datum der Aufnahme: Sonntag, der 10. Mai 1981, also drei Tage vor dem Attentat. Sie zeigen den Papst beim Besuch der kleinen römischen Gemeinde San Tommaso di Aquino an der Peripherie der Stadt, umgeben von freundlichen älteren Damen, Gemeindeschwestern und Priestern. Die kleine Gruppe hat sich in einem abgesperrten Bereich des Gemeindegartens versammelt, weil der Heilige Vater ihnen, einer ausgewählten Gruppe von besonders Frommen, dort die Kommunion reichen wird. Knapp drei Meter hinter dem Papst steht Ali Agca. Oder ein junger Mann, der ihm außerordentlich ähnlich sieht, so urteilt jedenfalls der Ermittler Priore.

»Die Form des Kopfes, dessen Neigung, die Augenbrauen, die dunklen Bartstoppeln, die Haare, die fast bis zur Mitte der

Ohren reichen, der Ponyschnitt: All das wirkt identisch. Wenn das nicht Agca ist, dann handelt es sich um einen perfekten Doppelgänger.«[23] Wie hatte der junge Mann zu der kleinen Gemeinde im Nordosten Roms gefunden? Wer hatte ihn, den international gesuchten Rechtsterroristen mit dem orangefarbenen Ausweis versehen, der ihm erlaubte, sich hinter die Absperrung zu begeben, ganz in die Nähe des Heiligen Vaters?

Die Aufnahmen stammen von einem Gemeindemitglied, Daniele Petrocelli. Priore ruft ihn zu sich und erfährt eine erstaunliche Geschichte. Petrocelli, seine Frau und seine Schwägerin hatten vom Anschlag auf den Papst sehr bald nach der Ankündigung der Nachricht durch Radio Vatikan gehört und seitdem wie festgeschnürt vor dem Fernsehapparat gesessen. Als das Gesicht des Attentäters zum ersten Mal in Großaufnahme über den Bildschirm läuft, sind im Wohnzimmer der Petrocellis verblüffte Ausrufe zu vernehmen. Sie alle drei erinnern sich an den fremdartigen jungen Mann in ihrem Gemeindegarten, der ihnen nun im Fernsehen als Attentäter auf den Papst präsentiert wird. Roberta Petrocelli: »Ich lebe seit 30 Jahren hier. Ich bin in dieser Gemeinde getauft und gefirmt worden, hier habe ich Daniele geheiratet und unsere Kinder taufen lassen. Ich kenne jeden. Aber den hier – den hatte ich nie gesehen, weder auf der Straße noch in der Gemeinde.« Sie hatte ihre Schwägerin gefragt: »Kennst du den?«, und auch dieser war ein »unheimliches Gefühl« gekommen. Beide fanden, er sähe aus wie ein Terrorist. War ihre kleine Gemeinde, war der Papst in Gefahr? Bevor sich die beiden Frauen entschließen konnten, den Gemeindepfarrer Don Tondini über ihre Beobachtungen zu informieren, war der Fremde schon verschwunden. Doch Daniele Petrocelli, einer von zwei Gemeindemitgliedern, die beim Besuch des Papstes fotografieren durften, erinnerte sich daran, den Fremdling auch auf einer seiner Aufnahmen gesehen zu haben.

Er holte seine Fotos aus der Schublade und breitete sie auf dem Tisch aus, und da war er auch schon, der mysteriöse junge Mann, ein wenig unscharf, aber unverkennbar: die hohen Wangenknochen, die tief in ihren Höhlen liegenden Augen, die Ponyfrisur. Ein Fremdling in einer freudig bewegten Gruppe von älteren Damen, Nonnen, treuen alten Gemeindemitgliedern, denen gleich die Ehre ihres Lebens widerfahren sollte, nämlich vom Papst selbst die Kommunion zu erhalten.

Nach einiger Beratung entschließen sich die Petrocellis, die Polizei anzurufen, damit diese ihr merkwürdiges Erlebnis an die zuständigen Ermittler weiterleiten kann. Noch am selben Abend erscheint ein Vertreter der Digos und nimmt zwei der drei Fotos mit, auf denen Agca zu sehen ist, nicht ohne die Familie dringlich zu bitten, Stillschweigen über die Angelegenheit zu bewahren. Es wurde auch – sehr ungewöhnlich in Italien – kein Protokoll von der Übergabe der Fotos aufgenommen. Sechs Wochen vergehen. Wieder kommt ein Digos-Beamter vorbei, gibt ihnen eins der beiden Fotos zurück und erklärt, Nachforschungen im Vatikan hätten ergeben, dass der junge Mann zu der zivilen Eskorte des Papstes gehörte. Kein Grund zur Sorge also.

Die Petrocellis gaben sich damals zufrieden. Die Angelegenheit schien hinlänglich geklärt zu sein. Rosario Priore hingegen hatte weitere Fragen. Als er nachrecherchiert, wie im Vatikan die Verteilung von Einlasskarten für päpstliche Zeremonien gehandhabt wird, trifft er auf einen Ercole Orlandi. Dieser ist ein untergeordneter Beamter in der päpstlichen Präfektur, zuständig für die Verteilung der Eintrittskarten an diejenigen, die sie in der Präfektur bestellt hatten. Orlandi war zu trauriger Bekanntheit gelangt, als 1983 seine 15-jährige Tochter Emanuela entführt worden war.

Sie ist bis heute nicht wieder aufgetaucht. Die Entführer hatten sich wenige Tage nach dem Verschwinden des Mädchens gemeldet und im Austausch für Emanuela die Freilassung Ali Agcas verlangt: Der aber ließ mitteilen, dass er nicht daran interessiert sei, freigesetzt zu werden. Doch blieb das Geschick der Schülerin mit dem Ali Agcas verwoben. Von der päpstlichen Präfektur war zu erfahren, dass auf der Liste für die Gemeinde San Tommaso de Aquino möglicherweise auch die Namen »einzelner Ausländer« gestanden hätten. An den Namen Faruk Ozgün konnten sich aber weder der zuständige Kleriker Monsignore Monduzzi noch Ercole Orlandi erinnern. Wer also wollte Agca, fragte sich der Ermittler, »die Möglichkeit verschaffen, sein künftiges Opfer aus der Nähe zu beobachten«?[24]

Priore ist Mitte der Neunzigerjahre nicht sehr weit mit seinen Nachforschungen gelangt, vor allem wegen mangelnder Kooperationsbereitschaft des Vatikans, wie er öfter betont hat. Immerhin maß Priore einer Bemerkung Orlandis so große Bedeutung zu, dass er sie an den Schluss seines Berichtes über den Besuch des Papstes in der Gemeinde San Tommaso de Aquino stellte. Fast beim Hinausgehen »drängte es« den Vatikanbeamten, dem Ermittlungsrichter eine »Überlegung mitzuteilen, die er noch niemandem gesagt hatte«.

»Ich habe auch gedacht, dass meine Tochter anstelle von Raffaela Gugel entführt worden sein könnte, der Tochter des persönlichen Adjutanten des Heiligen Vaters von der Schweizergarde, Angelo Gugel. Der hatte mir damals nämlich erzählt, seine Tochter habe ihm verängstigt gesagt, sie hätte in letzter Zeit den Eindruck, jemand folge ihr.

Die beiden Mädchen ähnelten sich überhaupt nicht, während ich selbst und Gugel uns physisch sehr ähnlich sehen. Es gab ständig Verwechslungen. Meine Theorie ist nun, dass Emanuela anstelle von Raffaela entführt worden ist. Als Kammeradjutant des Heiligen Vaters hätte es durchaus geschehen können, dass Gugel von Dingen erfahren hat, die geheim bleiben sollten.«[25]

Wusste Angelo Gugel von einer Verschwörung gegen den Papst? Sollte er durch die Entführung seiner Tochter ermahnt werden zu schweigen? Fast auffälliger als die Verwechslungstheorie selbst ist der Umstand, dass sie einem untergeordneten Angestellten des Vatikans in den Sinn kommt, als wäre ein solches Verbrechen im Kirchenstaat überhaupt denkbar.

Kapitel 3

Der fremde Papst

29. September 1978. Die Nachricht vom Tod Johannes Pauls I. erreicht den Erzbischof von Krakau, Kardinal Karol Wojtyla, beim Frühstück, das er in einer Essecke neben der Küche im erzbischöflichen Palais einnimmt. Sichtlich betroffen erhebt sich der Kardinal, ohne die Mahlzeit zu beenden.

Von seiner Haushälterin lässt er sich zwei Kopfschmerztabletten geben, was darauf hindeutet, dass ihn, wie so oft, eine Migräne quält. Dann zieht er sich zum Gebet in die Kapelle des erzbischöflichen Palais zurück. Wojtyla ahnt, dass er am nächsten Konklave nicht nur als abstimmendes Mitglied eines Kardinalskollegiums teilnehmen wird, das weniger dem Raunen des Heiligen Geistes als der innervatikanischen Machtpolitik folgt. Wojtylas Mitarbeiter spüren es auch. Jósef Mucha, der Chauffeur des Kardinals, fand seinen Chef, so berichtet er später, traurig und deprimiert, und sprach aus, was die Angestellten Wojtylas gleichfalls dachten: »Er wird nicht zurückkommen.«

Der 1920 geborene Karol Wojtyla galt seit Jahren als papabile, hatte das aber scheinbar und wie es sich gehört nicht zur Kenntnis genommen. Laut vatikanischer Rede verlässt ein Mann, der das Konklave als Papst betritt, die Sixtinische Kapelle als Kardinal. Paul VI. schätzte den jungen, dynamischen Polen sehr; neben Albino Luciani, dem Patriarchen von Venedig, dessen pastorale Fähigkeiten Papst Montini besonders gefielen, war Wojtyla einer der beiden Kandidaten, die Paul VI. sich als Nachfolger gewünscht hatte. Bereits 1967, Wojtyla war 47, erhob Papst Paul VI. den Erzbischof von Krakau zum Kardinal und berief ihn in vier wichtige vatikanische Kongregationen: Klerus, katholische Erziehung, Liturgie und orientalische Kirchen.

In der eher Schlagzeilen produzierenden als epochemachenden Enzyklika *Humanae Vitae* über die künstliche Geburtenregelung kam es zu einer engen Zusammenarbeit zwischen dem konservativen Papst und dem in dieser Sache mindestens ebenso konservativen Kardinal aus Polen. 1966 hatte die von Paul VI. eingesetzte Kommission einen Mehrheitsbericht vorgelegt, der konstatierte, dass die Kirche eine Opposition gegen die Verhütung »mit vernünftigen Argumenten« auf Dauer nicht halten könne. Wojtyla lieferte dem bedrängten Papst die entgegengesetzte theologische Beweisführung – die für die Beibehaltung des Verbots. »Wir haben dem Papst geholfen«, kommentierte Wojtyla zufrieden, als er von der Entscheidung des Papstes gegen die Pille erfuhr.

Zusätzlich zum nachwirkenden Wohlwollen des erst im August 1978 verstorbenen Paul VI. konnte sich Karol Wojtyla auf einen mächtigen Mentor im Vatikan stützen, Bischof Andrzej Maria Deskur, Jahrgang 1924, seinem engen Freund seit ihrer gemeinsamen Studienzeit. Diesen kultivierten, geselligen, bestens informierten und mit den richtigen Verbindungen bis hinauf zum Papst versehenen Kleriker, einen Meister der Beziehungspflege, umgab die Aura eines Talleyrand im Vatikan. Er bedachte den um vier Jahre älteren Erzbischof aus Krakau mit subtiler Protektion und brachte ihm die sorgfältige Beobachtung der höfischen Verhaltensfinessen in Rom und ihre Interpretation bei, desgleichen die Übersetzung des versteckten Doppelsinns in den Gesprächen. Deskur sorgte dafür, dass Wojtyla keine einzige Sitzung des

Zweiten Vatikanischen Konzils versäumte, auch keine Synode oder andere wichtige Zusammenkünfte in Rom.

So war die athletische Gestalt des Polen den Kurienfürsten bald ein vertrauter Anblick. Wojtylas Redebeiträge wurden mit Respekt gehört, wobei Wojtylas Mentor veranlasste, dass sie umgehend übersetzt wurden; Deskur spürte für Wojtyla wichtige Auslandstermine auf und sorgte dafür, dass der polnische Kirchenfürst viel eingeladen wurde, sodass er unter den Größen der Kirche in aller Welt bekannt wurde. Noch kurz vor dem Konklave, auf dem Wojtyla gewählt werden sollte, ließ er eine Biografie des Polen in einen für die Verbreitung in den USA gedachten Band einfügen, der die »papabile« vorstellte.[1] Dass da ein Kandidat herangereift war, sahen Kundige auf dem Konklave im August, als scheinbar aus dem Nirgendwo plötzlich neun Stimmen für Karol Wojtyla gemeldet wurden.

Da war ein Fähnchen gehisst worden. Von zwei Purpurträgern, Kardinal König aus Wien, einem Progressiven in Glaubenssachen, und dem eher konservativen Kardinal Krol aus Philadelphia, weiß man jetzt, sie hätten schon bei dem nur sechs Wochen zuvor stattgefundenen Konklave die Meinung vertreten, dass die Zeit reif sei für einen ausländischen Papst und dieser nur Wojtyla heißen könne. »König war der Meinung, dass der geschichtliche Zeitpunkt gekommen war, an dem die Kirche angesichts des Zerfalls der westlichen Kultur nur noch durch den europäischen Osten gerettet werden könne – Wojtyla war ebenfalls dieser Ansicht. Krol hingegen war von der jugendlichen Energie und der tiefen Spiritualität des Polen stark beeindruckt.«[2] Kardinal Krol war auch der Einzige, der es gewagt hat, das wahre Dilemma dieses Konzils zur Sprache zu bringen: *Kein* Italiener war im Grunde derzeit wählbar.

Im Rückblick hat Kardinal Krol das 1993 so formuliert: »Viele ausländische Kardinäle, unter ihnen ich selbst, waren über die politische Situation in Italien sehr beunruhigt gewesen, insbesondere über die Finanz- und Regierungsskandale im Zusammenhang mit der mysteriösen Freimaurerloge P2. In diese Skandale waren italienische Spitzenpersönlichkeiten verwickelt, und sie berührten auch die römische Kurie.«[3] Kommentar von Tad Szulc: »So weit bekannt, ist Krol der einzige Kardinal, der öffentlich eingeräumt hat, dass die Problematik der Loge P2 die Entscheidung der ausländischen Kardinäle zu Gunsten eines Nichtitalieners beeinflusste. Das war eines der großen Geheimnisse des Konklaves.«[4]

Wojtyla selbst würde bald aus eigener Erfahrung lernen, wie weit das Logenwesen und andere Geheimgesellschaften sich sogar im Vatikan ausgebreitet hatten: Als solider Taktiker, der Gegenwind gewohnt war, richtete er sich darauf ein. Beim Konklave war seine Chance schnell gekommen. Wie zu erwarten war, blockierten sich die Kandidaten des auf kirchliche Steinzeit eingeschworenen Kardinals von Genua, Giuseppe Siri, eines scharfen Gegners des Zweiten Vatikanischen Konzils, und die des pragmatischen, auf Öffnung zur modernen Welt bedachten Giovanni Benelli, des stellvertretenden Staatssekretärs am Heiligen Stuhl. Von ihm hieß es allerdings: Unter Benelli müssen wir uns auf 20 Jahre Diktatur gefasst machen. Und das passte selbst den Autokraten im Kardinalskollegium nicht.

Derweil stieg die Stimmenzahl für den Kardinal aus Polen unaufhaltsam an. Als sie einmal sank, machte sich Kardinal König in einer Mittagspause unauffällig daran, die letzten Nachzügler in der deutschen Elektorenriege auf seine Linie einzuschwören, und die hieß: Wojtyla wählen.

Die entscheidende Abstimmung war die neunte, in welcher der Erzbischof von Krakau mit 99 von 111 Stimmen zum Papst gekürt wurde. Um die Nähe zu seinem Vorgänger Johannes Paul I. zu unterstreichen, griff Wojtyla dessen Namen auf: Johannes Paul II.

Nach Hadrian VI., einem Niederländer, der im Übrigen nur knapp ein Jahr, von 1522 bis 1523, regiert hatte, war nach 456 Jahren wieder ein Ausländer auf den Thron Petris gelangt – eine mächtige Herausforderung sowohl für den 58-Jährigen aus Polen als auch für die Kurie und schließlich nicht weniger für das italienische Volk, das den »Pápa« für sein ureigenes nationales Besitztum hielt. »Sie haben einen Neger gewählt«, soll ein entsetzter Römer auf dem Petersplatz gerufen haben, als er den ausländischen Namen des neuen Papstes gehört hatte. Doch die erste Begegnung Wojtylas mit seinem italienischen Kirchenvolk geriet ihm zum Triumph: Als er in päpstlichem Habit auf den Balkon trat, um die 200000 Gläubigen zu begrüßen, die ihn auf dem Petersplatz erwarteten, sagte er in seinem polnisch gefärbten, aber relativ fließenden Italienisch: »Ich weiß nicht, ob ich mich in eurer, nein, in *unserer* Sprache richtig ausdrücken kann, aber wenn ich Fehler mache, bitte, korrigiert mich.« Der Jubel unter ihm auf der Piazza San Pietro wollte nicht aufhören. Auch dass er auf das päpstlich-majestätische »Wir« verzichtet und in der Ichform zu den Gläubigen geredet hatte, schuf sofort eine Nähe zwischen dem fremden Papst und seinem Kirchenvolk, die wenige seiner Vorgänger im 20. Jahrhundert erreicht hatten.

Wie nirgendwo anders auf der Welt loderte die Begeisterung in Polen hoch, als gegen 19.00 Uhr die schier unfassbare Nachricht bekannt wurde. Über Krakau dröhnte der gewaltige Bass des »Zygmuntus«, der Krönungsglocke polnischer Könige, vom Turm der Kathedrale im Zentrum der Stadt. Eine Prozession begeisterter Gläubiger – dem ersten spontanen, nicht von oben befohlenen Umzug seit vielen Jahrzehnten – bewegte sich zum erzbischöflichen Palais, wo dem abwesenden Kardinal ein patriotisches Lied nach dem anderen dargeboten wurde. Zum ersten Mal in der Geschichte der katholischen Kirche war ein Slawe zum Papst gewählt worden, und das erschien vielen wie die Erfüllung einer jahrhundertealten mystischen Vision, nach der die Erneuerung der Christenheit aus dem Osten kommen würde. Am nächsten Morgen waren selbst die drögen Parteizeitungen ausverkauft. Nach zähen Verhandlungen mit der Parteiführung in Warschau durfte die katholische Wochenzeitschrift *Tzgodnik Powzechny* ihre magere Auflage von 40000 Exemplare um 10000 Exemplare erhöhen.

33 Jahre kommunistischer Herrschaft hatten den leidenschaftlichen Katholizismus der Polen nicht auslöschen oder auch nur gefährden können. In vielen osteuropäischen Ländern – Litauen, Lettland, Ukraine, Tschechien, der Slowakei, Ungarn und Kroatien – ist (eher müsste man heute sagen: war) der Katholizismus ein Herzstück ihrer nationalen Identität geblieben und hatte dafür gesorgt, dass der marxistisch-slawische Überguss, den die Sowjetunion diesen Ländern verpasst hatte, immer brüchig blieb. Vor allem in Polen war die katholische Kirche eine »mächtige, oppositionelle Organisation – eine komplette Gegengesellschaft«.[5]

Sie hat »19855 Priester – fast doppelt so viele wie vor dem Krieg. 8000 Männer gehören Orden an, 5000 junge Leute studieren Theologie. Die katholische Universität Lublin veröffentlichte an der Wende von den Siebziger- zu den Achtzigerjahren fast 600 Forschungsarbeiten. Die Diözesen geben 54 Presseorgane heraus; 1,5 Millionen Gesang- und Gebetbücher wurden in zehn Jahren gedruckt. 14039 Kirchen und Kapellen sind geöffnet – 1937 waren es nur 7257. Zum Festival des religiösen Volksgesangs ›Sacro Song‹ versammeln sich jedes Jahr 5000 Jugendliche in der Warschauer Herz-Jesu-Basilika. Nach Tschenstochau ziehen jeden August 300000 Pilger, allein aus Warschau kommen 10000 zu Fuß. In der Karwoche stellen die Behörden ihre Arbeit ein, weil auch die Funktionäre fasten, in den Kirchen knien Offiziere in Uniform. Die polnische Volksarmee ist die einzige Truppe des

Warschauer Pakts, in der Militärseelsorger die Soldaten trösten.«[6]

In den Vereinigten Staaten äußerte sich Präsident Jimmy Carter, ein frommer Baptist, beglückt darüber, dass ein Mann aus der Welt des Kommunismus das höchste kirchliche Amt errungen hatte; nur wenige Wochen später wird der Papst aus Polen in den Vereinigten Staaten den frommen Erdnussfarmer aus Plains, Georgia, an Popularität überflügelt haben. Zwei Monate nach seiner Amtseinführung nennt ihn die Bostoner Tageszeitung *The Globe and Mail*: »Wojtyla Superstar«. Wojtyla war der jüngste Papst seit 1856, er wirkte kräftig, männlich und lebensfroh: der erste Papst in diesem Jahrhundert, so bemerkte ein vatikanischer Diplomat, bei dem »wir Spekulationen entgegentreten müssen, dass er in seiner Jugend mal verheiratet war«.[7] Bei einer Audienz für 13000 Nonnen rissen die Klosterfrauen wie entfesselte Teenager dem Kirchenobersten fast die Robe in Stücke. Wo immer der neue Papst sich in die Menge begab, waren hinterher die Ärmel seines Gewands mit Lippenstift bedeckt. Wie schon sein Vorgänger, der großväterliche Johannes Paul I., verzichtete sein Nachfolger darauf, sich dem gläubigen Volk auf dem päpstlichen Tragestuhl zu zeigen; auch die mit drei Kronen geschmückte Tiara lehnte er als mittelalterlichen Pomp ab.

Mit Karol Wojtyla war ein kraftvoller Mensch auf den Apostolischen Stuhl gelangt. Während der nationalsozialistischen Besetzung Polens, in der er nicht hatte studieren können, arbeitete Wojtyla in einer Fabrik. Er verfügte über einen feinsinnigen, kultivierten Geist, dem locker Gedichte und Dramen entsprangen. Zugleich war er ein geschulter Philosoph mit dem Fachgebiet der Phänomenologie, das er an der Katholischen Universität von Lublin lehrte. Um das Bild eines wahrhaft ungewöhnlichen Klerikers zu vollenden, hatte sich der neue Papst vielseitig als Sportler geübt. Die Nachricht, dass es mit seiner kirchlichen Karriere steil nach oben ging und er zum Bischof ernannt worden war, erreichte ihn zum Beispiel auf einem Wildwasserausflug. Wojtyla konnte exzellent Ski laufen und bergsteigen – das entsprechende Schuhwerk gehörte zu dem nicht gerade pompösen Gepäck, das er mit nach Rom brachte. Außer seinen vielen Büchern natürlich.

So lebensnah jedoch dieser »Papst zum Anfassen« wirkte, so beinhart und kompromisslos war Karol Wojtyla in Fragen des Dogmas. Er war stockkonservativ. Kaum im Amt, griff er durch. Er definierte das vom Zweiten Vatikanischen Konzil geforderte Prinzip der Kollegialität zwischen Bischöfen und dem Papst so einschränkend, dass eigentlich nichts davon übrig blieb. Wojtyla erneuerte den Bannstrahl der Kirche über die Abtreibung, er verdonnerte Mönche und Nonnen dazu, ihr klösterliches Habit nicht abzulegen.

Als Ziel seiner ersten Auslandsreise im Januar 1979 hatte Johannes Paul II. Lateinamerika gewählt, auch weil es dort im Klerus brodelte. Aufsässige Priester zum Teil unter Führung ihrer Erzbischöfe verkündeten eine Befreiungstheologie, die den Kampf für die Armen mit einschloss; sie hatten Basisgemeinden gegründet, in denen die kirchliche Hierarchie verschwand und der politische Kampf zum täglichen Leben von Priestern gehörte und römischer Einspruch in den Wind geschlagen wurde. Kaum in der Luft, ging Johannes Paul II. in die Economyclass zu den Journalisten und gab eine spontane Pressekonferenz, in der er einen donnernden Bannspruch über die Befreiungstheologie sprach: Sie sei »keine echte Theologie. Sie verzerrt die wahre Bedeutung des Evangeliums. Sie führt diejenigen, die Gott folgen wollen, vom wahren Weg ab, den die Kirche ihnen zugewiesen hat. Wenn sie ihre Absichten mit politischen Mitteln verwirklichen wollen, dann hören sie auf, Theologen zu sein.«

Wojtylas nächster Schlag richtete sich gegen die Jesuiten, die er als »zu liberal und zu progressiv« einstufte. 1981 hob der Papst die Verfassung der Jesuiten auf, die ihnen eine gewisse Eigenständigkeit gesichert hatte. Der Chefredakteur der hoch renommierten Jesuitenzeitschrift *Civiltà Cattolica*, Padre Bartolomeo Sorge, wurde seines Postens enthoben und nach Palermo in die »Verbannung« geschickt. Dort gründete Sorge gemeinsam mit Ennio Pintacuda, einem jesuitischen Ordensbruder aus der sizilianischen Hauptstadt, ein Institut für politische Bildung, das bald eine eigene Theologie der Befreiung für Sizilien entwickelte – als Instrument des Kampfes gegen die Mafia. Der Papst, dem Sizilien wahrscheinlich ferner war als Mexiko, reagierte nicht.

Anschließend nahm er sich die aufständischen Theologen in Europa und Amerika vor. Hans Küng, dem Schweizer Theologen, wurde die katholische Lehrerlaubnis entzogen, Edward Schillebeeckx zur »Inquisition« nach Rom bestellt, wo er noch einmal davonkam, weil er anders als Küng eine gewisse Kompromissbereitschaft an den Tag legte. Father Curran von der katholischen Georgetown University verlor seinen Job, weil dem Papst nicht gefiel, was er lehrte, und so ging es weiter. »Das wird ein dorniges Pontifikat«, sagte ein Professor der Gregoriana, der vatikanischen Universität, voraus. »Es wird tiefes Leiden für Theologen und Intellektuelle bringen. Ganz gewiss, sie sind nicht die ganze Kirche, aber ein wichtiger Teil von ihr. Welchen Sinn macht es, wenn sie der Papst verletzt, verärgert und bestürzt.«[8]

Aber auch in der Kurie tauchten sehr bald die ersten Missstimmungen auf. »Schon am Anfang«, sagt ein Insider, »gab es ernste Probleme bei der gegenseitigen Akzeptanz, und sie wurden zunächst auch nicht besser.« Es war vornehmlich eine Frage des Führungsstils, der sich mischte mit tief verwurzelten nationalen Verhaltensmustern. In einer italienischen Hierarchie, einer so alten zumal, werden Meinungsunterschiede selten in offener Konfrontation ausgetragen, sondern auf zahlreichen komplizierten Umwegen zum Ausdruck gebracht und in verwickelten Kompromissen gelöst. Der neue Papst dagegen war barsch und direkt. Er wurde ärgerlich, wenn ihm in langer verschlungener Rede verhaltener Widerspruch entgegenkam, und tat dann besonders gern, was er selbst gewollt hatte. Manchmal dauerte es ihm einfach zu lange, bis ein Mitarbeiter zum Punkt kam, zumal die Richtung der Aussage schon Minuten vorher zu begreifen war. »Ich habe schon verstanden«, konnte der Papst den Schnörkelredner dann unterbrechen. Oder er fertigte Prälaten, die Widerspruch wagten, mit der knappen Bemerkung ab: »Danke, das ist mir schon gesagt worden.«

Johannes Paul II. nahm sich Freiheiten, die seinen Hofstaat entsetzten – etwa als er den kommunistischen Bürgermeister Roms, Giulio Argan, einen Kunsthistoriker von Rang, öffentlich umarmte. Als ihm angedeutet wurde, das sei, äh, ungewöhnlich, lachte der Papst nur. Als wollte er seinem Hofstaat zeigen, dass er sich nicht im Vatikan gefangen halten ließ, unternahm er unangekündigte Ausflüge. Dafür borgte er sich von seinem Privatsekretär eine schwarze Soutane, und dann fuhren beide zum Abendessen ins polnische Kolleg. Fassungslos starrten die Schweizergardisten in ihren schwarz-gelben Renaissancefräckchen dem flüchtigen Papst hinterher und alarmierten die Obrigkeit, die dem geistlichen Oberhaupt der katholischen Kirche dann eine Eskorte hinterherzuschicken versuchte.

Um seinem Bewegungsdrang mehr Auslauf zu schaffen, ließ Johannes Paul II. ein Schwimmbad in seinem Sommerpalast Castel Gandolfo einrichten. Als bald darauf ein Foto des Papstes in Badehose auftauchte, meinten diejenigen, welche diese neumodische Installation abgelehnt hatten, dies zeige nun das Schadenspotenzial eines Schwimmbads für das Ansehen Seiner Heiligkeit. Johannes Paul II. nahm den Vorfall nicht sehr ernst. Amüsanterweise war es der Großmeister der Verschwörerloge P2, Licio Gelli, der dann das skandalöse Bild für viel Geld vom Markt kaufte, als buhlte er um päpstliche Gunst.

In den apostolischen Palast hatte Johannes Paul II. einige polnische Lebensgewohnheiten mitgebracht. Gleich nach seiner Amtsübernahme lud er 60 polnische Freunde, darunter 28 Bischöfe, in den einzigen Gasthof des Vatikans. Die Speisen waren italienisch, dazu wurde Wodka und Mineralwasser gereicht. Entsetzt verriet ein italienischer Kellner hinterher, die Gesellschaft habe nicht weniger als zehn Flaschen Wodka geleert – ein gutes Wassergläschen halt für jeden. Wenig später ließ Wojtyla polnische Nonnen kommen, die ihm fortan die Gerichte seiner Heimat kochten. »Man riecht, dass wir einen neuen Papst haben«, wagte ein junger Monsignore zu spotten, als er mittags mit einem Kollegen an der Tür des päpstlichen Appartements vorbeikam. Es duftete recht kräftig nach roten Rüben, der Grundsubstanz eines polnischen Borschtsch. Anders als seine Vorgänger benutzte Wojtyla seine Mahlzeit zur Kommunikation mit Freunden und Gästen. Er liebte Tischgespräche, wobei er mäßig und vorsichtig an einem Glas Wodka nippte. Die Einladungen verteilte er freizügig – aber eben hauptsächlich an Polen.

Zügig hatte der neue Papst auch die »Polonisierung« seines innersten Machtzirkels vorangetrieben. Umgehend warfen ihm Hüter der alten Ordnung im Vatikan wie Kardinal Silvio Oddi, 70, oder Kardinal Pericle Felice, 70, vor, »der Papst arbeite in einer undurchdringlichen Schar von Polen«, so eine Titelgeschichte der Wochenzeitung *L'Espresso*.[9] In jedem Kurienbüro, behaupteten die Kritiker, säße mindestens ein Wojtyla-Landsmann, der Zugang zu Geheimakten und den Papstgemächern habe. Dieser Clan bilde eine »Kurie in der Kurie«, »eine polnische Mafia«. Dabei vergaßen die Kritiker, dass jeder Papst wie auch jeder höhere Kirchenfürst, schon aus Selbstschutz, seit jeher seine eigenen Leute um sich versammelt. Paul VI. hatte seine »Mailänder Mafia«, der eine

»Mafia von Faenza« entgegenwirkte, zu der Kardinal Silvestrini und andere gehörten. Die Machtkämpfe im Vatikan sind Schlachten von Clans, weniger von Einzelnen. Johannes Paul II. hätte einen entscheidenden Fehler begangen, wenn er sich einer existierenden italienischen Formation angeschlossen oder eine von ihnen bevorzugt hätte.

Gleichwohl achtete Johannes Paul II. darauf, nicht auf Kollisionskurs mit den Großfürsten der Kurie zu geraten. Kurz nach seiner Wahl bestätigte er die wichtigsten in ihren Ämtern, wenn auch die meisten nur »bis auf weiteres«. Als viel problematischer erwies sich auf die Dauer, dass Johannes Paul II. einen Mann auf seinem Posten beließ, der nach Meinung vieler Kardinäle längst seines Amtes hätte enthoben werden müssen: Bischof Paul Kasimir Marcinkus, Präsident des skandalumwobenen Istituto per le Opere di Religione (IOR), der Vatikanbank also.

Just in den spannungsreichen Jahren 1980/81, in denen die Verschwörung gegen den polnischen Papst konkrete Formen annahm, steuerte der wichtigste weltliche Partner des IOR, die Banco Ambrosiano unter ihrem Präsidenten Roberto Calvi, ihrem Untergang zu: mit tief greifenden Folgen für innervatikanische Machtkonstellationen.

Wie aber würde sich der neue Papst im globalen Konflikt zwischen Ost und West verhalten, der sich Ende der Siebzigerjahre verschärft hatte und besonders seit der Machtübernahme Ronald Reagans auf Konfrontation zuzusteuern schien?

Zwei Reisen Wojtylas im Jahr 1979, die eine nach Polen, die andere in die USA, profilierten das Verhältnis des Papstes in beide Richtungen: zum Osten wie zum Westen. Dabei sind Experten zu höchst unterschiedlichen Einschätzungen gelangt. Hansjakob Stehle meint in seinem Werk *Geheimpolitik im Vatikan. Die Päpste und die Kommunisten*[10], dass Johannes Paul II. die vorsichtige Diplomatie der kleinen Schritte weiterführen wollte, die Paul VI. begonnen hatte und die wesentlich mit dem Namen Agostino Casaroli verbunden ist. Stehle weist darauf hin, dass Johannes Paul II. Casaroli, den »Architekten der Ostpolitik Pauls VI.«, zum Kardinalstaatssekretär erhob und dessen engsten Mitarbeiter, Kardinal Achille Silvestrini, zu dessen Nachfolger als Sekretär des »Rates für die öffentlichen Angelegenheiten der Kurie« ernannte, also dem Außenministerium der römischen Kurie.[11] »Demonstrativ stellte der Papst während seiner ersten Polenreise in Tschenstochau am 4. Juni 1979 hunderttausenden von Gläubigen Casaroli als einen Mann vor, ›der die Wege nach Polen, die Wege von Rom zum ganzen europäischen Osten kennt‹ und dieser ›großen und schwierigen Aufgabe im Auftrag des Heiligen Stuhls diente und dient‹.«

Ganz anders sehen dies Carl Bernstein und Marco Politi in ihrer 1994 veröffentlichten Papstbiografie. Zumindest Politi ist ein geachteter Vatikanist in Italien, der seit vielen Jahren für die Berichterstattung über den Papst und seinen Kirchenstaat in der Tageszeitung *La Repubblica* zuständig ist. In ihrem Gemeinschaftswerk zitieren die beiden, was ein junger Monsignore, der gerade am Anfang seiner Karriere stand, dachte: »Dieser Papst sagt nicht nur, wie wir es immer getan haben – ›lasst uns versuchen, uns diesen Kommunisten schrittweise anzunähern‹ –, nein, dieser Papst ist gekommen, um den Kommunismus vor dem Altar zum Scheitern zu bringen.«

Hier also weiterhin eine Politik der kleinen Schritte nach dem Muster Casaroli, dort der Beschluss eines heiligen Krieges, mit der Absicht, den Kommunismus aktiv zu besiegen. Die Wirklichkeit dürfte weniger geradlinig sein. Hansjakob Stehle verschweigt die ernsten Konflikte zwischen dem polnischen Papst und Casaroli, die schon lange vor der Zeit zu Tage getreten sind, in der Wojtyla Papst wurde. Das grundsätzliche Misstrauen in Polen gegen Casaroli erwuchs aus der Furcht, dass er den Sowjets zu viele Zugeständnisse machen könnte – was er auch tat, so man ihn nicht daran hinderte. So hatte Erzbischof Casaroli im Jahr 1975 mit den Sowjets vereinbart, dass die seit 1945 russischen Bistümer Lemberg, Wilna, Luzk und Pinsk russische Bischöfe bekommen sollten. Der Primas von Polen, Kardinal Stefan Wyszyński, eilte nach Rom und machte Casaroli lautstark Vorwürfe.

Noch heikler war die Frage der Grenzen. Rom hatte die nach Westen vorgeschobene Grenze Polens anerkannt; Ostpolitiker Casaroli wollte nun von den Polen, dass sie ihrerseits die nach Westen vorgeschobene russische Grenze im Osten ihres Landes anerkannten. Nach der Wahl von Papst Wojtyla war davon nicht mehr die Rede. Was freilich die Einschätzung der päpstlichen Ostpolitik durch Bernstein/Politi angeht, so war die von ihnen vertretene »Heilige Allianz zur Niederringung des Kommunismus« zwischen Reagan und Wojtyla erstunken und erlogen. Der ehemalige *The Wall Street Journal*-Redakteur Jonathan Kwitny hat in einer eigenen Papstbiographie minuziös dargelegt, dass das Gespann Interviews erfunden und Gesprächspartner falsch zitiert hat.[12] Diese Äußerungen blieben unwidersprochen.

Nach Kwitny hat Kardinal John Krol zum Beispiel versichert, dass er »absolut nicht« und »absolut niemals« mit einem Mitglied der Reagan-Administration über Solidarność gesprochen hätte. Der von Bernstein als Kronzeuge zitierte General Vernon Walters hat dessen Ausführungen als reines Phantasieprodukt bezeichnet. Erstaunlich, dass Politi da mitgemacht hat.

Wojtylas Ostpolitik war komplizierter und zweifellos auch von seiner negativen Sicht des Westens geprägt. Die kommunistische Führung Polens wiederum fühlte, wie schon die Gläubigen in ihrem Land, patriotischen Stolz über den Papst aus Polen. Edward Gierek erzählt in seiner Autobiografie: »Ich musste nicht erst das Läuten der Kirchenglocken hören, um zu verstehen, wie die Nachricht aufgenommen werden würde. Ich wies die Presse sofort an, im Einklang mit der Hochstimmung zu handeln, die das Land ergriffen hatte. Und ich dachte gleich, dass er Polen einen Besuch abstatten würde.«[13] Edward Gierek verstand sofort, dass eine feindselige Haltung der Regierung zur Wahl Wojtylas in der labilen politischen Situation katastrophale Folgen für die kommunistische Führung nach sich ziehen würde. Also verfasste die Führung der Partei ein Glückwunschtelegramm nach Rom, in dem sie ihre »besten Wünsche« und »herzlichen Glückwünsche« vortrug. Ein paar ideologische Floskeln waren eingebaut worden, um die Sowjetunion zu beruhigen. Karol Wojtyla antwortete sofort und erfreute die kommunistischen Herrscher Polens, als er seine Befriedigung über die Glückwünsche »der Volksrepublik Polens« ausdrückte. Es war das Wort »Volksrepublik«, das sie so entzückte.

Das Verhältnis zwischen dem polnischen Papst, den Herrschenden seines Heimatlandes und der Sowjetunion war zu einer komplizierten Partie zu dritt geworden. Im Kreml war die Nachricht von der Wahl eines Polen auf den Stuhl Petri mit Besorgnis aufgenommen worden; jedoch konnte auch die Sowjetunion auf eine Art von kontinuierlicher Ostpolitik mit dem Vatikan zurückblicken. Außenminister Gromyko hatte sich 1965 bei der Eröffnungssitzung der Vereinten Nationen in New York mit Papst Paul VI. getroffen und ihn danach noch viermal im Vatikan besucht. 1976 war Staatspräsident Podgorny vom Papst empfangen worden, für Januar 1979 war eine Begegnung des neuen Papstes mit Gromyko geplant. Mit einiger Sorge sahen sowohl die Herrscher des Kreml als auch die polnische Führung einem unvermeidlichen Besuch des Papstes in seinem Heimatland entgegen. Schon am Tag seiner Amtseinführung hatte er das Thema in einem Gespräch mit dem polnischen Staatspräsidenten Henryk Jabloński und Primas Wyszyński zur Sprache gebracht, und in einer Botschaft an das polnische Volk am Tag darauf betont: »Ich möchte gern am 900. Todestag des heiligen Stanislaw zu euch kommen... Ich bin sicher, dass dieses Jubiläum eine Erneuerung unseres Glaubens und unserer christlichen Ethik bringen wird, weil wir in dem heiligen Stanislaw seit fast einem Jahrtausend den Schutzpatron der moralischen Ordnung in Polen verehren.«

Das war eine Provokation, und Wojtyla wusste es, und sie war typisch für seine Art, den Kommunismus anzugehen. Seit Jahren hatte er sich mit der kommunistischen Führung seines Landes darüber gestritten, ob am 8. Mai – dem Tag des heiligen Stanislaw – überall in Krakau Prozessionen zu Ehren des Heiligen stattfinden durften. Ihm war klar, dass die geschichtsbewussten polnischen Patrioten das Regime mit dem tyrannischen König gleichsetzen würden, der 1079 die Ermordung des Bischofs befohlen hatte. Er wusste aber auch, dass es geschickte Politik wäre, der polnischen Regierung etwas zum Ablehnen zu geben, um den Besuch selbst annehmbarer zu machen.

Eine geschichtsbezogene Nuance enthielt auch eine Fernsehrede an seine polnischen Landsleute vom 23. Oktober 1978, die vom staatlichen Fernsehen Polens weit nach Osten ausgestrahlt wurde. In ihr hatte er Grußbotschaften auch auf Russisch und Litauisch ausgesandt: an die Bewohner ehemaliger Großreiche also, die jetzt im Sowjetimperium zusammengeschlossen waren. Er hatte diese Völker in ihrem Slawentum angesprochen – und damit ebenjene Basis der Gemeinschaft für die Kirche eingefordert, welche die Sowjetunion als Grundlage der Gemeinsamkeit zwischen den von ihr beherrschten osteuropäischen Völkern beanspruchte: eine Herausforderung, die in Moskau gut verstanden wurde.

Gleichzeitig gilt, jedenfalls für den Anfang von Wojtylas Herrschaft, dass die Mächtigen im Kreml den Papst als besonnen einschätzten. Am 24. Januar 1979 empfing Johannes Paul II. den sowjetischen Außenminister Gromyko zu einem fast zweistündigen Gespräch, das zunächst auf Russisch, dann auf Englisch geführt wurde. Zwar versäumte der neue Papst es nicht, den sowjetischen Außenminister auf die fünf Millionen Katholiken in der Sowjetunion und ihre Probleme anzusprechen, betonte aber zugleich, dass »Menschenrechte ebenso wie religiöse Interessen nur in einer friedlichen, nicht in einer konfliktgeladenen Welt« gewahrt werden könnten.[14]

Immerhin: Nach seiner Begegnung mit dem neuen Papst äußerte Gromyko vor osteuropäischen Diplomaten, dass der neue Herrscher des Vatikans einen »vernünftigen und ausgeglichenen Eindruck auf ihn gemacht habe«.[15] Als aber die ersten Nachrichten von einer für den Frühsommer 1979 geplanten Polenreise des Papstes auftauchten, meinte der (schon schwer kranke) Leonid Breschnew, das mit einem Telefonanruf bei Gierek verhindern zu können. Gierek selbst berichtet über ein Telefonat, das er Anfang Januar 1979 mit Leonid Breschnew führte:

> »Breschnew sagte, er habe gehört, dass die Kirche den Papst nach Polen eingeladen habe. ›Und was sagen Sie dazu?‹, fragte er mich. Ich antwortete: ›Wir werden ihn würdig empfangen.‹ Breschnew sagte: ›Ich rate Ihnen, ihn nicht zu empfangen, weil Sie dadurch in große Schwierigkeiten geraten werden.‹ Ich erwiderte: ›Wie kann ich es denn ablehnen, den Papst zu empfangen? Die Mehrheit meiner Landsleute ist katholischen Glaubens, und für sie war die Wahl ein großes Ereignis. Und im Übrigen: Wie soll ich den Leuten beibringen, dass wir ihn nicht ins Land lassen wollen?‹ Breschnew antwortete: ›Schlagen Sie dem Papst vor – er ist ja ein verständnisvoller Mann –, er solle öffentlich bekannt geben, dass er nicht kommen könne, weil er erkrankt sei.‹ Ich erwiderte: ›Genosse Leonid, das kann ich nicht machen. Ich muss Johannes Paul II. empfangen.‹ Dann bekam ich zu hören: ›Gomulka war ein besse-

rer Kommunist. Er wollte Paul VI. nicht in Polen empfangen. Und damals ist nicht passiert. Die Polen haben schon einmal eine solche Weigerung hingenommen, und wenn Sie den jetzigen Papst nicht ins Land lassen, werden sie sich auch damit abfinden.‹ Breschnew sagte noch: ›Tun Sie, was Sie wollen. Ich hoffe nur, dass Sie und Ihre Partei es später nicht bedauern.‹ Und damit war das Gespräch beendet.«

Das war freilich lange bevor der Besuch vereinbart wurde. Gierek kannte die Stimmung in Polen besser als der große Bruder in Moskau. Verhandlungen über eine baldige Polenreise des Papstes wurden Ende Januar aufgenommen. Sie verliefen im Dreieck zwischen dem polnischen Regime, der polnischen Kirche und dem Vatikan, eine Art von De-facto-Partnerschaft, die bewirkte, dass der Besuch überhaupt zu Stande kommen und ohne größere Spannungen zwischen Kirche und Regime ablaufen konnte. Warschau wahrte das Gesicht vor Moskau. Die Bevölkerung Polens durfte erleben, dass ihre Herrscher ihnen einmal einen dringlichen Wunsch erfüllten, was wiederum den Herrschern nutzte. Die Beteiligten einigten sich darauf, dass Johannes Paul II. nicht als Gast der polnischen Regierung sondern auf Einladung des polnischen Episkopats anreisen würde. Die polnische Kirche würde für die gesamte Logistik des Papstbesuches aufkommen, was der Regierung ersparte, überall und in Massen die in der Bevölkerung verhasste Miliz aufstellen zu müssen.

Zwei Briefe besiegelten die Abmachung. Am 2. März gab das polnische Episkopat bekannt: »Der Primas von Polen übersandte Papst Johannes Paul II. im Namen des Episkopats ein offizielles Schreiben, in welchem er dem Papst für die Bereitschaft dankte, Polen und unsere Kirche zu besuchen.« Gleichzeitig wurde in einem Kommunikee der Regierung mitgeteilt, Staatspräsident Jabłoński habe sich befriedigt gezeigt »über die vom polnischen Episkopat ausgesprochene

Einladung und die von Papst Johannes Paul II. abgegebene Erklärung, dass er sein Heimatland, die Volksrepublik Polen, zu besuchen wünsche«.[16] So hatte die kommunistische Regierung den Papst nicht eingeladen – aber seinen Besuch abgesegnet.

Genau acht Monate nach seiner Abreise nach Rom für das Konklave betrat Johannes Paul II. am 2. Juni 1979 wieder heimatlichen Boden. Er grüßte die Fahne der Ehrenkompanie der polnischen Volksarmee, die für ihn angetreten war, mit einer Verneigung. Rund eine Million Menschen hatten sich an der Straße vom Flughafen zur Innenstadt zu seinem Empfang versammelt, auf jeder Station seiner Reise wurden die Massen dichter. Auch da, wo der Papst nicht hinreisen würde, waren Straßen mit der gelb-weißen Fahne des Vatikans, mit Blumen und dem Bild des polnischen Papstes geschmückt. Wieder und wieder betonte Johannes Paul II. die Einheit der christlichen Slawen, die er, ein slawischer Papst, repräsentiere; und mehr: Er, ein slawischer Papst, repräsentiere »die Einheit des christlichen Europa« – so als könne er, in einer einzigen Rede, die Teilung des Kontinents durch das Abkommen von Jalta aufheben: kaum ein maßvolles Vorhaben. Ausländischen Beobachtern, etwa dem britischen Vatikanisten Peter Hebblethwaite, fiel auf, dass der Papst kraftvoller, selbstbewusster und dem Kommunismus gegenüber auch entschiedener auftrat, je weiter er sich von Warschau und seinen steifen, verängstigten Machthabern entfernte. »Als Johannes Paul II. sich aus Warschau in sein eigenes Land begab, warf er die Vorsicht in den Wind. In der Hauptstadt war er, meistens, vorsichtig und diplomatisch«, berichtete Hebblethwaite den Lesern des *National Catholic Reporter*, deren Korrespondent er war, »aber unter seinem eigenen Volk ließ er sein Herz sprechen. Er reagierte auf die Mengen, und die Mengen reagierten auf ihn.«

Er scheute keine Tabus, auch das größte nicht: den Warschauer Aufstand von 1944 gegen die Nazis und die zynische Untätigkeit der russischen Armee, die auf der anderen Seite der Weichsel angekommen war und ohne einzugreifen zusah, wie die »Warschauer ihren ungleichen Kampf gegen die Aggressoren« verloren. Der Papst war auch nicht davon abzuhalten, den vergeblichen Wunsch Pauls VI. zu erwähnen, der gern an der 1000-Jahr-Feier Polens teilgenommen hätte, aber von den kommunistischen Herrschern nicht ins Land gelassen wurde. Johannes Paul II. verwarf die offizielle Version der polnischen Geschichte, die in ihrer kommunistischen Version zwischen einer grauen, namenlosen, prähistorischen Zeit und einer Gegenwart aufzuteilen war, die gerade mal vor 35 Jahren begonnen hatte – also nach dem Aufstand im Warschauer Ghetto.

Kardinal Agostino Casaroli war nicht glücklich über diese temperamentvollen Attacken des Papstes, die in den sorgfältig von Casaroli redigierten Redemanuskripten meist nicht vorgesehen waren. Geradezu ungeniert schien der Papst sich über den ehrwürdigen Kurienfürsten zu mokieren. »Ich weiß, dass meine Beamten mich schelten werden, weil ich meine Rede etwas verlängert habe«, sagte der Papst in Gnesen, dem ältesten polnischen Sprengel, »aber meistens ist das, was man aus dem Handgelenk sagt, wichtiger als der geschriebene Redetext selbst.«[17]

Casaroli war nicht amüsiert.[18] Die Warschauer Herrscher auch nicht, und sie wehrten sich mit einem hilflosen Beschwerdebrief: Wojtyla hätte nicht eindeutig genug den Nazis die Verantwortung für die Besetzung Polens zugeteilt, er hätte 600000 sowjetische Soldaten unerwähnt gelassen, die bei der Befreiung Polens gefallen wären, und er hätte die Leistungen seines sozialistischen Heimatlandes nach dem Zweiten Weltkrieg nicht ausreichend gewürdigt. Der Brief wurde dem Papst über den polnischen Erzbischof Macharski übergeben. Danach änderte sich in der Tat die Färbung der Reden Wojtylas – aber nur ein wenig. Immerhin war Johannes Paul selber Pole genug, um den kommunistischen Machthabern seines eigenen Landes nicht mehr Schwierigkeiten als unbedingt nötig in Moskau zu verschaffen. Auch im Kreml wurde schließlich der Besuch des Papstes in seiner Heimat mit wachsamer Aufmerksamkeit verfolgt.

Als Johannes Paul II. am 10. Juni abreiste, hatte ihn fast jeder dritte Pole persönlich gesehen. Für alle der Kirche zugeneigten Bewohner der osteuropäischen Staaten war es ein schier unglaubliches Geschehen: Fast 35 Jahre nach der Aufteilung Europas in Ost und West hatte ein polnischer Papst der ganzen Welt gezeigt, wie tief verwurzelt und wie mächtig die katholische Kirche noch immer im kommunistischen Herrschaftsbereich war. Die Balance der Macht in ihm war zu Gunsten der Kirche verschoben worden: Johannes Paul II. hatte dem kommunistischen Regime die Alleinherrschaft streitig gemacht. Fernsehbilder belegten das bis zum letzten Moment der Reise. Beim Abschied auf dem Flughafen von Krakau umarmten sich Johannes Paul II. und Henryk Jabłoński, ein römischer Papst und ein kommunistischer Staatschef, zwei Polen, die zwei einander eigentlich verfeindete, aber nun zumindest gleichberechtigte Welten repräsentierten. Auf der Pressetribüne, so berichtet Hansjakob Stehle, flüsterte Mieczyslaw Rakowski, Chefredakteur der einflussreichen *Polityka* und spätere Ministerpräsident Polens: »Von diesem Augenblick an wird nichts mehr sein, wie es war«, und damit sollte er Recht behalten.[19]

Im Herbst 1979 reiste der Papst in die USA und nutzte die Gelegenheit einer Ansprache vor der UNO, um seine Position zwischen den Blöcken zu verdeutlichen, um zu zeigen, dass für ihn weder der Marxismus noch der westliche Liberalismus die Antwort auf die Probleme der Menschheit zu bieten hatte. Wojtyla beschrieb einen dritten Weg, der sich beider Weltentwürfe bedient, ohne sich von einem gebunden zu fühlen. Als er zum Beispiel anfing, Menschenrechte einzufordern, dachten die Delegierten des Westens, er werde dessen Litanei anstimmen und nach »bürgerlichen Rechten« verlangen, Rede- und Versammlungsfreiheit oder das Recht auf die Ausübung der eigenen Religion – aber Wojtyla interpretierte »human rights« in der Art des Ostens: indem er mehr Gerechtigkeit in der Verteilung der materiellen Ressourcen forderte. Das nämlich war damals die ständige Forderung kommunistischer Länder, aber auch der Länder der Dritten Welt, die betonten, dass die Menschenrechte des Westens sinnlos blieben, solange die fundamentale Existenz des Menschen nicht gesichert sei, also sein Recht auf Nahrung und Arbeit. Ganz eindeutig hatte sich der Papst in dieser Rede zwischen den Blöcken aufgestellt, in einer von beiden Ideologien unabhängigen Zone, auf einem dritten Weg, ohne ihn so zu benennen. Aber deutlich wurde auch, dass in der Sicht des Papstes der Ost-West-Konflikt verblassen und die wahre Menschheitsfrage der Gegenwart sich im Nord-Süd-Konflikt präsentieren würde.

Auf seiner anschließenden Reise durch die USA schien der Papst eher die Probleme des reichsten Landes der Welt hervorheben zu wollen, als dessen Wohlstand zu belobigen. Wo immer er hinkam, auf dieser ersten Amerikareise besuchte er die Ghettos der großen Städte, von Harlem und der South Bronx in New York, Philadelphia South und die wie ausgebombt wirkenden Armenviertel in Chicago, sodass sich am Ende die päpstliche Meinung über Amerika eher in seinen Begegnungen mit den Armen als mit den Mächtigen des Landes auszudrücken schien.

Wojtyla war tief von der Dekadenz des Westens überzeugt – und dafür findet sich gerade im Buch von Carl Bernstein und Marco Politi ein Beleg. In einem Kapitel, das die langjährige Zusammenarbeit Wojtylas mit der aus Polen stammenden amerikanischen Philosophin Anna Teresa Tymieniecka über die Phänomenologie beschreibt, die in einem wichtigen, gemeinsamen Buch zum Thema mündet, spricht der Ehemann der Philosophin über Wojtylas Verhältnis zum Westen: »Sein mangelndes Verständnis für den Westen beunruhigte meine Frau wohl ein wenig. Sie sprach mit ihm über das Wesen dieser Gesellschaft, die so verschieden ist von der, in der er aufgewachsen ist … Er neigte dazu, die westlichen Länder und besonders die Vereinigten Staaten als unmoralisch, ja sogar als amoralisch anzusehen! Er besaß keinen wirklichen Sinn für den Wert der demokratischen Tugenden. Bei mindestens zwei Gelegenheiten sagte sie zu ihm, dass er in den Vereinigten Staaten zu einem Savonarola werden würde; sie dagegen finde aber, die Vereinigten Staaten seien ein wundervolles Land. Natürlich gebe es Dinge, die sie ablehne, aber dennoch könne er nicht so reden. Sie legte ihm nahe, seine Verachtung für die Dekadenz im Westen und besonders in den Vereinigten Staaten darüber nicht so deutlich zu zeigen. Das war sehr wichtig, denn er hätte mit dem, was er eigentlich sagen wollte, seine Aufnahme in den Vereinigten Staaten völlig verderben können.«[20]

Das heißt nicht, dass sich Wojtyla nachgiebig gegenüber dem Kommunismus verhielt. Er war nur der Meinung, so Frau Tymieniecka, »dass sich die Kommunisten langfristig behaupten könnten, sodass er in gewisser Weise in einer verlorenen Schlacht kämpfte.«

Für die politische Führungsschicht Polens galt Kardinal Wyszyński als kompromisslos feindlich gegenüber dem Kommunismus, während Wojtyla als flexibler gesehen wurde. Unter Paul VI. hatte es immer wieder Klagen osteuropäischer Bischöfe gegeben, dass der Vatikan ihre Probleme nicht verstehe, über ihre Köpfe hinweg entscheide und nicht entschlossen genug gegenüber den kommunistischen Herrschern auftrete. Besonders wurde bemängelt, dass der Vatikan derart bedacht darauf sei, mit der russisch-orthodoxen Kirche Frieden zu schließen, dass für dieses Ziel die Interessen der

Unierten in der Ukraine und die der Katholiken in Litauen geopfert würden, eine bittere, zuweilen ungerechte Kritik, die bis in die Gegenwart nachklingt.[21]

Johannes Paul II. gründete als Erstes eine polnische Abteilung im Staatssekretariat, die schon aus Übersetzungsgründen nötig war. Weiterhin ernannte er einen Exillitauer, Andryas Backis, zum zweiten Mann in der Abteilung öffentliche Angelegenheiten der Kirche, dem »Außenministerium des Staatssekretariats«; Backis' Vater war der letzte litauische Botschafter in den Vereinigten Staaten gewesen, und mit der Erhöhung seines Sohns zum zweiten Mann in der Außenabteilung konnte der Papst kaum Sympathiepunkte in Moskau sammeln. »Auf der ganzen Linie hat Johannes Paul die Initiative ergriffen«, schrieb am 9. November 1979 Peter Hebblethwaite im *National Catholic Reporter*. »Die Ostpolitik Pauls VI. reagierte auf Anstöße östlicher Regierungen; sie versuchte sich zentimeterweise voranzubewegen, um begrenzte Garantien für die Freiheit für Katholiken im Ostblock zu sichern. Johannes Pauls Ostpolitik dagegen ist aggressiv, sie unternimmt ernste Schritte und bedient sich der Sprache der Menschenrechte, die von den Dissidentengruppen in allen Ostblockstaaten gebraucht wird. Jetzt sind es die Regierungen, die reagieren müssen.«[22]

Die Bewährungsprobe des Papstes kam im folgenden Jahr, 1980. Polen hatte den schlimmsten Winter seit 100 Jahren erlebt, wie Edward Gierek später einräumte. Die soziale und wirtschaftliche Situation des Landes hatte sich seit diesem Hungerwinter drastisch verschlechtert. Im Frühsommer kam es zu örtlichen Arbeitsniederlegungen, etwa einem Streik der Eisenbahner in Lublin, später streikten Werktätige sporadisch im Juni und Juli auch in Warschau, Posen, Krakau, Bromberg oder Danzig. In dieser wichtigen Hafenstadt an der Ostsee besetzten am 14. August Arbeiter die Lenin-Werft, schlossen die Werktore und bildeten ein Streikkomitee, das ein arbeitsloser Elektriker namens Lech Walesa anführte. Solidaritätsbekundungen mit den Danziger Arbeitern führten zur Gründung der ersten landesweiten Gewerkschaft »Solidarność« – die sich sogleich zum Katholizismus bekannte. Bilder des Papstes und gelb-weiße Fähnchen erschienen an den Toren der Lenin-Werft.

Klug enthielt sich Johannes Paul II. jeden Kommentars. Doch Abgesandte des Papstes in geheimer Mission reisten zwischen Rom und Warschau oder zwischen Rom und Moskau hin und her.[23] Ende August 1980 schrieb Johannes Paul II. einen Brief an Breschnew, in dem er ihm versicherte, dass die polnischen Unruhen keine Bedrohung der Sowjetunion darstellten. Es war ein beschwichtigender Brief, ein Versuch des Ausgleichs und der Klärung in einem sich zuspitzenden Konflikt, den die Welt mit angehaltenem Atem verfolgte. Dass der Papst Breschnew gedroht habe, er werde im Fall einer sowjetischen Invasion Polens sein Amt niederlegen und an der Seite seiner Landsleute für die Freiheit seiner Heimat kämpfen, hat sich als amerikanische Propaganda erwiesen.[24] Als die Streikwellen in Polen anschwollen, sandte Johannes Paul II. nach Warschau erneut eine Nachricht, die mäßigen sollte. Das war Ende März 1981. Solidarność hatte zum Generalstreik aufgerufen, eine Eskalation mit unabsehbaren Folgen androhend, worauf Johannes Paul II. ein Telegramm an den Primas von Polen, Wyszyński, sandte. Aus »allen Teilen Polens würden ihn Stimmen breiter Arbeitermassen erreichen, die ihren Willen zum Arbeiten und nicht zum Streiken unterstreichen.«[25]

In Polen arbeiteten derweil Vertreter der Regierung und der Kirche zusammen, um die Krise zu bewältigen. Eine bilaterale Kommission, die seit zehn Jahren nicht mehr zusammengetreten war, traf sich im September, im Oktober setzten sich Stanislaw Kania, der Gierek als Vorsitzender des ZK abgelöst hatte, und Kardinal Wyszyński zusammen, um über die

Krise zu beraten; anschließend reiste Wyszyński nach Rom, um Johannes Paul II. zu unterrichten. So wurde in einem noch nicht da gewesenen kirchlich-kommunistischen Zusammenspiel die schwierigste Krise, die Polen seit seiner Neugründung als Volksrepublik durchgemacht hatte, vorerst bewältigt. Nach einem Beschluss des Obersten Gerichtshofs wurde Solidarność am 10. November 1980 offiziell registriert. Als die Spannungen nachgelassen hatten, trafen Johannes Paul II. und Wadim Zagladin, ein wichtiges Mitglied des sowjetischen ZK, am 15. Dezember 1980 zu einem langen vertraulichen Gespräch über die polnischen Angelegenheiten zusammen. In Washington hatte Ronald Reagan die Wahl gewonnen. Einige seiner wildesten kalten Krieger sahen die stille Zusammenarbeit des Papstes mit den Vertretern eines feindlichen Systems, das die neuen Machthaber in Washington niederzuringen gedachten, mit spürbarem Unwillen.

Während aber Johannes Paul II. den Sowjets beruhigende Worte zukommen ließ, wurde die erste demokratische Institution in einem Ostblockland, Solidarność, massiv über den Vatikan finanziert, das heißt über die Vatikanbank IOR und die ihr eng verbundene Banco Ambrosiano – mit Geldern von zuweilen unklarer Herkunft. Die ersten Berichte tauchten in der italienischen Presse im Frühjahr 1981 auf, als die Turiner Tageszeitung *La Stampa* noch von nur 14 Milliarden Lire, etwa zehn Millionen Mark, sprach, die über die Vatikanbank in den vergangenen Monaten nach Polen geflossen seien, ein Bericht, der umgehend vom Vatikan dementiert wurde.[26] Die Gesamtheit der Subventionen ist schwer abzuschätzen, sie dürfte jedoch kaum unter 100 Millionen Dollar gelegen haben. Ein großer Teil dieser »Spenden« stammte aus den USA, speziell aus Chicago mit einem großen Anteil von polnischstämmigen Bewohnern, wobei die Gelder über die Continental Illinois Bank flossen. Diese stand (möglicherweise aus Gründen, die mit ihrer eigenen Kundschaft zu tun hatte) in

Geschäftsbeziehungen zum Mafiabankier Sindona, der Anfang der Achtzigerjahre freilich schon in Italien inhaftiert war. Flavio Carboni, Mitglied der Banda von Magliana, die als Niederlassung der sizilianischen Mafia gilt, war in Roberto Calvis letzten Lebensjahren zu einem »Mitarbeiter« avanciert; inzwischen verurteilt als einer der Schuldigen am Mord des Bankiers, hat sich Carboni im Frühjahr 1981 sehr deutlich über die düsteren Quellen der Subventionen geäußert: »Wenn Casaroli in New York einen der Verantwortlichen fände, die für Marcinkus arbeiten und Solidarność Geld schicken, würde der Vatikan untergehen. Es würde auch reichen, dass Casaroli eines der Dokumente fände, von denen ich weiß. Adieu Marcinkus! Adieu Wojtyla! Adieu Solidarność! Da würde schon die jüngste Finanzierung von 20 Millionen Dollar reichen, um die ganze Gesellschaft in die Luft zu jagen.«[27]

Ein sizilianischer Kleriker mit guten Verbindungen zur römischen Zentrale bringt die Problematik auf den Punkt: »Für die letzten beiden Jahre Calvis gilt, dass er auch Gelder der Mafia genommen und diese über die Vatikanbank gewaschen hat. Wenn diese dann reichlich für Solidarność ›spenden‹ konnte, lag das auch daran, dass sie sehr gut an den Prozenten für die Reinigung verdient hat. Hier bei uns hat man gesagt, dass sich hinter der Millionendollarhilfe für Polen gigantische Geldwäscheoperationen sowohl der sizilianischen als auch der amerikanischen Mafia verbargen.«[28]

Die Ermittler, die in den späten Achtzigerjahren nachvollziehen wollten, wie der größte Bankenzusammenbruch der europäischen Geschichte zu Stande gekommen war, fanden allerdings keine schriftlichen Belege. Paul Marcinkus mag freilich gewusst haben, wie die Drohanrufe zu verstehen waren, die zwischen Ende 1981 bis zum Frühjahr 1982 im Vatikan einliefen. Die sizilianisch gefärbten Stimmen verlangten Gelder zurück, die sie dem künftigen Bankrotteur Calvi für profitable Investitionen zur Verfügung gestellt hätten und die nun erkennbar den Bach hinuntergingen.[29] Die düsteren Verbindungen blieben nicht geheim im Vatikan. Die Popularität des polnischen Papstes unter einigen seiner kurialen Vasallen hat das nicht gefördert, ganz besonders nicht bei seinem Kardinalstaatssekretär Agostino Casaroli. Dass zwischen diesem und dem polnischen Papst nicht immer inniges Einverständnis herrschte, hat sogar in der Höflingssprache des vatikanischen Pressekorps vorsichtig Ausdruck gefunden.

In seinem Interviewband über Casaroli formuliert der Korrespondent der kommunistischen *L'Unità* in aller Unterwürfigkeit, es sei ihm nicht gelungen, sich selber davon abzuhalten, nunmehr eine Frage zu stellen, »die möglicherweise ein wenig delikat sein könnte«. Er fragte den Kardinal: »Eminenz, man sagt, oder wenigstens haben die Zeitungen davon berichtet, dass Sie vor allem am Anfang mit dem Papst vielleicht aus kulturellen Gründen oder aus Fragen des Stils eine Beziehung gehabt hätten, die man möglicherweise dialektisch nennen könnte.« Antwort Casarolis: »Dialektisch ist ein wenig verwandt mit Dialog. In diesem Sinne habe ich keine Einwände gegen den Gebrauch dieses Ausdrucks. Eine solche Beziehung muss nicht notwendigerweise einen Gegensatz wie These/Antithese ›beinhalten, auch wenn sie immer auf der Suche nach der Synthese ist.«[30]

In dem immer währenden Untergrundkrieg der Fraktionen im Kirchenstaat hatten sich am Ende der ersten beiden Jahre des Pontifikats von Johannes Paul II. zwei klare Hauptfronten herausgebildet, die sich mit allen, auch ziemlich außergewöhnlichen Mitteln, die frommen Männern an der Spitze der katholischen Kirche zur Verfügung stehen, bekämpften.

Um Casaroli und seinen Stellvertreter Achille Silvestrini hatte sich der »Clan von Faenza« gesammelt, der nach seiner geografischen Herkunft auch die »Mafia romagnola« hieß, zu der außer den beiden genannten unter anderen auch die einflussreichen Kardinäle Pio Laghi und Antonio Samoré zählten. Sie präsentierten den harten Kern der italienischen Kurie, die sich im Grunde nie mit dem fremden Papst abgefunden hatte. Sie hatten sich zu einer freimaurerähnlichen »Großen vatikanischen Loge« zusammengeschlossen. Auf der Gegenseite stand der Pole Wojtyla, unterstützt von Opus Dei. Seine wichtigsten Vasallen waren Paul Marcinkus, der umstrittene Chef der Vatikanbank IOR, und als einziger Römer der bleiche, dürre Virgilio Levi, Vizedirektor des *Osservatore Romano*.

Die Mafia von Faenza hatte Wojtylas mächtigste Stütze, Paul Marcinkus, im Visier – ihn wegzuschießen hieße, dem polnischen Papst die Basis seiner finanziellen Hilfe für Solidarność zu berauben und damit die Ostpolitik des Papstes zu zerstören, um sie wieder auf die alten, von Casaroli gewollten Bahnen zu leiten.

Der Kardinalstaatssekretär holt sich merkwürdige Bundesgenossen für dieses Projekt. Er wendet sich an den italienischen Militärgeheimdienst Sismi, in dessen Mitte sich ein noch geheimerer Kern für besonders delikate Aufgaben gebildet hatte. Dieser Kern bestand im Wesentlichen aus einem Mann: Francesco Pazienza, damals 35 Jahre alt, ein wendiger, hochintelligenter Mann für alle Aufgaben, ein Hansdampf in allen Gassen, fließend englisch, französisch und arabisch sprechend, ein begabter Schriftsteller und Ränkeschmied, befreundet mit dem Chef des französischen Geheimdienstes Comte Alexandre de Marenches sowie zahlreichen wichtigen Politikern in den USA. Pazienzas Chef war General Santovito, ein intellektuell eher limitierter und meistens betrunkener Vertreter seines Faches, zweifellos nicht der rechte Mann, um die militärischen Geheimnisse der italienischen Republik zu schützen und um sie durch kluge Spionagearbeit bei anderen zu mehren.

Santovito erhielt – im Frühjahr 1981 – einen Anruf aus dem

Vatikan. Niemand anders als Monsignore Celata, der persönliche Referent des mächtigen Kardinals Casaroli, bat um einen Gefallen. Es gelte eine – im Vatikan angesammelte – Dokumentation aufzutreiben, die für Marcinkus schädliche Informationen enthalte. Santovito, der sofort erkennt, dass er selbst für eine solche Spürarbeit überfordert wäre, überträgt sie seinem Juniorpartner Pazienza. Und der hat in seiner 1999 erschienenen Autobiografie[31] eine recht lebendige Darstellung seiner vatikanischen Abenteuer geliefert.

Nachdem ein Schweizergardist ihn zunächst fälschlich an die Tür zum privaten Wohnbereich des Papstes geführt hatte, wies ihm eine Nonne, welche diese Tür bewachte, den rechten Weg zum Staatssekretariat, dem Ort seines Termins.

»Mich erwartete ein junger und höchst eleganter Prälat, der sich als Sekretär seiner Eminenz vorstellte. Er führte mich in das Büro von Monsignore Luigi Celata, dem Würdenträger, der die Angelegenheit mit mir besprechen sollte. Er war ein eleganter Kleriker, dessen Soutane erkenntlich nach Maß für ihn geschneidert worden war, die schneeweißen Manschetten seines Hemdes wurden mit Doppelknöpfen aus purem Gold zusammengehalten, er war ein gut aussehender Mann, der eine angenehme, weiche Stimme hatte.

Ich fragte ihn unumwunden: Darf ich fragen, aus welchem Grund ich die große Ehre erhalten habe, von Ihnen hier empfangen zu werden? Celata antwortete außerordentlich langatmig und ausschweifend, gelangte aber allmählich doch zum harten Kern der Angelegenheit. Und als er dort angekommen war, drückte er sich ziemlich deutlich aus, ohne in die verschleiernde kuriale Sprache zu verfallen, in der nicht so sehr die Worte, die ausgesprochen werden, wichtig sind, sondern das, was dahinter stehen oder nicht stehen könnte.

Der harte Kern hatte einen Vor- und einen Nachnamen: Monsignore Paul Marcinkus, der überaus mächtige Chef der Vatikanbank, des IOR. Der Auftrag des Monsignore Celata war folgender: Der Bischof von Chicago sollte gezwungen werden, die Leitung des IOR abzugeben. Meine Aufgabe wäre es, herauszufinden, wie man ihn erpressen könnte. In Wirklichkeit gab es dafür nur ein einziges System: eine Dokumentation zu finden oder herzustellen, die zeigen würde, dass die Aktivitäten der Bank und seines Chefs nicht unbedingt mit den Lehren der katholischen Kirche übereinstimmten. Mit anderen Worten: Es sollte ein Skandal geschaffen werden.

Ich war äußerst verblüfft und glaubte, nicht recht gehört zu haben. Zunächst versuchte ich, meine Überraschung zu verbergen, indem ich völlig kalt blieb und all meine Sinne zu zügeln suchte, um mich selbst daran zu hindern, vorschnell nach dem Hintergrund des Auftrags zu fragen. In diesem Moment kam ich mir vor wie einer dieser Killer, die man in Filmen sieht: ihm werden ein Foto und eine Adresse übergeben, und er muss die Arbeit erledigen, ohne nach Erklärungen zu fragen …

Als ich nach Hause kam, wimmelte ich telefonisch General Santovito ab, der natürlich wissen wollte, wie die Sache gelaufen sei. Ich täuschte eine Verabredung zum Abendessen vor, um in Ruhe nachdenken zu können.

Meine Analyse begann mit den sicheren Daten. Nach meinem Gespräch mit Monsignore Celata war mir klar, dass im Vatikan ein scharfer Machtkampf auf höchster Ebene im Gange war. Und es war auch klar, dass die moralische Motivation, die Celata mir gegeben hatte, ein Vorwand war. Dahinter musste etwas viel Schwerwiegenderes, geradezu Besorgnis erregendes stehen, das nichts mit persönlichen Antipathien oder mit Problemen zwischen diesem und jenem Kleriker zu tun hatte …

In den nächsten Tagen zog ich mich in mein kleines Büro in Trastevere zurück, das ich als Deckadresse angemietet hatte, und begann mit der Arbeit … Ich verabredete mich mit verschiedenen Klerikern, die etwas über Marcinkus wussten, und kam bald zu der Einsicht, dass der Bischof aus Cicero bei Chicago in der vatikanischen Machtpyramide nach dem Papst und dem Kardinalstaatssekretär den dritten Platz eingenommen hatte. Ich erfuhr auch von einer Dokumentation, die der inzwischen verstorbene Kardinal Vagnozzi, ein erbitterter Feind von Marcinkus, zusammengestellt hatte. Sie wurde von einem Schweizer Anwalt namens Peter Duft aufbewahrt, und über ihn bekam ich Einblick in diese Akten.

Was mich an diesen Papieren am meisten überraschte, war der Umstand, dass der Papst nicht wohlgelitten gerade bei jenen Klerikern war, die seine engsten und vertrautesten Mitarbeiter hätten sein sollen. Seine Schuld war es, gleichsam ein Alien unter ihnen zu sein, der aus Polen gekommen und im engsten Zirkel der Macht im Vatikan ein Außenstehender geblieben war; ein Fremder im überlieferten Nukleus italienischer Würdenträger, die es gewohnt waren, die komplizierte, aber fast perfekte Maschine des Vatikans auf ihre eigene Art und Weise zu leiten.

Diesem Papst konnte man aus ihrer Sicht nicht trauen, es gab das Risiko, dass er die komplizierte Balance der Macht innerhalb und außerhalb der vatikanischen Mauern stören könnte. Er wäre bald in der Lage, die subtil geschmiedeten Allianzen unter den Spitzenklerikern als Außenstehender zu entdecken. Er würde sie möglicherweise oder mit ziemlicher Sicherheit aufbrechen; dadurch würde er wohlausbalancierte Konstellationen in den obersten Sphären der kirchlichen Hierarchie stören, die zu nichts anderem dienten als zur Sicherung und Bewahrung persönlicher Machtpositionen.

Es ging also darum, den neuen Papst zu neutralisieren, ihn zu isolieren, zu verhindern, dass er sich einen Stab von Mitarbeitern schuf, denen er absolut vertrauen konnte. Der Umstand, dass Wojtyla, offenbar in kluger Interpretation der Lage, ziemlich bald eine bevorzugte Achse mit einem anderen Ausländer im Vatikan, Paul Marcinkus, hergestellt hatte, dem Mann, der die Geldbörse verwaltete, störte die Verschwörer nicht wenig und hatte dazu geführt, dass sie sich zu dieser wahrhaftig ungewöhnlichen Aktion entschlossen hatten.

Es gab aber auch politische Gründe an der Basis dieser ›Verschwörung‹ gegen den Papst. Die Ideen von Karol Wojtyla in Hinsicht auf die Länder des Ostblocks stimmten in keiner Weise mit denen seines Staatssekretärs überein, der in den langen Jahren des Pontifikats von Paul VI. eine Reihe von äußerst raffinierten und komplexen diplomatischen Initiativen mit dem Kreml und den anderen Hauptstädten des kommunistischen Ostblocks unternommen hatte. Aber ebendiese Raffinesse und diese feinen Verknüpfungen schienen dem polnischen Papst überhaupt nicht zu gefallen. Wojtyla hatte von Anfang an offen gezeigt, dass der Vatikan von nun an eine harte Linie gegenüber Moskau fahren wollte, bis hin zum frontalen Zusammenstoß.«[32]

Dass Johannes Paul II. freilich eine solche Konfrontation am Ende vermied, hatte sich in seiner Handhabung der polnischen Krise deutlich gezeigt: Im Georgetown Institute for Strategic Studies in Washington, wo die härtesten und verwegensten Kalten Krieger der Epoche ihre Ränke schmiedeten, war nämlich ebendies unangenehm aufgefallen.

Francesco Pazienza hatte derweil die Mappe der üblen Nachrede aufgespürt: Sie lagerte bei dem Züricher Anwalt Peter Duft[33], der sie für seinen Klienten aufbewahrte – einen Herrn namens De Nunzio, der 1,2 Millionen Dollar für die Giftgeschosse des Kardinals Vagnozzi gegen Marcinkus verlangte. Wer das Geld zahlen würde, war ihm wohl ziemlich egal. Pazienza wiederum hatte sich in seinem schlauen Kopf überlegt, dass es für Roberto Calvi besonders nützlich sei, in den Besitz des Materials zu gelangen – schließlich war es für Calvi in seinen sich auftürmenden Bedrängnissen nicht unwichtig, Material in der Hand zu haben, das ihm die Hilfe und die weitere Gunst seines Quasipartners Paul Marcinkus gesichert hätte.

So geschah es denn auch. Aus den schwindenden Beständen der Banco Ambrosiano waren 1,2 Millionen Dollar gerade noch aufzutreiben. Den Intriganten im Staatssekretariat wurde mitgeteilt, dass der findige Pazienza leider, leider nicht in der Lage gewesen sei, zu beschaffen, was Kardinal Casaroli zu gerne als Superwaffe gegen Marcinkus eingesetzt hätte. Während Roberto Calvis Banco Ambrosiano unterging, konnte Marcinkus in aller Ruhe weiterregieren. Offensichtlich setzte Calvi bis zuletzt auf eine gütliche Einigung mit dem Vatikan und scheute deshalb davor zurück, das belastende Material gegen Marcinkus einzusetzen. Nur als ein Haftbefehl der römischen Staatsanwaltschaft wegen Beteiligung am betrügerischen Bankrott der Banco Ambrosiano gegen Marcinkus auf den Weg geschickt wurde, musste der kräftige Bischof aus Cicero, USA, zu seinem großen Bedauern umziehen – aus der Villa Stritch, die außerhalb der vatikanischen Mauern gelegen ist und den Vorteil eines diskret zu führenden Privatlebens bietet, in die Renaissancepracht des Vatikans, wo er vor dem Zugriff der italienischen Justiz sicher war. Zwischen dem Vatikanstaat und der Republik Italien gibt es nämlich kein Auslieferungsabkommen.

Kapitel 4

Hinter der Bronzetür

20. Mai 1981, sieben Uhr morgens in Mailand. Beamte der Finanzpolizei verhaften Roberto Calvi, den bis dahin mächtigsten Banker Italiens, den Präsidenten der größten privaten italienischen Bankengruppe, die unter dem Dach der Banco Ambrosiano zusammengefasst war. Eingezwängt zwischen zwei schweigsamen Beamten, fährt der bleiche Roberto Calvi, 61, korrekt gekleidet wie immer, einschließlich des steifen grauen Hutes auf seinem Kopf, seinem Schicksal entgegen. Es hat nicht mehr viel Gutes für ihn bereit, und er weiß es. Das nervöse Zucken in seinem Gesicht ist ausgeprägter denn je. Sieben Tage nach dem Anschlag auf Johannes Paul II. erbebt eines der größten Finanzimperien Europas. Bald wird es in sich zusammensinken.

Im mittelalterlichen Turm von San Nicola im Kirchenstaat, dem Sitz der Vatikanbank IOR, bläst Bischof Paul Kasimir Marcinkus, Präsident des Instituts, beißenden Zigarrenrauch in die Luft und lässt sich früher als gewöhnlich seinen Nachmittagswhiskey bringen. Roberto Calvi ist der wichtigste Geschäftspartner des amerikanischen Bischofs, während das IOR, mit 15 Prozent größter Anteilseigner an der Calvi-Bank, nicht unwesentlich mit dem Schicksal der Ambrosiano verbunden ist.

Gemeinsam hatten die beiden sich gegenseitig in Schwindel erregenden, globalen und oft ungesetzlichen Finanzaktionen gestützt wie ein Artistenpaar unter der Zirkuskuppel. Nun war Calvi abgestürzt; ihm wurde illegaler Währungsexport in Höhe von rund 250 Millionen Mark vorgeworfen.[1] Marcinkus konnte davon ausgehen, dass diese Summe eher untertrieben war, und dachte mit leichter Unruhe an die Milliardensummen, die über das IOR von »Steuersparern« ins Ausland verschoben worden waren. Marcinkus kannte die Konstellationen im vatikanischen Machtgeflecht und die Gesetze, nach denen sie sich bewegten, genau; aber jetzt war er nicht sicher, ob seine notorische Nähe zum polnischen Papst, den das Attentat nicht nur physisch geschwächt hatte, ihn in dem aufziehenden Finanzskandal ausreichend stützen oder ihn sogar behindern würde.

Der katholische Kirchenstaat mit dem Papst an der Spitze setzt moralische Maßstäbe für fast eine Milliarde von Gläubigen in aller Welt. Um seine eigene moralische Substanz ist es weniger gut bestellt. Sehr, vielleicht sogar allzu gläubige Katholiken mögen im Vatikan ein gottgewolltes Gemeinwesen sehen, in dem fromme Männer die katholische Kirche in Liebe, Güte und ohne Eigennutz regieren. Ein weltlicherer Blick dürfte am katholischen Kirchenstaat und seiner Regierung, dem Heiligen Stuhl, eher eine gewisse Anfälligkeit seiner Konstruktion für wuchernden Egoismus, schonungsloses Intrigenspiel, Geheimbündelei, Karrierismus und die Neigung entdecken, sich über die allgemeinen Gesetze zu stellen.

Entsprechend liegt um das Attentat auf den Papst auch eine vatikanische Dunkelzone, in der, wie ein römischer Prälat sagte, »etliches Unschöne« geschah. Dazu zählt der größte Bankencrash der Nachkriegszeit, an dem die führenden Männer des IOR »ursächlich« beteiligt waren, so ein römischer Richterspruch.[2] Der schwelende Machtkampf zwischen dem Freimaurerflügel in der vatikanischen Hierarchie und seinen Feinden vom fundamental-katholischen Flügel, dargestellt durch das Opus Dei, flammt in den Jahren um das Attentat auf Johannes Paul II. auf, um dann untergründig bis in die Gegenwart weiterzuschwelen.

Die Entführungen zweier junger Mädchen, von Emanuela Orlandi, die gegen Agca ausgetauscht werden sollte, und Mirella Gregori, die 1983 im Abstand von wenigen Wochen geraubt wurden, um als Faustpfänder in verschiedenen, auch vatikanischen Erpresserspielen zu dienen, ist aus diesem Hintergrund zu deuten. Beide haben ihre Eltern nicht wieder gesehen. Mirella ist nach Angaben der Entführer schon 1983 ermordet worden, während Emanuela mit einiger Wahrscheinlichkeit lebt. Schließlich ist in diesem Zusammenhang auch ein spektakulärer Mordfall zu betrachten, bei dem hinter den vatikanischen Mauern 1998 drei Menschen starben, ohne dass ihrem Tod von den vatikanischen Behörden ein Minimum von rechtsstaatlicher Aufmerksamkeit zuteil wurde. Auch in diesem spektakulären Verbrechen laufen geheime Verbindungen zurück zu den Spannungen innerhalb des Vatikans.

Der Skandal um die Banco Ambrosiano in ihrer Verknüpfung mit dem IOR trieb 1981/82 seinem Höhepunkt zu. Er begann unter Paul VI. Dieser Papst aus Concesio bei Brescia hatte Ende der Fünfzigerjahre, als er noch Kardinal von Mailand war, den sizilianischen Finanzier Michele Sindona für die Finanzgeschäfte seiner reichen Diözese angeheuert, keinen ehrenwerten Mann. Sindona, der am historischen Brudertreffen der amerikanischen und sizilianischen Mafia in Palermo 1957 teilgenommen hatte, betreute die Anlagen und die Geldwäscheoperationen des transatlantischen Cosa-Nostra-Syndikats diesseits und jenseits des Ozeans. Das Motiv des Papstes, Sindona 1969 auch in den Kirchenstaat zu bitten, war nach allgemeinen bürgerlichen Maßstäben nicht ganz lauter. Es ging schließlich um nichts anderes als um Steuerhinterziehung.

Im Konkordat mit Mussolini im Jahr 1929 war der Kirchenstaat üppig für die Verluste an Land und Grundbesitz entschädigt worden, die ihm 1871 durch die Gründung des modernen italienischen Nationalstaates zugefügt worden waren. Dem Vatikanstaat wurde auch begrenzte Steuerfreiheit zugesichert. Nun waren Milliarden zu investieren, wofür Papst Pius XI. Bernadino Nogara berief, den Bruder eines römischen Bischofs. Nogara ging mit kapitalistischem Fleiß und ausgeprägtem Sinn für die Spekulationen ans Werk, die nach alter kirchlicher Lehre nicht unbedingt zu den obersten Tugenden eines Christenmenschen zählen. Bald gehörten wichtige Teile der italienischen Industrie dem Vatikan, darunter eher fragwürdige wie Kanonen- und Panzerfabriken oder Pharmakonzerne, welche ebenjene Pille produzierten, deren Gebrauch Paul VI. in der Enzyklika *Humanae Vitae* mit Wojtylas Hilfe verboten hatte.

Der Vatikan war zu einer führenden Finanzmacht in Europa geworden – versehen mit einem für Spekulanten unschätzbaren Vorteil. Als unabhängiger Staat kann ihm die italienische Bankenaufsicht nichts anhaben. Der Vatikan war und ist eine Steueroase und das IOR eine »off-shore-bank«, was zwielichtige Geschäftsleute seit jeher genutzt haben. Nun aber erhob der italienische Staat in den Sechzigerjahren eine neue Kapitalertragssteuer von 30 Prozent, welche die Einnahmen des Kirchenstaates aus seinem unermesslichen Industriebesitz in Italien beträchtlich geschmälert hätte. Worauf Paul VI. ohne große Bedenken Sindona anwies, den italienischen Aktienbesitz des Vatikans zu verkaufen, um für diesen günstige Weidegründe im Ausland, vor allem in den Vereinigten Staaten, auszuschauen. Sindona, der Anfang der Siebzigerjahre noch eines der größten Finanzimperien der Welt besaß, geriet freilich um die Mitte des Jahrzehnts in ernsthafte Schwierigkeiten. Seine Führung der Franklin National Bank, deren größter Anteilseigner Sindona geworden war, missfiel der amerikanischen Bankenaufsicht. Sie hatte gemerkt, dass Sindona das prestigereiche Institut in Long Island zu eigenem

Gewinn dem Bankrott zugeführt hatte. Auch Sindonas europäisches Bankenimperium wankte. Andreottis Vorschlag an die Banca Italia, dem bedrängten Sindona, den er selbst noch als »Retter der Lira«[3] gepriesen hatte, unter die Arme zu greifen, wurde höflich abgelehnt. Stattdessen verhängte die italienische Bankenaufsicht Zwangsbankrott über Sindonas Banken im Bel Paese, wobei das IOR kräftig verlor, nach sorgfältigen Schätzungen mindestens 35 Millionen Dollar. Als Sindona dann auch noch seinen Konkursverwalter Giorgio Ambrosoli im Jahr 1978 von einem amerikanischen Killer ermorden ließ, war endgültig klar, dass Paul VI. zur Mehrung des Kirchenschatzes den falschen Mann ausgesucht hatte.

Sindona starb 1984 im Gefängnis von Volterra an einem Espresso, der mit Zyankali verfeinert worden war. Roberto Calvi, Nachfolger Sindonas als »Bankier Gottes«, war zweifellos nicht ganz so skrupellos wie Sindona; wie dieser gehörte er freilich dem Verschwörerverein P2 an, was sich für ihn ebenso wie für das IOR als ausgesprochen misslich erwies. Wie Sindona benutzte Calvi seine Bank, um ihr Kapital zu entziehen und es – meist über das IOR – ins Ausland zu schaffen und dort über ein kompliziertes Netz von Briefkastenfirmen so zu verteilen, dass nicht mehr feststellbar war, woher es kam, wo es hinfloss und wem es gehörte. Wenige wussten, wo es war – außer Calvi allenfalls noch Umberto Ortolani, der zweite Mann der P2, der dem Vatikan eng verbunden war, oder der P2-Chef Licio Gelli, die beide direkt oder indirekt an der Gewinnabschöpfung teilhatten. Am Ende fehlten 1,3 Milliarden Dollar, deren Verschwinden den größten Bankencrash der europäischen Geschichte verursachte, mit Auswirkungen auf Banken in ganz Europa.

Der englische Schriftsteller Charles Raw hat neun Jahre dafür gebraucht, um minuziös sämtliche Details nachzuzeichnen, wie das alles geschehen konnte, und um die fragwürdige Rolle auszuleuchten, die das IOR unter ihrem Präsidenten

Bischof Marcinkus in der Finanzkatastrophe gespielt hat. Auf den ersten Seiten des Buches *The Moneychangers*[4] beklagt sich Paul Marcinkus, dass ihm in der »Angelegenheit Calvi die Rolle des Bösewichts zugefallen sei, und daran werde sich nichts ändern«. Das IOR, das nach jahrelangen Verhandlungen den Gläubigern der untergegangenen Banco Ambrosiano 240 Millionen einer »freiwilligen Entschädigung« zahlte, hätte das, so Paul Marcinkus, »niemals tun sollen. Wenn wir keine Schuld haben, müssen wir auch nicht zahlen. Und wir haben keine Schuld.« Charles Raw zu dieser Aussage von Marcinkus: »Mit diesem Buch will ich genau das Gegenteil zeigen… Ich werde auf Grund von bisher noch nie veröffentlichten Dokumenten beweisen, dass Marcinkus in der Tat der Bösewicht in dieser dramatischen Affäre war.« Zunächst deshalb, »weil er den Mechanismus zur Verfügung gestellt hat, der den großen Betrug möglich gemacht hat«.[5]

Wie das funktionierte, hat Raw in dankenswert knapper Form den Autoren Heribert Blondiau und Udo Gümpel für eine Fernsehserie über Roberto Calvi (die auch als Buch erschienen ist) erzählt: »Calvi hatte eine unvergleichliche Fähigkeit zur Täuschung. Aber die Rolle von Marcinkus war ganz entscheidend für den Betrug – und zwar von Anfang an. Seine Deckung und die der Vatikanbank sorgten nämlich erst dafür, dass das, was Calvi mit dem Ambrosiano-Geld wirklich machte, verborgen blieb. So ist es zum Beispiel völlig eindeutig, dass es spätestens seit Ende 1975 – wenn nicht schon früher – einen Mechanismus gab, mit dem über das IOR illegal Lire aus Italien exportiert und in Dollars gewechselt wurden. Die Lire stammten jeweils von der Ambrosiano-Bankengruppe, und spezielle Konten der Vatikanbank wurden mit ihnen belastet. Anschließend wurden die Lire auf IOR-Konten bei anderen italienischen Banken überwiesen, von wo sie zur IOR-kontrollierten Sviro-Bank ins schweizerische Lugano bewegt und für eine hohe Gebühr in Dollars umgetauscht wurden.«[6]

Es war eine Art von Purifikation, die man auch Geldwäsche nennen könnte, weil sich bei diesem Vorgang die lappig inflationären Lire zu stabilen amerikanischen Greenbacks läuterten. Mit gutem Gewinn für die Bank des Papstes versteht sich.

Auch am Zusammenbruch der Calvi-Bank war das IOR direkt beteiligt. Als ihm die Schulden über den Kopf gewachsen waren und seine Gläubiger allmählich unfreundlich wurden, bat Calvi Marcinkus um Garantieschreiben, die ihm helfen sollten, für sein wankendes Bankenimperium neue Kredite aufzutreiben.

In diesen so genannten »Patronagebriefen« an die Banco Ambrosiano versicherte das IOR, »direkt oder indirekt« hinter etlichen Bankinstituten zu stehen, von denen sich sechs in Panama, eins in Liechtenstein, eins in Nassau auf den Bahamas und andere in Luxemburg befanden. Weiterhin bestätigten die Briefe: »Gegenwärtig nimmt das Istituto per le Opere di Religione zur Kenntnis, dass zwischen diesen von ihm kontrollierten Gesellschaften und der Banco Andi [einem Ableger der Ambrosiano] eine Schuld von 1,2 Millionen Dollar besteht.«[7] Verschleiert wurde also möglichen Kreditgebern versichert, dass sie diesen überschuldeten Geldinstituten ruhig noch Geld in den Rachen werfen können, weil am Ende ja die Vatikanbank für die Schulden aufkommen würde.

Was die potenziellen Kreditgeber nicht wussten, war, dass sich der durchtriebene Marcinkus von Calvi eine Nichtigkeitserklärung der Garantiebriefe hatte unterschreiben lassen. In diesem Sinn sind die Patronagebriefe als ein geplantes, gemeinsames Betrugsmanöver der Herren Calvi und Marcinkus zu sehen.

Es kam, wie es kommen musste: Die vom IOR angeblich »beschützten« Banken wurden zahlungsunfähig. Das IOR, das sich als ihr Besitzer ausgewiesen hatte, wäre nun eigentlich verpflichtet gewesen, für die fälligen Gelder geradezustehen. Als Calvi seinen Freund Marcinkus eben darum bat, zog der kalt lächelnd den »Gegenbrief« aus der Schublade, der das IOR von allen Konsequenzen eines Zusammenbruchs der von ihm begünstigten Geldinstitute befreite. Roberto Calvi war am Ende. Mit einer dicken Aktentasche voller Dokumente, begleitet von einem neuen Beschützer, Flavio Carboni, einem zwielichtigen Geschäftsmann und Mitglied der römischen Mafia, die wiederum Statthalter für ihre Brüder in Sizilien war, reiste Calvi am 16. Juni 1982 nach London.

Calvi ging offensichtlich davon aus, dass das Opus Dei ihn und mit ihm den Kirchenstaat aus der finanziellen Kalamität erlösen würde – mit der Folge, dass den Jüngern Josemaría Escrivás dafür Kontrolle über das IOR eingeräumt werden sollte, ein Vorschlag, der beim freimaurerischen Flügel der vatikanischen Kurie nicht gut ankam. In den Akten der parlamentarischen Untersuchungskommission zum Crash der Banco Ambrosiano ist nachzulesen, was Anna Calvi, die Tochter des Bankiers, dazu vor den Mailänder Ermittlungsrichtern Bruno Siclari und Pierluigi Dell'Ossa bei einer Vernehmung in Washington dazu ausgesagt hat: »Mein Vater hatte mir gesagt, sein eigentliches Problem seien nicht die juristischen Schwierigkeiten, die er hatte, sondern das IOR. Er sagte mir: ›Die Priester werden noch unser Ende sein. Für die ist das ja egal. Die glauben ja, dass, wenn einer stirbt, die Seele überlebt, und insofern nähme niemand Schaden.‹ Um seine Probleme mit dem IOR zu lösen, habe er einen Plan entwickelt, nach dem das Opus Dei direkt eingreifen sollte, und dafür aber eine gewaltige Summe aufbringen müsste, mehr als eine Milliarde Dollar, um für die Schulden, die das IOR gegenüber der Banco Ambrosiano hätte, geradezustehen. Mein Vater sagte mir, er hätte mit dem Papst darüber gesprochen, und der sei auch einverstanden. Es gäbe aber eine starke gegnerische Fraktion, die das Projekt mit aller Kraft zu verhindern suchte, weil es natürlich das interne Gleichgewicht im Vatikan völlig verändern würde. Das heißt: Wenn das Opus Dei die Kontrolle über das IOR erlangt hätte, wäre es zur entscheidenden Macht im Vatikan geworden. Ein Gegner sei vor allem Kardinalstaatssekretär Casaroli, und wegen dieser internen Kämpfe im Vatikan war mein Vater sehr besorgt.«[8]

Am selben Tag in Washington wird auch Calvis Frau vernommen: »Am Anfang des Frühjahrs erzählte mir mein Mann, dass er nach Spanien fahren wollte. Ich war sehr erstaunt, und da erschien ein schlaues Lächeln auf seinem Gesicht, und er sagte mir, dass das Opus Dei in Spanien äußerst machtvoll und zudem sehr reich sei. Im langjährigen Machtkampf zwischen dem Flügel der ›Ostpolitik‹ und dem konservativen Flügel würde der Letztere auf diese Weise den Sieg erringen.«[9]

Aber Calvis Plan, den das Opus Dei immer dementiert hat, misslang. In den frühen Morgenstunden des 17. Juni 1982 wurde der Banker tot aufgefunden, an einem Seil um den Hals von der Londoner Blackfriars Brücke hängend. Die Inszenierung sollte nach Selbstmord aussehen, eine These, die sich freilich nicht lange behaupten konnte. Aber die Feststellung der gerichtlichen Wahrheit (die auch nicht die endgültige zu sein braucht) zog sich über fast zwei Jahrzehnte hin. Erst im Jahr 1999 wurden der bereits erwähnte römische Mafioso Flavio Carboni und Pipò Calò, der »Kassierer von Cosa Nostra«, für den Mord an Roberto Calvi zu lebenslanger Haft verurteilt. Roberto Calvi – so hatte 1991 der Mafia-Überläufer Francesco Mannoia ausgesagt – hätte riesige Mengen an Geld der Cosa Nostra und der P2 veruntreut und sei deshalb mit dem Tod bestraft worden.

Die Ikonographie des Mordes könnte das unterstützen. In den Taschen Calvis fanden sich Ziegelsteine, ein Symbol für die Freimaurer.

Aber der Richterspruch vom Jahr 1999 traf auch einen höheren Kleriker aus dem Vatikan: Bischof Pawel Hnilica, der wegen Hehlerei verurteilt wurde. Er hatte – im Namen des Vatikans – in der zweiten Hälfte der Achtzigerjahre von Carboni den Inhalt von Calvis berühmter schwarzer Aktentasche aufgekauft, für keinen Altpapierpreis, sondern für die beachtliche Summe von 3,5 Millionen Mark. Die Dokumente betrafen ganz offensichtlich auch die finsteren Geschäfte des IOR mit Mafiabankier Michele Sindona, und so schrieb Hnilica an Kardinalstaatssekretär Agostino Casaroli, der das Geld herausrücken sollte: »In bestimmten Kreisen zirkuliert die Hoffnung, aus dem Prozess gegen Sindona einen Skandal zu entwickeln, der noch schlimmer sein könnte als der Fall Calvi, und der das IOR betreffen würde. Eine Befürchtung, die die Lektüre der Dokumente durchaus möglich erachten lässt, denn einige kirchliche Persönlichkeiten erscheinen darin im Licht wenig schöner Beziehungen zu den beiden Bankiers.«[10] Und nach Abschluss des Handels: »Eure Eminenz sollte einmal einen Blick auf die Dokumente in unserem Besitz werfen, um sich klar zu werden, welcher Gefahr wir ausgesetzt gewesen wären, wenn diese Papiere den falschen Weg eingeschlagen hätten.«[14]

Bischof Hnilica diente vermutlich nicht nur dem Herrn im Himmel. Er war zum Beispiel jener Mann, der bereits am 19. Mai 1981, fünf Tage nach dem Anschlag auf den Papst, vom Sismi-General Nociarnola ein plumpes Dokument erhalten hatte, welches das Attentat auf einen Beschluss des Warschauer Paktes zurückführte. Diese Informationen sollten, so hieß es jedenfalls in dem Dokument[12], angeblich aus den Kreisen der römischen Auslandspresse stammen. Diese wiederum zeigte sich an der Aufklärung des Attentats wenig interessiert. Sie hatte das »Verbrechen des Jahrhunderts« bereits am Abend des Anschlags zu einem »Nullthema« deklariert und verhielt sich entsprechend.

Der Papst, der zwar mit Opus-Dei-Unterstützung gewählt worden war, musste in seinen ersten Amtsjahren versuchen, sich eine Position zwischen den Fronten aufzubauen. So entschied er sich dafür, seine Achse zu Paul Marcinkus, dem Präsidenten des IOR, zu halten und zu verteidigen. Auf dem Höhepunkt des Finanzskandals um die Ambrosiano (im September 1981) verlieh Johannes Paul II. Marcinkus sogar die Würde eines Erzbischofs. Dessen Diözese lag freilich im nördlichen Afrika und war ein kleiner kaum bewohnter Distrikt, der sich vornehmlich durch einige archäologische Trümmer auszeichnete, deren Bewohner ihren Erzbischof nicht kritisieren würden. Johannes Paul II. schützte Marcinkus auch vor der italienischen Justiz. Diese war 1987 zu dem Schluss gekommen, dass Marcinkus, sein Vizedirektor Luigi Mennini und der geschäftsführende Direktor, Pellegrino di Strobel, aktiv am betrügerischen Bankrott der Banco Ambrosiano beteiligt waren. Ein Haftbefehl gegen die drei Spitzenmänner des IOR traf im Februar 1987 im Vatikanstaat ein. Die beiden weltlichen Chefs des IOR hatten vorsorglich bereits ihre luxuriösen Wohnungen im Zentrum Roms verlassen und sich mit dem kargen Ambiente des Hospiz Santa Anna hinter den vatikanischen Mauern abgefunden, das ihnen jedoch Sicherheit vor italienischen Gerichten bot.

Aus demselben Grund hatte Bischof Marcinkus die komfortable Villa Stritch am weitläufigen Pamphili-Park gegen ein prächtiges Renaissanceappartement in der Vatikanstadt getauscht. Doch auch der Papst hatte Freunde jenseits des Tiber. In der damaligen Klüngelherrschaft der Parteien, in denen – vornehmlich – Christdemokraten den Ton angaben, konnten politische Wünsche durch die Institutionen geleitet werden, ohne sonderlich Rücksichten auf das Prinzip der Gewaltenteilung zu nehmen, was besonders auch die Justiz betraf. Bereits im Juli 1987 hob ein italienisches Kassationsgericht die Haftbefehle gegen die IOR-Führerschaft – trotz des heftigen Widerstands der römischen Generalstaatsanwaltschaft – auf, der Zugriff der italienischen Justiz auf vatikanisches Territorium widerspräche den Lateranverträgen.

Nun hätten die Herren Strobel und Mennini, Letzterer Vater von elf Kindern, ja unbesorgt zu ihren Familien zurückkehren können. Aber sie zogen es vor, sich nicht auf die Wechselfälle der italienischen Politik zu verlassen, und blieben im Vatikan. 1989 verließ Erzbischof Paul Marcinkus an Bord eines päpstlichen Hubschraubers den Ort seines langen Wirkens und ließ sich zum römischen Flughafen Fiumicino bringen. Von dort aus entschwebte er, ohne den heißen italienischen Boden betreten zu müssen, gen Arizona in den USA. Dort, in einem kleinen Ort in der Nähe von Phoenix lebt er und spielt hauptsächlich Golf.

Etliche Fragen bleiben, zum Beispiel diese: Hat Johannes Paul II. seine päpstliche Hand über einen Mann gehalten, den die italienische Justiz vermutlich als Finanzverbrecher verurteilt hätte, weil der polnische Papst seinem Banker wegen der Unterstützung von Solidarność zu ewigem Dank verpflichtet war?

Die Fronten zwischen Freimaurern und dem Opus-Dei-Flügel im Vatikan verliefen natürlich nicht geradlinig. Es gab Überschneidungen, auch widersprüchlich wirkende Platzierungen von Klerikern, aber der grundsätzliche Konflikt war in der zweiten Hälfte der Siebzigerjahre bereits zu erkennen. Dass die katholische Kirche dem im 18. Jahrhundert im Zeichen der Aufklärung und des Rationalismus aufgekommenen Freimaurertum eigentlich feindlich gesinnt sein musste, ergab sich aus der Sache. Freimaurer waren Atheisten. Unter allerlei schönen humanistischen Formeln und Ritualen, die viele Gebildete begeisterte und anzog und von Mozart in der *Zauberflöte* verewigt wurden, verbarg sich jedoch bald eine Untergrundgesellschaft, die sich gern um die Knotenpunkte der weltlichen Macht lagerte, um diese zu Gunsten ihrer eigenen Anhänger zu manipulieren.

Die katholische Kirche sah nicht nur den rechten Glauben, sondern auch ihre irdischen Vorrechte bedroht. 1738 verhängte Klemens XII. einen Bannspruch über die Freimaurer, der die Mitgliedschaft in diesem geheimen Club, der schlimme antikatholische Ketzereien wie etwa religiöse Toleranz und Humanismus predigte, mit Exkommunikation bestrafte. Sechs weitere Bannsprüche anderer Päpste folgten: Die Bedrohung wuchs an, seitdem in den nationalen Freiheitskämpfen, zum Beispiel in Italien, die Freimaurer eine führende Rolle übernommen hatten. Mehr als zwei Jahrhunderte lang blieben die Pforten der heiligen römischen Kirche für Freimaurer fest versperrt, doch seit Paul VI. änderte sich die Lage. Er war jener Papst, der den Mann mit den notorischen Mafiaverbindungen, Michele Sindona, zum vatikanischen Finanzberater ernannt hatte. Sindonas Mitgliedschaft in der P2 war ebenso allgemein bekannt wie Roberto Calvis wichtige Position im umstürzlerischen Untergrundverein des Licio Gelli. Bereits unter Papst Montini – Paul VI. – hatte denn auch die Jesuitenzeitschrift *Civiltà Cattolica* (deren Druckfahnen vom päpstlichen Staatssekretariat abgesegnet werden) 1974 einen Artikel veröffentlicht, der das Verbot für Katholiken, einer Loge anzugehören, praktisch aufhob. »Wenn sein katholischer Glaube in der Loge nichts antrifft, was man als systematisch feindliche, organisierte Gegnerschaft der Kirche und ihrer Lehren bezeichnen könnte, dann darf er weiterhin der Vereinigung angehören. Er muss nicht mehr als exkommuniziert betrachtet werden ... und kann im vollen Umfang an den Sakramenten und dem Leben der Kirche teilnehmen.«[13]

Am 12. September 1978 veröffentlichte der italienische Enthüllungsjournalist Mino Pecorelli, selbst Mitglied der P2, eine Liste von 121 hohen vatikanischen Würdenträgern, die Mitglieder einer Geheimloge seien – mit Namen, Rang und Matrikelnummer. Unter denen, die Pecorelli nannte, fanden sich die Top Ten des Vatikans, unter ihnen der damalige Kardinalstaatssekretär Jean Villot, der »Außenminister« Agostino Casaroli, IOR-Chef Bischof Paul Marcinkus, Kardinal

Sebastiano Baggio, Vorsitzender der Kongregation für die Bischöfe und damit auf einem wichtigen Kommandoposten der Weltkirche. Auch das Sprachrohr des Vatikans war offensichtlich schon unter Freimaurereinfluss geraten: Der stellvertretende Chefredakteur des *Osservatore Romano*, Virgilio Levi, war nach Pecorelli[14] ein Logenbruder.

Wojtylas Vorgänger, Johannes Paul I., war, frisch im Amt, schier entsetzt, als er die Liste studierte. Er wollte sofort Abhilfe schaffen – aber er kam nicht mehr dazu. Johannes Paul I. starb in der Nacht vom 28. auf den 29. September, aus bis heute nicht gänzlich geklärten Gründen. In seinem millionenfachen Bestseller *Im Namen Gottes?* hatte 1984 der Brite David Yallop die These vertreten, Johannes Paul I. sei ermordet worden – wobei hauptsächlich der Freimaurerflügel in Verdacht geriet. John Cornwell hatte – im Auftrag des Vatikans – in seinem 1987 erschienenen Buch *Wie ein Dieb in der Nacht* dagegen angeschrieben; seine These ist, dass der »lächelnde Papst« aus dem Veneto der Last des Amtes nicht gewachsen war. Auch hätte sich der vatikanische Hofstaat über ihn lustig gemacht, ihn abgelehnt und ihn im Stich gelassen, sodass eine mitgebrachte Herzschwäche ihn schnell dahinraffen konnte. Selbst in vatikanischen Kreisen wird still und weniger still bezweifelt, dass Cornwell Recht hatte. Ein 1998 erschienenes Enthüllungsbuch einer anonymen Klerikergruppe aus dem Vatikan, die sich »Millenari« (Jahrtausender) nennt, setzte ein deutliches Fragezeichen. Nach den »Millenari« sei Johannes Paul I. durch ein »bürokratisches Missverständnis« zwischen den Kardinälen Baggio und Benelli auf den päpstlichen Thron gelangt, sodass »die Vorsehung an der Tür von Johannes Paul I. klopfte, dem Lächelnden, der nach einem Pontifikat von nur 33 Tagen starb. War es ein natürlicher Tod?« Und ein paar Absätze weiter: »Während die Kurie wohlwollend die polnische Invasion hinnahm, fügte sie sich auch gern in den unvorhergesehenen Tod von Kardinalstaatssekretär Jean

Villot. Auch in seinem Fall fragten sich die Hellseher und Wissenden: War es ein natürlicher Tod, den er erlitt?«[15]

Nach einem Artikel in der italienischen Zeitschrift *L'Europeo* heiße der Freimaurerclub im Vatikan »Loggia Ecclesica« und stehe in direkter Verbindung zu dem Großmeister aller Logenbrüder, Herzog Michael von Kent von der »Vereinten Loge von Großbritannien«.

1992 wiederum schrieb die mexikanische Zeitschrift *Proseco*, dass die Freimaurer das vatikanische Territorium in acht Bezirke aufgeteilt hätten, in denen jetzt vier Logen in höchster Geheimhaltung operierten. So versteckt trieben diese ihre untergründigen Beziehungsspiele, dass es die Mitglieder nicht wagten, sich mit dem traditionellen Freimaurergruß zu begrüßen – dem dreifachen »Anklopfen« auf dem Daumen des vermuteten Bruders. Es klingt alles ziemlich absurd: wie ein Dungeon-and-Dragon-Spiel von erwachsenen Männern, deren höchstes Ziel im Leben ist, sich eine purpurfarbene Schärpe um den Bauch binden zu dürfen. Die »Millenari« haben es gut ausgedrückt: »Einige Machtkämpfe zwischen den Klerikern sind Stammesfehden ähnlich, fetischistischen Hexenkünsten oder Mafiabräuchen. Um ein wenig Rot anlegen zu dürfen, verlieren die meisten Prälaten die Fähigkeit, rot im Gesicht zu werden.«[16]

Nur: Diese großen Jungs in ihren langen schwarzen Priesterröcken verlieren sich in ihrer Burg jenseits des Tiber in tödlichen Spielen. Es gibt immer wieder Opfer dabei. Johannes Paul II., der wohl allmählich verstanden hatte, in welchem Minenfeld der Thron des heiligen Peter steht, versuchte anfangs, beiden Lagern gerecht zu werden. 1982 reiste der Papst nach Sizilien, wo ihn hunderttausende von Katholiken erwarteten, die seit langem und vergeblich eine klare Stellungnahme des Heiligen Vaters gegen die Mafia erhofften. Doch schon im Flugzeug geht das *Giornale di Sicilia* vom Tage unter den Presseleuten von Hand zu Hand. Auf einer Drittelseite des Wirtschaftsteils begrüßt die »Gemeinschaft der Freimaurer« ihren »Bruder Papst Johannes Paul II.« und bedenkt ihn »im Respekt der höchsten Ideale, sich vor dem Tabernakel verbeugend ... mit einer dreifachen Umarmung«. Unterzeichnet ist das Begrüßungsmanifest für den angeblichen Logenbruder Johannes Paul II. von Pino Mandalari, einem Finanzier aus Palermo, der schon damals »in odore di Mafia« stand und in den Neunzigerjahren als Finanzberater des Bosses der Bosse von Cosa Nostra, Totò Riina, verhaftet wurde. Anschließend diente er der Justiz als Überläufer mit wichtigen Informationen über die Finanzgeheimnisse des Mafiaherrschers.

Am Tag des Papstbesuches in Sizilien merkten die Journalisten auf, als in der Abschlussrede des Papstes in Palermo, die sie vorab im Flugzeug erhalten hatten, ein Abschnitt fehlte: ebenjener, in der Johannes Paul II. die Gläubigen zum Kampf gegen die Mafia auffordern wollte. Hatten sich auf diese Weise die vatikanischen Logenbrüder durchgesetzt? Ganz am Ende des Besuches in der palermischen Hauptstadt, aber als Teil seines Programms auch im *Giornale di Sicilia* vom Vortag abgedruckt, empfing Johannes Paul II. auch die Mitglieder des »Reiterordens vom Heiligen Grab in Jerusalem«. Der landesweite Vorsitzende des frommen Trachtenvereins, der seine Riten in ritterähnlichen Kostümen vollzog, war Umberto Ortolani, der zweite Mann der P2. Die palermische Mitgliederliste schmückte sich mit vielen Namen aus dem hohen Klerus, der christlich demokratischen Politik und der Prominenten aus Finanzwelt und Wirtschaft – etliche von ihnen später wegen Mafiageschäften verurteilt.

Erzbischof Salvatore Pappalardo, Kardinal von Palermo von 1970 bis 1996, der sich in Anti-Mafia-Rhetorik übte, wenngleich auch er im Verdacht geheimer Beziehungen zur »ehrenwerten« Gesellschaft stand, war gleich nach seiner Ankunft die Ritterwürde verliehen worden. Den Rang des obersten Kommandanten der Cavalieri trug seit 1979 Salvatore Cassisa, Erzbischof von Monreale, seit jeher in schwerstem Mafiaverdacht. Leoluca Orlando, Bürgermeister von Palermo und Symbol einer Anti-Mafia-Bewegung, die in den Neunzigerjahren große Erfolge erzielte, hatte sich in schwierigen Verhandlungen mit dem Vatikan ausbedungen, dass der mafiaverdächtige Erzbischof zum Empfang des Papstes am 20. November nicht am Flughafen erscheinen dürfe. Cassisa kam trotzdem und gerade deshalb: Es ging um eine Demonstration von Macht. Als er den dicken Bischof mit seinem Gefolge sah, drehte sich der junge Bürgermeister, ein guter Katholik, auf dem Absatz um und kehrte nach Palermo zurück, ohne den Papst zu begrüßen. Diese Demonstration Orlandos, im katholischen Italien wahrhaft skandalös, blieb nicht unbemerkt, wobei die liberale Presse Italiens, allen voran die Turiner *Stampa*, fest auf der Seite des Bürgermeisters stand.

Genau ein Jahr später schloss der Heilige Stuhl die Revision des Kodex des kanonischen Rechts ab. Um Spekulationen in den Zeitungen entgegenzutreten, nach denen Katholiken nunmehr ungestraft freimaurern dürfen, ließ Kardinal Ratzinger am 26. November verlauten, das Verbot für katholische Christen, einer Loge anzugehören, gelte nach wie vor. Am Tag darauf wurde der neue Kodex verabschiedet. Der Freimaurertum-Bann war aus dem kirchlichen Gesetzbuch verschwunden: Der Papst hatte nachgeben müssen. Den Aufstieg seiner Freunde vom Opus Dei im Vatikan musste er mit Konzessionen an den Freimaurerflügel bezahlen.

Keiner der in Pecorellis Liste genannten freimaurerischen Führungskräfte des Vatikans nahm im Übrigen Schaden an seiner Karriere durch die Enthüllung, merken im Jahr 1999 die »Millenari« an. »Es gelingt ihnen [den vatikanischen Logenbrüdern] die absolute Geheimhaltung – aber nicht bis zu dem Grad, dass sie den Nachforschungen der Männer des mächtigen Opus Dei entgehen können.«[17] Bei den »Millenari« wird die spanische Geheimorganisation nur dieses eine Mal erwähnt, den Logenfürsten dagegen ein ganzes Kapitel unter der Überschrift »Duft des Satans« gewidmet – was zweifellos Rückschlüsse darauf zulässt, wem die »Jahrtausender« im innervatikanischen Machtkampf zuzurechnen sind.

Das Opus Dei hat unter Johannes Paul II. im Vatikan Einfluss gewonnen wie noch nie zuvor: Mit seinem »fundamentalistischen«[18] oder »integralistischen«[19] Katholizismus war und ist das »Obra«, wie es auf Spanisch genannt wird, ein militanter kirchlicher Geheimbund, dessen theologische Auffassungen denen des polnischen Papstes in vieler Hinsicht gleichen. Gegründet von dem spanischen Priester Josemariá Escrivá de Balaguer im Jahr 1928, versteht sich das »Werk« als Stätte der religiösen Erziehung, die »glühend gläubige«[20] Katholiken heranziehen will. Dazu müssen sich die Anhänger einem außerordentlich strengen täglichen Regime von Gebeten, Meditation, Messen, Gewissenserforschungen und vielerlei Kasteiungen unterziehen[21], die »Abtötungen« genannt werden, bis hin zur Flagellation und anderen Selbstquälereien, die nach Vorstellungen moderner Ordensleute eher dem Sektenwesen entsprechen.[22]

Das Opus leugnet, eine Geheimorganisation zu sein, obwohl seinen jungen Mitgliedern auferlegt wird, ihren Eltern ihre Wendung zum Opus zu verschweigen und sie notfalls auch darüber zu belügen. In den USA existieren seit etlichen Jahren Selbsthilfegruppen von Eltern, denen das Opus die Kinder »geraubt« hat. In Belgien wurde die Geheimorganisation in eine Liste von 187 gefährlichen Sekten aufgenommen.

Die zahlreichen Institute, Bildungseinrichtungen, Stiftungen des Opus verbergen gleichermaßen ihre Herkunft aus der Escrivá-Bewegung. Die amtliche Eintragung dieser Institutionen erfolgt auch stets auf die Namen von Mitgliedern des Opus Dei; wird nachgefragt, heißt es, der Verein oder die Finanzierungsgesellschaft sei »Privatsache« des vorgeschobenen Mitglieds. Das Opus Dei befasse sich nur mit religiösen Angelegenheiten.

Systematisch und kontinuierlich hat sich Johannes Paul II. vom Beginn seines Pontifikats an auf den Ausbau und die Entwicklung einer persönlichen Machtbasis im Vatikan mit dem Opus Dei konzentriert. Vier Jahre nach seiner Inthronisation erhob er die spanische Bewegung in den prestige- und vor allem einflussreichen Status einer kirchlichen Personalprälatur – eine Form kirchlicher Organisation, die erst durch das Zweite Vatikanische Konzil geschaffen wurde. Gern berufen sich die offiziellen Sprecher der Bewegung auf diese Herkunft ihrer einmaligen Stellung in der Kirche, als wollten sie ihrer ultrakonservativen Bewegung dadurch einen reformerischen Tarnanstrich verschaffen.[23] Eine Personalprälatur ist eine Diözese ohne Territorium. Sie existiert weltweit. Seinen potenziellen Einfluss in der kirchlichen Hierarchie belegen einfache Zahlen. Mit seinen rund 80000 Mitgliedern verfügt das Opus über rund 1600 Priester: übertragen auf die Bundesrepublik Deutschland müssten sich um das ewige Heil der 28 Millionen deutscher Katholiken nach Opus-Dei-Maßstäben 560000 Priester kümmern. Es gibt aber nur 20000 katholische Seelsorger in Deutschland, einschließlich der in Pfarrämtern tätigen Ordensbrüder. Unter den 1600 Opus-Dei-Priestern wiederum hat Rom bereits sieben zu Bischöfen und von diesen vier zu Erzbischöfen geweiht. Einer von ihnen, Juan Luís Cipriani Thorne aus Lima, hat, so schreibt Hertel in seinem *Limes*-Beitrag, »die besten Aussichten, Kardinal zu werden« und damit beim nächsten Konklave mitzustimmen. In der Tat: Anfang des Jahres 2001 erhob Johannes Paul II. Cipriani Thorne zum Kardinal.

120 Kardinäle wählen dann das Oberhaupt von mehr als 900 Millionen katholischen Christen. Ohne in diesem Beispielsfall auf die ohnehin vorhandenen Unterschiede in der regionalen »Dichte« von Kardinälen zu achten, kommt also

auf rund 75 Millionen Menschen je ein Purpurträger. Dem Opus Dei wiederum mit seinen 80000 Mitgliedern wird daher mit einem Kardinal im Konklave ein turmhohes Übergewicht gewährt. Im Vatikan ist der wichtigste Förderer des Opus der Papst selbst. Er hat durchgesetzt, dass Josemaría Escrivá, der Gründer der Bewegung, schon zehn Jahre nach seinem Tod selig gesprochen wurde, während der allgemein als der »gute Papst« bekannte und in der Bevölkerung auch geliebte Johannes XXIII., der Papst des Zweiten Vatikanischen Konzils, noch im Wartezimmer der »beati«, der Seligen warten muss. Gestützt wird das mobile Einsatzkorps des Fundamentalkatholizismus von Kardinal Joseph Ratzinger, dem obersten Glaubenshüter, der einen Ehrendoktorhut von der Opus-Dei-Universität in Pamplona empfangen hat. Der spanische Kardinal Eduardo Martinez Somalo, Präfekt der Kongregation für die Ordensgemeinschaft, ist kein Mitglied des Opus, steht ihm aber nahe.

Kardinal Castrillon Hoyos, Kolumbianer, hat seine Sympathien für die Escrivá-Bewegung nie verborgen und nimmt oft an Opus-Dei-Veranstaltungen teil. Der Franzose Kardinal Roger Etchegaray, Präsident des Komitees für das Giubileo, empfing wie Ratzinger den Ehrendoktorhut von der Opus-Dei-Universität in Pamplona. Kardinal Lucas Moreira Neves, Brasilianer, hat sich am meisten dafür eingesetzt, dass das Opus Dei eine Personalprälatur wird. Auch Kardinal Lopez Trujillo aus Kolumbien, Präfekt der wichtigen Kongregation für die Familie, ist ein Förderer des Opus Dei. Von den sechs Genannten gelten – oder galten mit vorrückendem Alter – mindestens drei als »papabile« – Etchegaray, Somalo und Moreira Neves.

Ein überaus bedeutender Mann im Kirchenstaat, der den Papst nach eigenen Angaben täglich sieht, ist Joaquín Navarro-Valls, der Sprecher des Vatikans und führendes Mitglied des Opus Dei. Alles, was die Welt über die Entscheidungen hinter den vatikanischen Mauern erfahren soll, bestimmt er – und in gleichem, vielleicht noch höherem Maße, was die Welt *nicht* wissen soll. In jüngster Zeit gilt das vor allem für den wahrhaft sensationellen dreifachen Mordfall im Kirchenstaat: Auch dieser hat, wie der Bankenskandal, Berührungspunkte mit der Geschichte des Attentats auf den Papst. Nach der – von Anfang an umstrittenen – vatikanischen Version des Dramas hat der 23-jährige Unteroffizier der Schweizergarde, Cédric Tornay, seinen Vorgesetzten, Alois Esterman, und dessen Frau, Gladys Meza Romero, in deren Wohnung im Kirchenstaat mit seiner Dienstwaffe erschossen, um sich anschließend selbst umzubringen. Esterman war Mitglied des Opus, seine Frau, die er beim Theologiestudium an der Opus-Dei-Universität in Rom kennen gelernt hatte, stand der spanischen Bewegung nahe. Der junge Tornay hatte zusammen mit einem Kollegen begonnen, eigene Nachforschungen anzustellen, nachdem er einen Werber der Organisation abgewiesen hatte, so jedenfalls berichtet seine Mutter Muguette Baudat.[24]

Innerhalb von Stunden nach den tödlichen Schüssen in der Wohnung Estermans hatte der Vatikan eine Erklärung bereit: Cédric Tornay hätte in einem Anfall von Wahnsinn gehandelt – in einer Explosion verletzter Gefühle, weil ihm wegen nichtiger Ungehorsamkeiten eine Medaille von Esterman verweigert worden sei, die nach dem Abschluss ihres Dienstes praktisch jedem Schweizergardisten verliehen wird. Später wird diese Erklärung fallen gelassen zu Gunsten eines »taubeneigroßen Tumors« in der Stirnhöhle des jungen Mannes, der »Verhaltensstörungen« ausgelöst hätte: wobei als Beispiel der Umstand angeführt wurde, dass Tornay seinen Kommandanten (der in Zivil an ihm vorbeiging) nicht militärisch, sondern mit einem saloppen »Buon giorno« gegrüßt hätte. Tornay war ebenfalls in Freizeitkluft und saß auf einer Kanone.

Es gab keine kriminalpolizeiliche, fachgerechte Untersuchung des ungeheuerlichen Mordfalles. Hinzugerufen wurde lediglich der einzige Ermittlungsrichter beim Gericht des Vatikans, ein römischer Anwalt namens Gianluigi Marrone. Dieser forschte ganze vier Tage. Sein Ergebnis, wie anders, entsprach der offiziellen, bereits Stunden nach der Tat von Navarro-Valls verkündeten Version des Geschehens. Der Antrag der Mutter Tornays, über ihre Anwälte Akteneinsicht zu erhalten, wurde abgelehnt, desgleichen ihre Bitte, den Besitz ihres Jungen zurückzuerhalten – vor allem aber den Anzug, in dem er sich angeblich getötet habe.

Eine interne und wiederum anonyme Kleriker- und Laiengruppe aus dem Kirchenstaat, die sich »Discepoli di Verità« nennt, veröffentlichte Ende 1999 unter dem Titel »Bugie di Sangue in Vaticano«[25] eigene Recherchen zum Thema, die bestätigten, was vatikanische Insider von Anfang an gesagt hatten. Die Darstellung Navarro-Valls hält einer genaueren Besichtigung nicht stand. Die »Discepoli di Verità« hörten Zeugen im Kirchenstaat, nach deren Aussagen der Tathergang folgendermaßen zu rekonstruieren sei. Am Nachmittag des 4. Mai wurde der Vizekorporal Cédric Tornay zu einem Sonderwachdienst vor dem Gebäude abkommandiert, in dem Alois Esterman und seine Frau wohnten. Gegen Ende seines Dienstes, gegen 19.00 Uhr, sei er »tätlich von zwei Unbekannten angegriffen worden, die ihn zusammengeschlagen und in den Keller des Gebäudes geschleppt hätten«.[26] Dieser Hergang deckt sich im Übrigen auch mit Zeugenaussagen im offiziellen Bericht zum Mordfall, nach denen gegen 19.00 Uhr »Geräusche, Gepolter« in dem zweistöckigen Gebäude gehört wurden. Auch gibt es Zeugenaussagen, nach denen die Körper der Leichen Spuren von Gewaltanwendung trugen. Kurz nach 19.00 Uhr sei Cédric Tornay im Keller des Gebäudes mit einer schallgedämpften Pistole Kaliber 7 mm ermordet worden. Anschließend seien Esterman und seine Frau mit der Dienstpistole des jungen Schweizers umgebracht worden.

Die vom Vatikan ernannten Experten haben denn auch etliche verbale Anstrengungen unternehmen müssen, um das sieben Millimeter große Einschussloch im Kopf des Cédric Tornay mit seiner 9-mm-Kaliber-Dienstpistole in Einklang zu bringen, mit der er sich angeblich erschossen haben soll.

Den Zeitungen war am nächsten Morgen zu entnehmen, dass Alois Esterman ein Mitglied des Opus Dei gewesen sei, weitaus mächtiger im Übrigen, als es seine eher bescheidene Stellung im Vatikan vermuten ließ. Muguette Baudat, die Mutter von Tornay, erzählt, dass Cédric und zwei seiner Gefährten von Esterman unter Druck gesetzt worden seien, sich dem Opus anzuschließen, und sich geweigert hätten. »Daraufhin haben die drei begonnen, auf eigene Faust zu recherchieren, was die spanische Geheimorganisation mit dem Wachkorps vorhatte«, erzählt die Mutter. Muguette Baudat, eine magere, zierliche Frau, ist 47 Jahre alt. Im Februar 1999 steht sie, unaufhörlich rauchend, in einem Anorak, der sie nicht genug wärmt, vor dem Grab ihres Sohnes, auf dem zum ersten Mal Schnee liegt. Cédrics Freunde haben ihre Bergsteigerabzeichen an das einfache Holzkreuz geheftet. Das ovale Foto des Schweizergardisten zeigt ein strahlendes junges Gesicht. Plastikblumen bedecken den Grabhügel. Von den Bergen weht ein scharfer Wind auf den Friedhof von Martigny in der Westschweiz. »Dreimal habe ich dem Heiligen Vater geschrieben. Das Staatssekretariat hat mir nicht einmal die Höflichkeit erwiesen, den Empfang der Briefe zu bestätigen. Auch ein Fax, das ich dem Papst in die Ferien geschickt habe, ist unbeantwortet geblieben. Nur sollen die Herren in Rom nicht glauben, ich würde aufgeben. Meinen Sohn haben sie umbringen können, aber sie haben sich die falsche Mutter dazu ausgesucht.«

Muguette Baudat wirkt nicht wie eine Frau, die den Tod ihres Sohnes nicht verkraftet. Sie ist energisch, intelligent und entschlossen. »Ich will nichts anderes als eine unparteiische gerichtliche Untersuchung, die klärt, wie mein Sohn gestorben ist und warum.« Im Buch der »Discepoli« hat Frau Baudat die Widersprüche, wenn nicht gar Fälschungen im Dokument des Vatikans auseinander genommen, mit denen am 8. Februar die Einstellung der Ermittlungen in den Mordfällen des Ehepaars Esterman und des jungen Tornay begründet wurden.

Die Verfasser des Buches wiederum kommentieren das Geschehen folgendermaßen: »In den Neunzigerjahren formierte sich der Machtkampf um die Schweizergarde. Auf der einen Seite versuchte das Opus Dei – in der Person Estermans – das Kommando der Garde zu erringen: nicht nur, um die volle, tägliche Kontrolle über die apostolischen Paläste und damit über den Heiligen Vater auszuüben, des gegenwärtigen und des zukünftigen. Es ging auch darum, die Schweizergarde in ein ›spezielles‹ militärisches Korps umzuwandeln, in der Absicht, die päpstlichen Polizeitruppen (die unter der Kontrolle der ›Vatikanischen Loge‹ stehen) zu neutralisieren und ihr entgegenzuwirken. Die Logenpartei, die wiederum bereits über ihr ›Spezialkorps‹ der Polizei verfügte, wollte um jeden Preis verhindern, dass sich das Opus der päpstlichen Armee bemächtige und sie gar in ein Furcht erregendes Sonderkorps verwandeln könne. Wirkliche Insider können auch die Feinschrift der kriminellen vatikanischen Inszenierung erkennen. Im kirchenstaatlichen Nachruf auf Esterman hieß es, dieser hätte sich beim Attentat auf den Papst mutig vor den Heiligen Vater geworfen, um ihn vor den Schüssen Agcas zu bewahren. Dies war nun ganz besonders dreist gelogen. Im Vatikan erinnerten sich nicht wenige Monsignore daran, dass Esterman eine solch dramatische Heldentat einfach deshalb nicht hätte vollbringen können, da er sich im Moment des Attentats auf dem voll gestopften Petersplatz gut 60 Meter entfernt vom »Papamobile« befand. Keines der Fotos, die Sekunden nach dem Anschlag gemacht wurden, zeigen auch nur eine Spur von Esterman. Keine der Tageszeitungen, die minuziös nacherzählten, was am 13. Mai ab 17.17 Uhr auf dem Petersplatz geschah, erwähnte ein heroisches Dazwischenwerfen eines Papstgetreuen. In diesem Kampf also gab es zwei einander verhasste Protagonisten: Esterman für die päpstliche Armee und den neuen starken Mann der Polizeitruppen, Raoul Bonarelli.«[27]

Dieser Name, Raoul Bonarelli, führt endlich zurück zur Geschichte des Attentats auf Johannes Paul II. Zwei junge Mädchen, beide 15 Jahre alt, wurden im Frühsommer 1983 in Rom entführt. Emanuela Orlandi, Tochter eines Boten im Vatikan, hatte am 23. Juni 1983, einem Mittwoch, gegen 18.30 Uhr die kirchliche Musikschule verlassen, an der sie unter verschiedenen kundigen Nonnen Klavier, Querflöte und Gesang studierte. Eine Freundin sah sie noch am Corso Vittorio Emanuele, bevor sie selbst in den Bus 64 stieg. Emanuela war derweil zur nächsten Telefonzelle gelaufen. Ihre Schwester, Federica, erinnert sich an den Anruf. Emanuela erzählte ihr aufgeregt, jemand hätte ihr angeboten, bei der Modenschau der Sorelle Fontana (einem renommierten, ehrwürdigen und ziemlich langweiligen römischen Haus) Reklameblätter für die Kosmetikfirma Avon an der Piazza Barberini zu verteilen – drei Kilometer und eine Welt vom Vatikan entfernt. Die ältere Schwester fand den Vorschlag suspekt und sagte Emanuela, sie solle in 20 Minuten wieder anrufen, dann wären die Eltern sicher zu Hause. Aber dieser Anruf bleibt aus. Bis heute. Am 5. Juli 1983 werden das vatikanische Staatssekretariat und die Familie Orlandi von einem Mann angerufen, der gut italienisch spricht und den Angehörigen den Sinn des grausamen Manövers erklärt. Emanuela sei von der »Türkischen antichristlichen Befreiungsfront – Türkesch« entführt worden.[28]

Emanuela sollte bis zum 20. Juli gegen den Gefangenen Ali Agca ausgetauscht werden: Geld wurde nicht verlangt. Doch eine Organisation dieses Namens gibt es nicht. Immerhin enthielt ein Erpresserschreiben den Schülerausweis Emanuelas; es kam aus Frankfurt, dem Sitz der Grauen Wölfe in Deutschland, ein zweites wurde in Olten eingesteckt, dem Sitz der Zentrale der Grauen Wölfe in der Schweiz. Ali Agca, der inzwischen darauf setzte, durch seine Unterstützung der »bulgarischen« These freizukommen, weigert sich jedoch, bei dem Tauschhandel mitzuwirken. Er fühlte sich offenbar wesentlich sicherer in seiner inzwischen gut ausgestatteten Zelle im Gefängnis von Ascoli Piceno. »Ich will nicht ausgetauscht werden, ich stehe voll auf der Seite Emanuelas«, ruft er Reportern zu, die vor einem römischen Gerichtsgebäude auf ihn warten.

Inzwischen melden sich die Entführer auch mit Tonbändern. Das erste Band wird am 17. Juli, nach einem Anruf bei der Nachrichtenagentur *Ansa*, auf den Treppen des Quirinalspalastes gefunden, der Residenz des italienischen Staatspräsidenten. Die Familie hört eine flehende Mädchenstimme, Weinen, dann den Satz: »Ich kann nicht mehr, ich fühle mich krank.« Ein weiteres Tonband trifft ein paar Tage später bei *Ansa* ein. Zu vernehmen ist Emanuelas Stimme, die monoton siebenmal wiederholt: »Im nächsten Schuljahr sollte ich die letzte Klasse der Mittelschule besuchen, im Konvent Vittorio Emanuele.«

Inzwischen ist der andere Entführungsfall mit dem von Emanuela Orlandi verbunden. Das Mädchen heißt Mirella Gregori, auch sie war 15 Jahre alt, als sie am 4. Mai 1983 aus der Welt verschwand. Zum letzten Mal wurde sie in der Espressobar »Coppa d'Oro« ihrer Eltern in der Via Volturno im nördlichen Rom gesehen. Die Mutter erinnert sich an einen Mann im Alter von 35 bis 40 Jahren, der in jüngster Zeit öfter zu ihnen gekommen war, um einen Kaffee zu trinken und um wohl auch ein bisschen mit Mirella zu flirten. Weil sich die Fälle zu gleichen beginnen, vertrauen sich die Gregoris dem Anwalt Gennaro Ogidio an, der die Orlandis vertritt, während die unternehmungslustige Mutter Mirellas selber recherchiert. Als sie von einem Besuch des Papstes in einer Gemeinde an der Via

Nomentana hört, fährt sie hin und entdeckt tatsächlich den Mann, den sie kannte, unter dem Sicherheitspersonal des Papstes. In mühsamer Spürarbeit findet sie den Nachnamen und die Adresse des Mannes heraus, aber ihre Recherchen bleiben unbeachtet bei der Staatsanwaltschaft liegen, bis im Jahr 1990 die energische Richterin Adele Rando die beiden Entführungsfälle übernimmt. Und sie interessiert sich sehr für den Herrn aus dem Gefolge des Papstes.

Und so betritt Raoul Bonarelli die Bühne – der Vizechef der päpstlichen Polizei. Er gibt zu, sowohl Mirella als auch Emanuela gekannt zu haben. Nach fast zehn Jahren also füllt plötzlich frischer Wind die schlaffen Segel der Untersuchung. Adele Rando lässt das Telefon Bonarellis abhören, wobei sich schnell interessante Fragmente ansammeln. »Du musst dabeibleiben«, sagt da eine ältere Stimme zu Raoul, offensichtlich ein Vorgesetzter, weil er den Erwachsenen Bonarelli duzt, während dieser ihn siezt: »Wir wissen von nichts«, geht es weiter, »Orlandi, wir haben alles nur aus der Presse erfahren.« Und Raoul antwortet: »Also, dann soll ich sagen … das kann ich schlecht leugnen, die Mutter hat mich erkannt.« Adele Rando ordnet eine Gegenüberstellung an, aber diese wirft mehr Fragen auf, als sie beantwortet. Frau Gregori benimmt sich auf einmal merkwürdig nervös und ängstlich. Sie sei nicht mehr sicher, dass Bonarelli mit dem Mann aus dem Gefolge des Papstes, der ihre Tochter besuchte, identisch sei, sagt sie aus. Sie wirkt, als sei sie bedroht worden. Wenig später erkrankt Frau Gregori und stirbt. Ende 1997 wirft Adele Rando das Handtuch. In der Begründung ihres Urteils zur Einstellung des Verfahrens beklagt sie sich, genau wie ihr Kollege Rosario Priore, bitter über die mangelnde Bereitschaft des Vatikans, bei der Aufklärung der Verbrechen an den beiden Mädchen konstruktiv mitzuarbeiten. So hatte der Kirchenstaat, der eine direkte Linie zu den Entführern unterhielt, sich geweigert, sein Wissen mit der italienischen Justiz zu teilen.

Drei Rechtshilfeanträge hatten die Ermittler an die Herren jenseits des Tiber geschickt, mit der Bitte, vier Kardinäle und einen Prälaten befragen zu dürfen. Ihre Anträge wurden zurückgewiesen.

Immerhin belegt eine Entwicklung nach der Auslieferung Agcas an die Türkei im Jahr 2000, dass die Eltern Orlandi vielleicht wirklich noch hoffen können. Agca hatte ihnen 1997 einen Brief geschrieben – und ihnen auferlegt, es niemandem zu verraten. Die offenkundig spontane Epistel Agcas blieb also zunächst unveröffentlicht. Agca hatte den Orlandis darin versichert, dass ihre Tochter in der Türkei lebe, geheiratet und Kinder bekommen habe, und dass sie die nunmehr über dreißigjährige Emanuela eines Tages wiedersehen würden. In den meisten Fällen muss das, was Agca von sich gibt, mehrfach hin und her gewendet, gegen das Licht gehalten und mikroskopisch untersucht werden, bevor seinen Aussagen ein Glaubwürdigkeitsrang, meist ein niederer, erteilt werden kann. Die Familie der Emanuela Orlandi, die den Brief Agcas nach dessen Freilassung veröffentlicht hatte[29], reagierte jedoch mit Zuversicht, wenngleich sich an ihrer verzweifelten Grundsituation nichts ändert. »Ich glaube, dass hinter der Entführung eine so mächtige Organisation steht, wie sie nur in Verbindung mit den Geheimdiensten möglich ist. Wir haben uns wie Pingpongbälle gefühlt, während andere die Schläger in der Hand hatten.«

Bei einer Durchsuchung der Zelle Agcas im Herbst 1985 fanden die Aufsichtsbeamten einen Umschlag mit Zeitungsausschnitten, die Agca gesammelt hatte, unter ihnen ein Interview, das die amerikanische Journalistin Claire Sterling der Zeitschrift *Familia Cristiana* gegeben hatte. Handschriftlich hatte Frau Sterling eine Nachricht für Agca unter den Artikel gesetzt. »Nichts verraten, du wirst gegen Emanuela ausgetauscht.«[30] Weitere Ermittlungen gegen Frau Sterling verhinderte ihr Krebstod.

Kapitel 5

Ein bulgarisches Komplott?

Wenn Sergej Antonov, 35 Jahre alt im Jahr 1982, sich in den römischen Verkehr wagt, verfolgt ihn wie das Kläffen von Hunden ein bösartiges Gehupe anderer Autofahrer – so langsam und vorsichtig steuert er seinen altertümlichen Lada durch das römische Straßenchaos. Seit 1977 ist er stellvertretender Direktor von »Balkan Air«, der bulgarischen Luftlinie in Rom. Was andere Bürger damaliger Ostblockstaaten, heimlich oder nicht, zweifellos geschätzt hätten, das Leben in einer wirbelnden, reichen westlichen Hauptstadt, die an Sinnesvergnügen schier überquillt, genießt er nicht. Die Stadt bleibt ihm unheimlich und fremd. Antonov verbringt mehr Stunden, als er müsste, im kargen Büro seiner Luftlinie und begibt sich dann in sein Einzimmerapartment in der Via Poli im römischen Stadtteil Parioli. Dann liest er bulgarische Klassiker. Weil er kaum Freunde hat, braucht er zu Hause kein Telefon. Die wenigen privaten Anrufe, die er in Rom zu erledigen hat, tätigt er, guten Gewissens, vom Büro aus. Private Auslandsgespräche führt er nicht. Antonovs Italienisch ist mehr als mangelhaft – er braucht es eher selten, weil Ausländer kaum auf die exotische Idee verfallen, sich in den klapprigen Tupolews seiner Luftlinie, durch deren undichte Wände manchmal die Wolken ziehen, nach Bulgarien transportieren zu lassen.

In den ersten Jahren seines römischen Aufenthalts leben seine Frau Rositza und ihre Tochter Anna bei ihm. Ganz anders als ihr Mann ist Rositza eine lebenslustige Person, die Geselligkeit schätzt, sich mit anderen Mitgliedern der kleinen bulgarischen Gemeinde von Rom trifft und die Stadt erkundet. Sergej stört das nicht. Er hütet abends das Kind. Doch als Anna sechs Jahre alt wird, stellt sich das Schulproblem. Rom hat nicht, wie in anderen Großstädten üblich, eine bulgarische Schule zu bieten. Rositza ist es zudem nicht gelungen, einen Job in Rom zu finden. Ende der Siebzigerjahre gibt es einen bulgarisch-italienischen Tourismus kaum, und wenn, dann wird er nicht über »Balkan Air« abgewickelt, sondern über italienische Reisebüros: jenen, die Ferien an bulgarischen Stränden für die besonders Unerschütterlichen unter den italienischen Linken anbieten. Und das sind nicht gerade viele. Rositza, die ihren unkommunikativen, schmächtigen, introvertierten Mann liebt, wie es häufig mit Personen geschieht, die ihrem Gegenteil begegnet sind, entschließt sich schweren Herzens, samt ihrer Tochter nach Bulgarien zurückzukehren und ihre Ehe mit Sergej auf die Schulferien zu beschränken.

Am 25. November 1982, morgens um 9.30 Uhr, klingelt es an seiner Wohnungstür. Er öffnet und sieht sich einem Trupp römischer Polizisten gegenüber, die ihm einen Haftbefehl entgegenhalten. Sergej versteht kein Wort. Er hat keine Ahnung, wie er sich in einem solchen Fall zu verhalten hat. Aber er fürchtet nichts Schlimmes. Eine Verwechslung. Was soll sein. Aber seine hoffnungsvolle Zuversicht wandelt sich schnell in einen Albtraum, als ihm in einem Polizeirevier mühsam erklärt wird, was man ihm vorwirft: Er, Sergej Antonov, soll führend an jenem Komplott beteiligt gewesen sein, das den Türken Ali Mehmet Agca dazu bestimmte, am 13. Mai 1981 auf dem Petersplatz in Rom auf das Oberhaupt der katholischen Kirche, Johannes Paul II., zu schießen.

Sergej Antonov liest keine Zeitungen. Selbst im Büro hat niemand mit ihm darüber geredet, was die italienischen Zeitungen seit einigen Wochen trompeten: Das Attentat auf den

Papst sei von Bulgaren geplant und ausgeführt worden – im Auftrag des sowjetischen KGB. Der polnische Papst hätte im Völkergefängnis der Sowjetunion, in dem seit dem Ende des Zweiten Weltkriegs die Nationen Osteuropas eingesperrt waren, zu viel Unruhe gestiftet. Deswegen sollte er, so wünschten es die Kremlherren, beseitigt werden. Dienstfertig wie immer, wenn es um Aufträge des großen Bruders ging, hätten Bulgaren deren Auftrag erfüllt. So stand es in der August/September-Ausgabe der amerikanischen Monatszeitschrift *Reader's Digest*. Die Verfasserin des sensationellen Artikels hieß Claire Sterling, damals 64. Die Journalistin war eine bis an die Haarspitzen antikommunistisch gesinnte Person. Auch sie lebte in Rom, hauptsächlich von ihren Beiträgen für die Tageszeitung *Daily American*, die von der CIA subventioniert wurde.

Während der inzwischen ziemlich verängstigte Antonov sich auf die unfreundlichen Haftbedingungen im römischen Gefängnis Rebibbia einrichtete, feierte Claire Sterling im römischen Stadtteil Trastevere den Scoop ihres Lebens. In dem Buch, das sie sofort im Anschluss an ihre Reportage für *Reader's Digest* begann und 1983 veröffentlichte[1], lässt sie den Leser miterleben, wie eine große Journalistin der Wahrheit hinterherjagt: »Nicht jeden Tag erhält ein Reporter einen Auftrag, wie ich ihn von *Reader's Digest* bekam: Nimm dir so viel Zeit, wie du brauchst, reise, wohin du möchtest, und gib so viel aus, wie du brauchst, um so dicht wie möglich an die Wahrheit heranzukommen.« Sieben Monate lang ist Frau Sterling unterwegs. Sie besucht die Türkei, Österreich, die Schweiz und die Bundesrepublik, vielfach abgewiesen von ermittelnden Behörden und nirgendwo mit einem wahren Fund belohnt. Nach Bulgarien, wo sie die Männer hätte finden können, die im Zentrum ihres Komplotts stehen, etwa der türkische Waffenhändler und Schmuggler Bekir Celent, fährt sie nicht, denn in Bulgarien sei die »Wahrscheinlichkeit, auf Menschen zu treffen, die ihr frank und frei die Wahrheit sagen würden, zu gering«.[2]

Das stört sie sowieso nicht. Sie hat ihr Konzept dabei und ist bestens gebrieft. In der Verbreitung der bulgarischen These ist Sterling allenfalls Kopilot. Die Hauptvertreter dieser These sind Paul Henze, ehemaliger CIA-Chef in Ankara, und Michael Ledeen, ein Kalter-Kriegs-Stratege mit besten Verbindungen zum Weißen Haus, also zu Ronald Reagan, und nach Italien. Paul Henze gebührt die fragwürdige Ehre, die bulgarische These zuerst unter die Leute gebracht zu haben. Henze, Jahrgang 1920, war ein Veteran im ideologischen Krieg gegen den Kommunismus und bekleidete in den Siebzigerjahren den Rang eines Generals der CIA[3], der er seit Anbeginn seiner Karriere angehört hatte. In den Fünfzigerjahren, auf dem Höhepunkt des Kalten Krieges, diente Henze als politischer Berater von *Radio Free Europe*, dem größten und lautstärksten westlichen Propagandasender in Deutschland. In ähnlicher Funktion betreute er am Ende des Jahrzehnts die amerikanische »Informationspolitik« in der Türkei. Er lernte die Sprache und kehrte 1974 für drei Jahre als Stationschef der CIA in das Land zurück.

Etliche türkische Politiker und Journalisten erinnern sich gut an den wortgewaltigen Vertreter der Agency von Langley; ein Journalist, der ihn damals kannte, sagt: »Henze war der Prototyp des großen Bruders. Er sprach leise. Man musste ihm gut zuhören. Und wenn man hinterher darüber nachdachte, was er gesagt hatte, blieb am Ende immer eine Drohung übrig.« Eine 1985 in der Türkei erschienene Dokumentation des heutigen CNN-Korrespondenten in Istanbul, Ali Mehmet Birand, deutet an, dass die CIA während der Amtszeit von Henze aktiv an der Destabilisierung der Türkei beteiligt war – bis hin zu einem Massaker unter Linken im Jahr 1977.[4] Als Zbigniew Brzezinski, der nationale Sicherheitsberater des Präsidenten Jimmy Carter, seine Verbindungen zur CIA stärken wollte, berief er 1977 Paul Henze als Experten für die Türkei und Iran in sein Team, wobei jedermann klar war, dass Henze in erster Linie die Agency im National Security Council vertrat, und zwar mit Nachdruck.

1980 geriet Präsident Carter unter Beschuss durch liberale Senatoren, weil »ein Mitglied des Nationalen Sicherheitsrates« zu Zeiten der Zugehörigkeit Henzes zu diesem Gremium versucht hatte, zwei CIA-Leute in die »Aufsichtsbehörde für Internationale Radiosendungen« zu manövrieren. Diese Institution war geschaffen worden, als in den Siebzigerjahren bekannt wurde, dass sowohl *Radio Free Europe* und *Radio Liberty*, beide in München, von der CIA gelenkt wurden. Vor diesem Hintergrund wirkte Henzes erneuter Unterwanderungsversuch besonders herausfordernd. Mit dem Wechsel der Administration von Carter zu Reagan verließ Henze den öffentlichen Dienst und wurde Berater der Rand Corporation, einem konservativen Think Tank, der vorzugsweise »Szenarien« für die CIA entwickelte. Männer wie er, geprägt von eisern antikommunistischer Gesinnung, waren im Klima des neuen Kalten Krieges, das mit Reagan und seinen Mannen heraufzog, gefragter denn je. Fast zeitgleich mit der Veröffentlichung der Urteilsbegründung im September 1981 im ersten Prozess gegen Ali Agca nahm Henze an einer Tagung des »European American Institute for Security Research« in Neapel teil, die unter dem Thema »Die südliche Flanke der Nato« stand. Henzes Beitrag zum Thema hieß: »Ziel: Destabilisierung«. In ihm beschrieb Henze den »von der Sowjetunion gelenkten« Terrorismus in Italien und der Türkei und setzte das Attentat auf den Papst in diesen Zusammenhang. Der Vortrag erschien in redigierter Form im November 1981 in der Zeitschrift *Atlantic Community*, wobei die Tat Ali Agcas und ihr sowjetischer Hintergrund stärker betont wurden. Desgleichen lief im September im britischen Thames-Fernsehen, in der Reihe TV-Eye, eine Sendung von

Julian Manyon, einem Journalisten mit wohl etablierter Rechtsreputation, in dem zum ersten Mal eine »bulgarische Verbindung« postuliert wird.

Hier taucht auch die türkische Mafia auf, die angeblich unter der Kontrolle des bulgarischen Geheimdienstes steht, sowie jener Bulgare namens Mustafa Eof, der Agca in Tunesien den Auftrag übermittelt haben soll, den Papst zu ermorden. Im Nachspann wird der Experte genannt, dem der Autor für seine wertvolle Mitarbeit dankt: Paul Henze. Unmittelbar nach dem Attentat auf den Papst hatte Henze zudem von *Reader's Digest*, in Millionenauflagen und zahlreichen Sprachen noch heute rings um die Welt verbreitet, den Auftrag erhalten, einen Hintergrundbericht über das Attentat auf Johannes Paul II. zu erstellen. Möglicherweise, weil Henze aber in der amerikanischen Öffentlichkeit bereits zu sehr als CIA-Mann bekannt war, sollte den Artikel selbst Claire Sterling schreiben, die im Ruf stand, über exzellente Verbindungen zur CIA zu verfügen. Diese hat sie in der Tat gehabt und genutzt, Angestellte von Langley war sie freilich nie. Mit Paul Henze war sie befreundet. In ihrer Koproduktion war Claire Sterling die fetzige Feature-Schreiberin, während Henze sich den Anstrich von akademischer Seriosität gab.

Im Winter 1982 begibt sich Claire Sterling auf ihre Recherchereise, die sieben Monate währen sollte. »Ankara«, so beginnt ihr Bericht über ihre Nachforschungen in der Türkei, »verbarg sich in Nebelschwaden und Schnee.« Doch die Stimmung in der Stadt, schreibt die Journalistin, war »fröhlich und entspannt wie seit Jahren nicht. Die alles durchdringende, lähmende Furcht einer Stadt unter unnachgiebiger terroristischer Belagerung war dahin.« Im September 1980 hatte es nämlich wieder einen Militärputsch in der Türkei gegeben, von dem es schon damals hieß, dass die USA ihre Hand im Spiel gehabt hatte.[5]

Spricht Frau Sterling mit Militärs, dann trifft sie unweigerlich auf sympathische Menschen: General M., »ein ruhiger, silberhaariger Berufsoffizier, weithin respektiert von ehrlichen Türken, auf der Rechten oder der Linken«, hatte eine überwältigende Menge an Informationen (über die terroristischen Unruhen in der Türkei in den späten Siebzigerjahren). Der General behauptet, dass von den 43000 Türken, die unter den Militärs verhaftet wurden, 400 in Palästinenserlagern ausgebildet worden seien, ganz gleich welcher politischer Herkunft. »Die Palästinenser gaben Training, finanzielle Unterstützung und Waffen an Rechte wie an Linke, an kurdische Separatisten und Armenier«, erklärte er ohne Wenn und Aber.

Frau Sterling ist begeistert, obwohl in dem Sammelsurium von Guerillas, die der General nennt, die kurdischen Separatisten und die Armenier durchaus glaubhaft als linke Gäste in Palästinensercamps gewesen sein können, während ein fanatischer Rechter wie der Grauwolf Ali Agca in dieser Gesellschaft keinen einzigen Tag überlebt hätte. Aber der General, der sich in tadellos gebügelter Uniform präsentiert, noch dazu vor einem sorgsam aufgeräumten Schreibtisch sitzt, ist aus Sterlings Sicht wohl schon deshalb ein glaubhafter Mann.

Hasan Fehmi Günesch wiederum, ehemaliger Innen- wie Außenminister einer kurzlebigen Mitte-links-Koalition unter dem sozialdemokratischen Ministerpräsidenten Bülent Ecevit, wird in Sterlings Beschreibung nicht so nett behandelt. Er sitzt in einem »düsteren, kleinen Büro, in dem er jetzt als Rechtsanwalt praktiziert... Er hat weiche Gesichtszüge und wird in seinem frühen Mittelalter bereits dick um die Taille. Seine Stimmung ist gedrückt. ›Ich muss vorsichtig sein, was ich sage‹, betont Günesch, ›gegen mich wird ermittelt.‹« Sterling schlägt ihm vor, ein Tonbandgerät zu holen und das Interview aufzuzeichnen – »zu Ihrer eigenen Sicherheit«. Günesch gehorcht.

Im Lauf des Gesprächs trägt der frühere Innenminister seine These zum Anschlag auf den Papst vor: »Der Osten könnte es getan haben, um Polen unter Kontrolle zu bekommen«, sagt Günesch, »oder – und das glaube *ich* – der Westen war es, um einen polnischen Aufstand zu provozieren und um Polen aus dem Warschauer Pakt herauszuholen.«[6]

In zwei Aufenthalten in Ankara und Istanbul hatte Claire Sterling mit nicht mehr als fünf, sechs Leuten geredet. Das Wort Bulgarien war dabei nicht gefallen. Ihr großer Fund besteht aus einem türkischen Zeitungsausschnitt, den die amerikanische Botschaft für sie übersetzt hatte. In der kommunistischen Tageszeitung *Cumhurryet* hatte ein türkischer Waffenschmuggler über seine Arbeit berichtet, und hier kam nun endlich Bulgarien vor.

Der Boss des türkischen Waffenschmugglerrings, einer Art von türkischer Mafia, sei Abuzer Ugurlu mit seinen drei Brüdern. Aus und durch Bulgarien werden jede Menge Schusswaffen in die Türkei geschmuggelt; die meisten stammen aus Italien, Frankreich, Spanien und – angeblich – aus der Tschechoslowakei. Sie landen bei der türkischen Mafia, die mit Heroin bezahlt, das auf diese Weise in den Westen gelangt.

Zu diesem Artikel hatte *Cumhurryet* einen Leserbrief abgedruckt, der von einem in der Bundesrepublik inhaftierten türkischen Waffenschmuggler, Suleyman Necati Topuz, stammte. (Erst sehr viel später wird man von seinen Verbindungen zum deutschen Bundesnachrichtendienst erfahren.)

Topuz drängte es, seinen Landsleuten Folgendes mitzuteilen: »Die türkische Mafia ist unter der Kontrolle und der Leitung des bulgarischen Geheimdienstes«, behauptete er. »Der bulgarische Geheimdienst hat die türkische Mafia strikt annektiert. Weil in Bulgarien alles – von Zigaretten bis zu schweren Waffen – an die Schmuggler durch die im Staatsbesitz befindliche Im- und Exportfirma Kintex verkauft wird. Alles, was im Transit durch Bulgarien geht, muss durch Kintex wieder exportiert werden. Die Schmuggler, ich meine die Mafia, sind verpflichtet, jegliche Beziehungen in Bulgarien über Kintex laufen zu lassen. Die Firma ist im Wesentlichen ein Zweig des bulgarischen Geheimdienstes.«

Das Letztere muss wahrscheinlich nicht mal geleugnet werden. Egal: Mit diesem Leserbrief eines in einem westdeutschen Gefängnis einsitzenden türkischen Schmugglers konnte Claire Sterling nunmehr ihre »bulgarische Fährte« in die Welt setzen. In ihrem *Reader's-Digest*-Artikel, der im August 1982 erschien, präsentiert sie ihre Beweiskette, die vom grauen Gebäude der Kintex in Sofia bis zum Petersplatz in Rom reichen soll, mit oft kurios unpräzisen Angaben. Ihr dem Buch vorangehender Artikel bleibt merkwürdig vage. »Schlüsselfiguren in jedem westlichen Land« hätten ihr »privat anvertraut«, sie glaubten, dass die Sowjetunion »hinter den geheimen Kräften«[7] stehe, die Agca lenkten. Sein »Kontrolloffizier war wahrscheinlich der bulgarische Geheimagent Mustafaeoff«[8], hätte der christdemokratische italienische Politiker Francesco Mazzola ihr gesagt, der dem parlamentarischen Ausschuss zur Kontrolle der Geheimdienste vorstand. Wenn Beweise fehlen, ergänzt Claire Sterling diese durch eigene Spekulationen.

Abuzer Ugurlu, der türkische Schmugglerboss, wird als Verbindungsmann zur bulgarischen Parteiführung vorgestellt; er besäße einen bulgarischen Pass und eine Villa in Sofia, »ein Privileg, das normalerweise hochstehenden Mitgliedern der Kommunistischen Partei Bulgariens vorbehalten« sei. (Weder die Villa noch die von Sterling später dafür angegebene Straße existieren in Sofia.) Für die Journalistin ist es offenkundig, »dass Ugurlu für die Bulgaren arbeitet. Keine Geheimpolizei unterhält engere Beziehungen zum KGB als die bulgarische. Die Bulgaren tun, was ihnen die Russen sagen. Der KGB behält im Übrigen alle Terroristen genau im Auge. Es ist undenkbar, dass der KGB nicht alles, was es zu wissen gäbe, erfahren hätte, vor allem über einen, der so enge Beziehungen zum bulgarischen Geheimdienst unterhält wie Agca.«[9]

Sterlings Sprünge sind abenteuerlich. Eben noch wird der Obermafioso Ugurlu gebraucht, um Agca an den bulgarischen Geheimdienst anzuketten. Ein paar Sätze weiter kann Agca schon ohne Vermittlung bei den Bulgaren andocken. Ein Jahr nach Sterlings Artikel erscheint ihr Buch. Die These ist nicht besser geworden, auch nicht genauer, nur ein wenig wortreicher. »Das Komplott, das ich nachgezeichnet hatte, war notwendigerweise komplex. Schließlich ging es darum, das Oberhaupt der katholischen Kirche zu ermorden. Ich vertrat die These, dass die türkische Mafia, deren Operationsbasis sich in Bulgarien befindet und unter enger Kontrolle Bulgariens arbeitet, den geeigneten Killer ausgesucht und ihm die notwendige Deckung gewährt hat. Der Killer hatte ein vorgefertigtes Image als Rechtsterrorist und faschistischer Mörder, ein Image, das durch seine Reisen durch Europa, bei denen er von einem neofaschistischen Grauen Wolf zum anderen wanderte, aufpoliert wurde, bis es glänzte. Allem Anschein nach wäre es dann eine rechtsradikale Verschwörung, so weit entfernt von der Sowjetunion, wie es ein halbes Jahrhundert politischer Folklore nur vermochte.

In Wahrheit arbeiteten die Grauen Wölfe, um die es hier ging, für die türkische Mafia, die wiederum vom bulgarischen Geheimdienst DS (Darzhavna Sigurnost) kontrolliert wurde; der wiederum arbeitete für den sowjetischen KGB. Letzteres war meine eigene Schlussfolgerung. Die Leser konnten ihre eigene ziehen. Die Beweise sprachen für sich selbst, bis zum vorletzten Glied. Der letzte Schritt, von den Bulgaren zu den Russen, konnte nur abgeleitet werden. Um mehrere Schritte entfernt von der Verschwörung hatten die Russen dafür gesorgt, dass sie nicht direkt exponiert werden konnten. Kein Stück Papier, keine verschlüsselte Botschaft, keine Tonbandnachricht, keinen Zeugen würden jemals gefunden werden, die eine Verbindung zwischen der sowjetischen Führung und dem Verbrechen des Jahrhunderts herstellen könnten. Was immer ans Licht kommen würde, niemand würde einen Russen mit einer rauchenden Pistole in der Hand entdecken können.«[10]

Auch für die ersten Schritte ihrer logischen Kette verfügt Claire Sterling über keinen anderen Beleg als ihre Überzeugung. Nichts von dem, was sie damals im Ton des Triumphes vortrug, ist jemals bestätigt worden, schon gar nicht die Behauptung, die türkische Mafia hätte unter der Kontrolle des bulgarischen Geheimdienstes operiert. Es war eher umgekehrt. Solange türkische Schmuggler bulgarische Unterstützung brauchten, eine Phase, die 1981 im Wesentlichen bereits abgeschlossen war, zahlten sie ihre Bestechungsgelder in harter Währung, die in einem der ärmsten Ostblockländer weitaus mehr galt als ein Lobeswort vom großen sowjetischen Bruder. Sterlings sehr, sehr luftig gehäkelte These wäre wahrscheinlich nicht weitergelangt als bis in die Wartezimmer von Ärzten, die *Reader's Digest* damals gerne zur Erbauung ihrer Patienten auslegten. Doch die Veröffentlichung der Sterling-Behauptungen erfolgte in einer sorgfältig koordinierten Aktion von anderen, sehr viel weit reichenderen Publikationen.

Im September 1982 sendete der amerikanische Fernsehgigant NBC ein einstündiges »Weißbuch« über den Anschlag auf den Papst, verfasst von Marvin Kalb, einem der einflussreichsten Kommentatoren in der amerikanischen Fernsehszenerie. Die Recherchen in Rom hatte die Journalistin Judy Harris geliefert, die wiederum in enger Verbindung mit Claire Sterling arbeitete. Paul Henze und Claire Sterling waren nunmehr zu Experten in der Frage der sowjetischen Schuld avanciert. Im Programm von Marvin Kalb dienten sie als Berater und wurden während der Sendung auch von Kalb befragt – eher müsste man sagen, dass der Journalist sanftmütig um Bestätigung dessen bat, was die beiden Experten schon zuvor behauptet hatten. Frage Marvin Kalb: »Glauben Sie also tatsächlich, dass die Sowjetunion hinter diesem Verbrechen stand?« Antwort der beiden, wie aus einem Mund: »Wir glauben es nicht nur, wir wissen es.« Die Sendung endete mit einer bemerkenswerten Beobachtung. Dass eine mächtige Regierung nicht davor zurückschrecke, auch Oberhäuptern feindlicher Staaten nach dem Leben zu trachten, sei durchaus schon vorgekommen, deklamierte Marvin Kalb: schließlich hätten die Vereinigten Staaten mehrfach versucht, Kubas Castro umzubringen.

Unmittelbar nach der Sendung und Sterlings Veröffentlichung in *Reader's Digest* setzte die Kommission für Sicherheit und Zusammenarbeit in Europa des amerikanischen Kongresses, die so genannte Helsinki-Kommission, eine Anhörung über das Attentat auf den Papst auf die Tagesordnung, die am 23. September 1982 stattfand. Claire Sterling, Michael Ledeen als ausgewiesener Terrorismusexperte und ein bulgarischer Emigrant namens Atanov Slavov waren als Zeugen geladen. Geprüft werden sollte die Frage, ob das Attentat auf den Papst den Grundsatz VI der Schlussakte von Helsinki aus dem Jahr 1975 verletze, das den Unterzeichnern »direkte oder indirekte Unterstützung von Terroristen« verbietet.[11] Die Kongressabgeordneten, die an der Sitzung teilnahmen, gehörten beiden Parteien an, doch zu Beginn der Sitzung äußerten sie sich in seltener Einmütigkeit zum anstehenden Thema. Mit ausschweifender Rhetorik legte Don Ritter, Demokrat aus Pennsylvania, ein aufrüttelndes Eröffnungsstatement vor. »Heute schicken wir uns an, das Undenkbare zu denken, das Unvorstellbare zu erwägen, um ein Geschehen zu erforschen, das eines Tages das ›Verbrechen des Jahrhunderts‹ genannt werden könnte. Nicht für die Menge des Blutes, das vergossen wurde, weil wir jeden Tag größere Mengen Blut fließen sehen, nicht für das Ergebnis, denn der Papst lebt und arbeitet bis heute. Nein. Die Ereignisse, die am 13. Mai 1981 ihren Höhepunkt erreichen, qualifizieren sich durchaus zum Verbrechen des Jahrhunderts für das, was sie symbolisieren.

"GLI STESSI OCCHI, LA STESSA F
gine ingrandita dell'uomo che era pre
destra, la foto di Alì Agca subito dopo
persona, l'uomo a sinistra deve essere
degli occhi, il taglio dei capelli, appai

centimetri dalle sopracciglia, appaiono identici a quelli di Agca», scrive nella sua inchiesta il giudice Priore. E, a riprova di quanto ne sia convinto, aggiunge: «Se costui non è Agca, ne è certo un perfetto sosia». Particolare importante deducibile dalla fotografia: il presunto Agca si trova entro un settore chiuso da una transenna in legno, «che sta a delimitare un'area ad accesso riservato; area per la quale occorrono ovviamente speciali inviti», precisa il magistrato.

Come nasce questa foto? Il parroco di S. Tommaso d'Aquino, don Pietro Todini, organizzatore dell'evento, spiega al magistrato: «Alla riprese fotografiche e filmate erano stati autorizzati due parrocchiani, i fotografi dell'*Osservatore Romano* e il fotografo pontificio, Mari. Le foto erano poi state messe in vendita presso la parrocchia e le due persone incaricate – ovviamente nei giorni successivi all'attentato al Papa – avevano notato immediatamente che in esse era raffigurata una

Besuch des Papstes in der römischen Gemeinde San Tommaso di Aquino am 10. Mai 1981, drei Tage vor dem Attentat. Ali Agca befindet sich nur drei Meter vom Papst entfernt. Die Erlaubnis, diesen abgesperrten Bereich zu betreten, wurde im Vatikan erteilt. Der Vater Emanuela Orlandis, ein untergeordneter Vatikanangestellter, trug die Genehmigungen aus – auch in die Pension Isa, in der Agca wohnte. (Quelle: *Oggi*, Januar 2001)

Johannes Paul II. mit der Nonne Lucia dos Santos: Missbrauch des dritten Geheimnisses von Fatima.

Seligsprechung der Hirtenkinder Jacinta und Francisco Marto am 13. Mai 2000 im portugiesischen Wallfahrtsort Fatima.

Johannes Paul II. wenige Sekunden nach dem Attentat am 13. Mai 1981, gestützt von seinem Privatsekretär Monsignore Stanislaw Dziwisz und seinem persönlichen Adjutanten von der Schweizergarde Angelo Gugel.

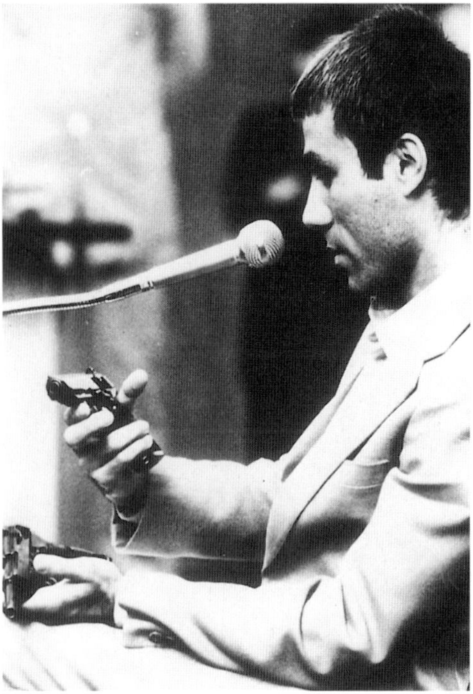

Ali Mehmet Agca bei seinem ersten Prozess in Rom im Juli 1981. Obwohl es schon damals zahlreiche Hinweise auf ein von neofaschistischen Kreisen gestütztes Komplott gab, wurde der junge Türke als Einzeltäter zu lebenslanger Haft verurteilt.

Johannes Paul II. bei seinem Besuch in der Zelle Ali Agcas im römischen Gefängnis Rebibbia, Oktober 1983.

Josemaría Escrivá de Balaguer. Gründer des Opus Dei. Die Erhebung der katholischen Bewegung zu einer Personalprälatur hat starken Widerstand der italienischen Kurienfraktion ausgelöst, desgleichen die verfrühte Seligsprechung des Opus-Dei-Gründers 1992.

A.·. U.·. T.·. O.·. S.·. A.·. G.·.

Massoneria Universale di Rito Scozzese Antico ed Accettato

Supremo Consiglio del 33.·. ed Ultimo Grado

Comunione Italiana - Piazza del Gesù - Roma

I Membri della ***Comunione Massonica*** *di Piazza del Gesù, nel rispetto delle più* ***alte idealità,*** *inchinandosi dinanzi al* ***Tabernacolo, punto di incontro di Verità e Fede,*** *cospargono, a pieni mani, incenso nel braciere del Tempio elevato alla* ***Virtù*** *e porgono un* ***triplice abbraccio al Fratello***

PAPA GIOVANNI PAOLO II
PASTORE ANGELICO

Il Sovrano Gran Commendatore e Gran Maestro dell'Ordine
Pino Mandalari 3 .·. 33 .·.

Zenith di Palermo - 20 Chislev 5742 A .·.M .·.

Begrüßungsinserat der Freimaurergemeinschaft von Piazza Gésu zum Besuch des Papstes im Herbst 1982 in Palermo. Johannes Paul II. wird in ihm als »Logenbruder« bezeichnet – eine Anspielung auf die Aufhebung des Verbots für Katholiken, sich den Freimaurern anzuschließen.

Emanuela Orlandi, eine 15-jährige Vatikanbürgerin, die 1983 spurlos verschwand. Eine – angeblich – türkische Neofaschistenorganisation forderte die Freilassung Ali Agcas im Austausch für Emanuela Orlandi.

Cédric Tornay, Schweizergardist, ermordet 1998: Einschussloch von 7 Millimetern im Kopf – die Dienstpistole, mit der sich der junge Schweizer angeblich getötet hatte, war eine 9-mm-Waffe.

Michael Ledeen, einer der hauptsächlichen Verfechter der bulgarischen These. Als Ermittlungsrichter Rosario Priore ihn 1995 vernehmen wollte, verweigerte Ledeen die Aussage, um sich nicht selbst zu belasten.

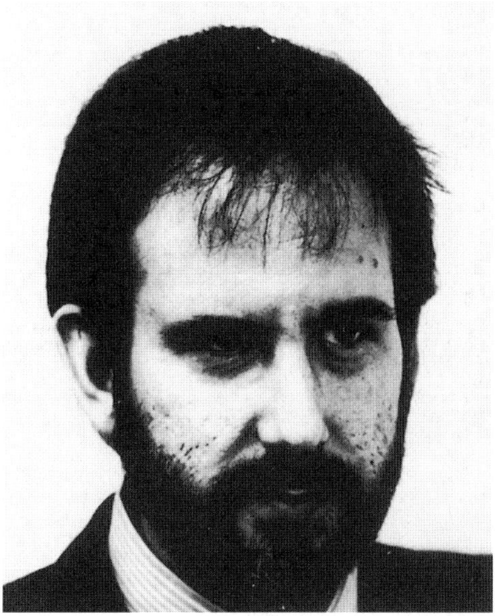

Kardinal Agostino Casaroli, einer der schärfsten Gegner des Papstes. Er bat den italienischen Geheimdienst Sismi um die Beschaffung einer Dokumentation, die den Präsidenten des IOR, Bischof Paul Marcinkus, belasten und damit den Papst schädigen sollte.

Ali Mehmet Agca, Juli 2000: »Der Vatikan ist das Haus des Teufels.«

Denn sie symbolisieren nichts anderes als eine nationale, kriminelle Mentalität, die den Bereich des Glaubwürdigen übersteigt. Einige werden sich einfach weigern zu glauben, was geschehen ist. Andere werden sich außerordentlich bemühen, sich wegzudrehen und ihre Ohren zu verschließen. Aber denjenigen, die es für glaubwürdig halten, muss übel werden von einer kriminellen Mentalität, die ein Messer in die wichtigsten Werte der menschlichen Zivilisation gesenkt hat... Es ist durchaus möglich, dass das Thema unserer heutigen Anhörung nicht nur Übelkeit erregt, sondern auch Gefahren entblößt, die nicht unter den Teppich gekehrt werden dürfen. Während der Terrorismus als Methode einer nationalen Politik, besonders derjenigen der UdSSR und ihrer Satelliten und ihrer Freunde, an Stärke zunimmt, müssen wir uns die Frage stellen: Wer könnte das nächste Opfer sein? Es könntest du, es könnte ich sein, wir könnten es alle sein.«

So waren alle Beteiligten aufs Beste eingestimmt, als Claire Sterling das Wort ergriff. Sie wies zunächst in aller Bescheidenheit darauf hin, dass »das Verbrechen, von dem die Rede sei, nicht hätte gelöst werden können, wenn nicht Vertreter der Presse wie ich selbst alle zur Verfügung stehenden Hinweise bis zum Ende verfolgt hätten. Das war keine leichte Aufgabe. Aus persönlicher Erfahrung muss ich sagen, dass keine der zuständigen Regierungen die Untersuchung wirklich zu Ende bringen wollte, alle haben sich sogar bemüht, die viel versprechendsten Spuren *nicht* zu verfolgen, nämlich all jene, die nach Osten wiesen, um nicht der Realität ins Auge blicken zu müssen. Und das, obwohl alle aus gutem Grund, ohne spezifische Einzelheiten zu kennen, sicher waren, wer hinter dieser monströsen Tat stand.« Sodann zählt die Journalistin ihre wichtigsten Beweise auf.

Da wurde zunächst die bemerkenswerte türkisch abgefasste Checkliste wieder hervorgeholt, die bei der Verhaftung Ali Agcas in seiner Jackentasche gefunden worden war. Diese

Liste zeigt zweifellos eindrucksvoll, dass Agca von einem Komplizen begleitet wurde, der ihm Vorschriften machen konnte. Ob dieser Aufpasser aus dem Westen oder aus dem Osten stammte, erschloss sich aus der Aufzählung nicht. Es spricht für den paranoiden Geist der damaligen Zeit, dass selbst die erfahrenen Politiker im Raum während der Anhörung nicht auf die Idee kamen, Claire Sterling zu fragen, wieso denn die Existenz dieser Liste allein seine Herkunft aus dem diabolischen Ostreich belege. Desgleichen die vielfach erwähnten Zahlungen an Ali Agca. Auch diese werden von Claire Sterling mit einer Gewissheit präsentiert, als hätte sie die Fingerabdrücke des neuen Kremlchefs Andropow darauf erkannt. Dabei zeigen die Kontoauszüge verschiedener Banken in der Türkei lediglich an, dass jemand dem jungen Türken ab Ende 1978, also kurz vor dem Mord an Abdi Ipekci, reichlich Geld hatte zukommen lassen – insgesamt rund 10000 Dollar in verschiedenen Raten. Auf den Einzahlungsbelegen war die Unterschrift Ali Agcas gefälscht, dagegen hatte er zweifellos selbst Geld abgehoben und mit seinem Namenszug quittiert.

Auch hier wird unterstellt, dass nur Moskau über die dämonische Ruchlosigkeit verfügen könnte, einen Killer zu finanzieren. Als besonders wichtig hebt Claire Sterling den Umstand hervor, dass niemand die hohe Belohnung für die Ergreifung Ali Agcas abgeholt hatte, die der türkische Journalistenverband für den Mörder Abdi Ipekcis ausgesetzt hatte: Der KGB, so wird unterstellt, wollte wahrscheinlich niemanden vorbeischicken, um seine geheime Mitwirkung am Tod Ipekcis nicht zu verraten. Dabei war auch dieses Thema ausführlich in der *New York Times* behandelt worden.[12] Möglicherweise zeigt das nur an, wie wenig genau das Weltblatt aus New York von Kongressabgeordneten gelesen wurde. Es verweist aber zugleich auf den Abstand zwischen dem Zeitalter des Internets und einer Zeit, die nur um zwei

Jahrzehnte zurückliegt. Claire Sterling konnte unverfroren flunkern, weil sie davon ausgehen konnte, dass Informationen, so merkwürdig es heute erscheint, damals kaum Landesgrenzen oder gar den Ozean überquerten, es sei denn in der eher rudimentären Form, in der die *Herald Tribune* über Einzelheiten der Innenpolitik europäischer Länder berichtete.

Auf die Frage eines Kongressabgeordneten, ob sie bereits Reaktionen auf ihren Artikel erhalten hätte, der vier Wochen vor dem Hearing veröffentlicht worden war, antwortete sie: »Ich weiß es nicht. Ich war nicht in Rom, aber ich fliege heute zurück. Jemand kann versucht haben, mit mir Kontakt aufzunehmen, aber ob das geschehen ist, ist mir unbekannt.« Doch mit der Veröffentlichung des Sterling-Artikels in *Reader's Digest* und mit dem »Weißbuch« von NBC war die Schuld der Sowjetunion am Attentat auf den Papst in den Augen der amerikanischen Öffentlichkeit keineswegs etabliert, obwohl wichtige Meinungsführer sie mit ihrer Wortgewalt unterstützten. Einer von ihnen war Michael Ledeen, Senior Fellow am Georgetown Institute for Strategic Studies und ehemaliger Berater von General Alexander Haig, der von 1981 bis 1982 Außenminister Ronald Reagans war. Ledeen sagt vor dem Kongress aus, dass er weder über das Attentat noch über Bulgarien noch über die Türkei besonders viel wisse – es gibt Indizien, die dem widersprechen, wie wir später sehen werden. Doch erweist er sich als scharfer Analytiker. In einem überladenen Satz fragt ihn der Abgeordnete Ritter: »Wenn also der bulgarische Geheimdienst, wie Sie sagen, keine unabhängigen außenpolitischen Initiativen unternimmt, es sei denn, seine politischen Führer beauftragen ihn damit; wenn Sie weiterhin sagen, dass der bulgarische Geheimdienst engstens mit dem Geheimdienst der Sowjetunion verbunden ist, der wiederum auch keine eigenständigen politischen Entscheidungen fällt, dann kann doch nur daraus geschlossen werden, dass diese Entscheidungen nur auf dem höchsten Niveau der

Sowjetregierung getroffen werden, mit anderen Worten vom Politbüro?«

Antwort Ledeen: »Ja, zu Ihrer Frage kann ich nichts anderes tun, als die i-Punkte setzen und die T zu durchkreuzen. Wenn Sie zu der Überzeugung gelangt sind, dass der bulgarische Geheimdienst intim in der Verschwörung, den Papst zu ermorden, verwickelt war, dann müssen Sie auch zum Schluss kommen, dass das sowjetische Politbüro engstens damit zu tun hatte. Ich glaube nicht, dass man den Sachverhalt anders analysieren kann.«

Was beide, der Kongressabgeordnete und der große Strategieexperte, gesagt hatten, verdient, so man genau hinhört, nichts anderes als die italienische Bezeichnung »aria fritta«, »gebratene Luft«. Das Erstaunliche ist, wie diese Nullsätze, diese Aneinanderreihung von Behauptungen, die zu Tatsachen stilisiert wurden, vor zwei Jahrzehnten wie eine offenbarte Wahrheit ernst genommen werden konnten. Im folgenden Jahr breiteten dann sowohl Henze als auch Sterling ihre Thesen von der Schuld der Sowjets am Anschlag auf den Papst in Büchern aus, die beide mit identischer Aussage 1983 erschienen. Henze hatte sein Buch mit einigen pseudohistorischen Exkursen versehen, etwa einem Kapitel, in dem er nachzuweisen versuchte, dass der Terrorismus inhärenter Bestandteil des Sowjetkommunismus sei. Im Herbst 1982 fügte sich Claire Sterlings Veröffentlichung in eine wohlkonzertierte Propagandaaktion – an der überall und immer die Fingerabdrücke Paul Henzes zu erkennen sind.

Das freilich sollte verborgen bleiben. In einem Artikel vom 27. Januar 1983 hatte Leslie Gelb, Militärexperte der *New York Times* und Berater von Brzezinski, wohlwollend darüber berichtet, wie gut die These von den bulgarischen Hintermännern des Ali Agca und deren Auftraggebern in Moskau von den Heroen des außenpolitischen Establishments, von Henry Kissinger bis Brzezinski, aufgenommen worden war, und angemerkt, dass Claire Sterling für ihren Artikel Material benutzt hätte, das Paul Henze zusammengetragen hätte.

In einem Leserbrief an die *New York Times* wurde das Weltblatt von *Reader's Digest* zurechtgewiesen: Das Magazin hätte »Paul Henze angeheuert, um einen vorläufigen Hintergrundbericht über den Mordanschlag auf den Papst zu erstellen«, schrieb der Chefredakteur von *Reader's Digest* an die *New York Times*. »Nach ausdrücklicher Absprache mit Herrn Henze wurde sein Bericht jedoch in keiner Weise in der Vorbereitung und beim Schreiben des Artikels von Claire Sterling in unserer Ausgabe vom September 1982 benutzt. Tatsächlich hat Claire Sterling Henzes Bericht niemals gesehen.«

Italienische Ermittlungsakten zeigen ein anderes Bild. Der Bericht befand sich in der Tat in Sterlings Unterlagen. 1995 entschloss sich der römische Richter Rosario Priore, der die dritte Ermittlung über das Attentat geleitet hat, das Archiv Claire Sterlings zu beschlagnahmen. Die Journalistin war nur wenige Monate zuvor, im Juni 1995, an Krebs gestorben. In vielen Kartons schleppten die Ermittler Unterlagen aus der römischen Wohnung der Journalistin und aus ihrem Landhaus in Cortona ab, es schien ein reicher Fang zu sein, der freilich nichts anderes belegte als den Sammlerfleiß der Journalistin. Jedes Blatt, jeder Zeitungsausschnitt, den Claire Sterling sich beiseite gelegt hatte, ist in Priores Einstellungsverfügung aus dem Jahr 1998 einzeln aufgeführt, darunter etliche, welche die enge Zusammenarbeit der Journalistin mit Paul Henze belegten. Der Bericht, den Henze für *Reader's Digest* verfasst hatte, fand sich unter dem handschriftlichen Vermerk der Sterling »Henze prep.R-D«; eine maschinengeschriebene »Agca-Chronologie« mit Sterlings Vermerk »Henze« wurde wörtlich in seinem 1983 erschienenen Buch über das Attentat auf den Papst veröffentlicht. Es gab Hinweise auf eine gemeinsame Reise der beiden Attentatsexperten in die Türkei sowie einen Brief eines Professors von der Universität Istanbul über den

Studenten Ali Agca, der an Sterling und Henze gemeinsam gerichtet ist. Henze hatte Claire Sterling seinen Beitrag für ein Seminar »European American Institute for Security Research« zur Verfügung gestellt, das im September 1981 in Neapel stattfand. Das Manuskript trug den Titel: »Goal Destabilization – Soviet Agitational Propaganda, Instability and Terrorism in Nato South« mit Hinweisen auf den »Fall Agca«.

Was in den Bergen von Material, welche die römische Staatsanwaltschaft einsammelte und archivierte, freilich fehlte, war jeder Hinweis auf den geheimnisvollen Bulgaren Mustafaeoff, Sterlings Kronzeugen für ihre bulgarische These. Keine Anfrage an irgendwelche Autoritäten; kein Zeitungsbericht, in dem er vorkommt, kein Dokument, das ihn erwähnt. Keine Diskussion um seinen möglichen Weg aus Bulgarien nach Tunesien. Keine Notiz über Sterlings angebliche Begegnung mit den Kommissaren der Digos, die ihr ja versichert haben sollen, dass es ihn gäbe. Mustafaeoff, der Mann mit dem falsch bulgarisierten Namen, kommt in den ausführlichen, intensiven und durchaus beeindruckenden Recherchen der Claire Sterling nicht vor. Das muss nicht verwundern: Es gibt ihn nicht. Aber auch Ali Agca hat ihn in seinem ersten Verhör am 13. Mai erwähnt: Das wiederum ist von höchster Bedeutung, weil es belegt, dass der junge Türke wusste, wen er zu beschuldigen hatte, als er seine Pistole gegen den Papst erhob. Die »bulgarische These« ist ihm nicht erst in der Haft eingeflüstert worden. Doch das wird lange verborgen bleiben.

Frau Sterling schmückte sich derweil mit der Rolle einer Jeanne d'Arc, die ihre Wahrheit gegen den Widerstand, ja, nachgerade den fahrlässigen Boykott amerikanischer Instanzen, der Medien, der Regierung, vor allem aber der CIA, durchzusetzen hatte. Ein gutes Drittel ihres Buches ist dieser ihrer Leidensgeschichte gewidmet. Sie beschreibt sich als die Prophetin, deren Botschaft unwillkommen ist in ihrem eigenen Land, und erklärt ihre missliche Lage so: »Ich erhob schwere Anschuldigungen gegen eine Supermacht, mit der die Vereinigten Staaten und ihre westlichen Verbündeten versuchten, zivilisierte Beziehungen aufrechtzuerhalten. Zum Zeitpunkt, an dem mein Artikel erschien, waren diese Beziehungen auf dem äußersten Tiefpunkt angelangt. Die Amerikaner und die Russen befanden sich auf Kollisionskurs über nukleare Ab- und Aufrüstung, mit sowjetischen SS-20-Raketen auf dem Boden und amerikanischen Cruise-Missiles und Pershings, die im folgenden Jahr installiert werden sollten. Die Kontroverse schuf schwer wiegende Risse in der Allianz der Nato-Staaten sowie zunehmend emotionelle Forderungen an die USA, mit Moskau zu einem Abkommen um jedweden Preis zu gelangen. War dies die richtige Zeit, die sowjetische Führung des versuchten Mordes anzuklagen – *dieses* Mordes? Aber dann – würde es jemals eine passende Zeit geben?

Mein eigenes Gefühl war, dass zivilisierte Beziehungen nicht dadurch aufrechterhalten werden konnten, indem die Öffentlichkeit im Dunkeln gelassen wird. Westliche Regierungen haben dies versucht, seit die Détente im Jahr 1972 begann. Indem es Informationen über die wahre Natur des Sowjetregimes vor der Öffentlichkeit verbarg, hat das westliche Establishment unvermeidlicherweise die sowjetischen Führer ermutigt, weiter und weiter zu gehen, immer mehr zu wagen, in der Überzeugung, dass westliches Schweigen unausgesprochene Zustimmung bedeutete.«[13]

Nein, Claire Sterling wird nicht gefeiert, und das musste wehtun. In Washington geben CIA-Leute Journalisten zu verstehen, dass an dieser bulgarischen Geschichte der Sterling nichts dran sei: Sie hätte keine Beweise. In der Presse wird ihr Artikel mehr oder minder verschwiegen. Claire Sterling: »Kollegen, die ich zufällig in Washington, New York, Los Angeles oder San Francisco traf, schienen peinlich berührt zu sein von dem, was ich geschrieben hatte. Nicht, dass sie meine

Fakten bestritten, die kaum erwähnt wurden. Aber was ihnen offensichtlich missfiel, war, dass ich irgendwie schlechten Geschmack bewiesen hatte. Schlecht von den Russen zu reden, gaben sie mir zu verstehen, sei mit Senator McCarthy aus der Mode gekommen.«[14] Doch die Leiden der Claire Sterling enden rasch.

Am 3. Mai 1982 gab Ali Agca zu Protokoll, dass er während seines Aufenthaltes in Palma di Mallorca mit Musa Serdar Celebi telefoniert habe. »Da durch den Brief, den er nach seiner Flucht aus dem Gefängnis Kartal Maltepe an die Zeitung *Milliyet* geschrieben hatte, bekannt geworden war, dass er den Papst ermorden wollte, hatte ihm Celebi mitgeteilt, dass der Türke Bekir Celenk, von Beruf Waffen- und Drogenhändler und mit dem bulgarischen Geheimdienst liiert, sich mit ihm – Celebi – in Frankfurt getroffen hätte. Celenk hätte ihm gesagt, wenn Agca diesen Plan, den Papst zu ermorden, durchführen würde, sei die bulgarische Regierung bereit, der Organisation der Grauen Wölfe drei Millionen Mark zur Verfügung zu stellen, und sei überdies willens, türkischen politischen Flüchtlingen Unterschlupf in Varna zu gewähren.« Agca sei aus verschiedenen Gründen bereit gewesen, diesen Vorschlag anzunehmen. Erstens hätte er ja sowieso den Papst ermorden wollen, zweitens hätten seine politischen Freunde daraus Nutzen gezogen, und drittens hätte dieser Anschlag der kommunistischen Sache genutzt, der er sich verbunden fühlte.[15] Überraschend, dass er trotz dieser Wende nach links den Lohn für die Mordtat seinen alten Kumpels von den Grauen Wölfen überlassen will.

In den folgenden Monaten erzählt Ali Agca immer phantastischere Details von seiner Zusammenarbeit mit den Bulgaren, seine Erzählungen nehmen geradezu barocke Formen an und wimmeln nun von bulgarischen Namen.

Scheinbar ohne Schwierigkeiten identifiziert Ali Agca am 18. November 1982 in einer Fotoserie von 56 männlichen Porträts seine bulgarischen Komplizen. »Das Foto Nummer eins stellt den von mir bereits erwähnten Sotir Kolev dar, das Foto Nummer zwei ist der Bulgare, der uns bei der kanadischen Botschaft beim Heiligen Stuhl erwarten sollte, mit einem Auto, mit dem wir bei einem positiven Ausgang des Attentats fliehen sollten. Dieser junge Mann hatte am Tag des Attentats einen schwarzen Bart, der mir falsch vorkam. ... Das Foto Nummer 20 wiederum zeigt den Militärattaché der bulgarischen Botschaft, der mir unter dem Namen Petrov vorgestellt worden war.« Die römische Staatsanwaltschaft kennt die wirklichen Namen der Dargestellten: Nummer eins ist ein Angestellter der bulgarischen Botschaft, Nummer zwei Todor Aivazov, der die Kasse der Botschaft verwaltet, Nummer drei heißt in Wirklichkeit Sergej Antonov und ist Vertreter der bulgarischen Luftlinie »Balkan Air« in Rom, und schließlich, Nummer 20, Vassilev Kolev, Sekretär des Militärattachés der bulgarischen Botschaft.[16] Er habe seinen Namen und seine Telefonnummer im August 1980 von Bekir Celenk erhalten. In der Folge werden die korrekten Namen der römischen Staatsanwaltschaft verwendet.

Als er im November 1980 zum ersten Mal in Rom war, habe er ihn angerufen und sich mit ihm auf Englisch unterhalten; im selben Monat habe er sich zweimal im Lokal »Piccadilly« an der Piazza Berberini getroffen. Dabei habe er seinen falschen Namen Yoginder Singh benutzt, obwohl der Bulgare seinen wahren Namen kannte: Bekir Celenk hätte dem Militärattaché bereits telefonisch mitgeteilt, wer ihn im November anrufen würde. Auch im April 1981 hätte er sich noch einmal in Rom mit dem Militärattaché getroffen: Dieser hätte ihm gesagt, er sei im Bilde über das Abkommen über den Mord am Papst, das Anfang desselben Monats zwischen Agca, Oral Celik und Bekir Celenk in Zürich getroffen worden sei. Nun sei auch die Zeit gekommen, es durchzuführen.[17]

So vergehen, in der Schilderung Agcas, die letzten Tage vor

dem Anschlag auf den Papst: Am 10. Mai 1981 hatte er sich nach seiner Rückkehr von den Ferien auf Mallorca mit dem bulgarischen Militärattaché in einer Bar in der Nähe des römischen YMCA getroffen; am Tag darauf nochmals mit ihm und einer zweiten Person, Antonov. Gemeinsam beschließen sie, eine Ortsbesichtigung auf dem Petersplatz vorzunehmen. Das geschieht an diesem und an dem folgenden Tag. Dem jungen Türken werden auch mögliche Fluchtpläne offenbart.

Nach der Tat würde ein bereits vom italienischen Zoll versiegelter TIR in der Nähe der bulgarischen Botschaft auf ihn warten. Wie der Papstattentäter auf der Flucht das Siegel aufbrechen und sich fortan in dem zollmäßig lädierten Laster sicher fühlen sollte, wird ihm nicht erzählt. Nach den phantasievollen Erzählungen Ali Agcas ist inzwischen auch Oral Celik, sein Freund und Komplize von den Grauen Wölfen in Rom eingetroffen.

»Am 11. Mai 1981 hatten Agca, Celik und Kolev eine erste Ortsbesichtigung auf dem Petersplatz vorgenommen, wobei sie zum ersten Mal sehen konnten, wie der Papst in seiner Limousine den Vatikan verließ. Am Abend desselben Tages hatten sie sich erneut in der Wohnung von Antonov getroffen, in der Via Pola 29, um den Plan des Attentats noch einmal in allen Einzelheiten durchzugehen. Gegen Mitternacht wurde Agca von seinen bulgarischen Mitverschwörern in einem Fiat 128 mit einem diplomatischen Nummernschild zurück zum YMCA gefahren. Am nächsten Tag, dem 12. Mai, wurde er verabredungsgemäß von seiner Unterkunft abgeholt, um in die Pension Isa gebracht zu werden.

Alle Verschwörer treffen sich um 12.00 Uhr mittags in einem Café in der Nähe der Piazza dell'Indipendenza wieder. Versammelt waren, laut Agca, Oral Celik, Sotir Petrov, Sotir Kolev und Bayramic. Der Letztere sei nur eine Stunde lang dabei gewesen. Danach hätte er sich mit dem Hinweis entfernt, er müsse gehen, weil an diesem Tag der einzige Flug der ›Balkan Air‹ von Rom nach Sofia in dieser Woche startete.«

Es folgen in den nächsten Tagen weitere Treffen, weitere Ortsbesichtigungen und weitere gemeinsame Mahlzeiten in verschiedenen Restaurants.

»Am 12. Mai haben wir uns etwa eine Stunde auf dem Petersplatz aufgehalten. ... Danach sind wir weggefahren, Celik und ich sind am Hauptbahnhof ausgestiegen, während die anderen vermutlich zur bulgarischen Botschaft zurückfuhren. Am Abend haben wir uns allesamt wieder getroffen, um gemeinsam zu Abend zu essen, in einem ziemlich ruhigen Restaurant in der Via Torino. Am 13. Mai habe ich um 13.00 Uhr an der Piazza della Repubblica auf die anderen gewartet. Wir haben in einem Restaurant in der Via Barberini zu Mittag gegessen, anschließend sind wir noch mal in der Via Pola vorbeigefahren. Antonov stieg aus und kam nach einer Viertelstunde mit einem Köfferchen zurück, in dem sich zwei Pistolen vom Typ Walter Kaliber 9 mm befanden, von denen eine für Antonov und die andere für Celik gedacht war. Außerdem waren zwei Rauchbomben in der Reisetasche, die Celik zünden sollte.

Danach sind wir alle in Richtung des Petersplatzes gefahren. Wir haben noch einmal eine Ortsbesichtigung vorgenommen, um danach noch einen Espresso zu trinken. Etwa eine Stunde später haben wir uns verabschiedet, das heißt Oral Celik und ich von den anderen. Sie wünschten uns gutes Gelingen. Die Vereinbarung war, dass nur der Letztere uns erwarten sollte, weil er der Fahrer war. Er sollte außerdem nicht länger als 15 Minuten nach dem Attentat auf uns warten, denn so lange, so hatten wir uns ausgerechnet, könnte es dauern, bis wir nach den Schüssen auf den Papst das Auto erreicht hätten. Beim vatikanischen Postamt kauften wir uns Postkarten und taten so, als ob wir sie beschrieben, um wie normale Touristen zu wirken.

… Danach haben wir uns auf dem Petersplatz aufgestellt, ich rechts vom Dom hinter der Absperrung, Celik etwa 40 Meter von mir entfernt auf der anderen Seite. Der Papst erschien kurz nach 17.00 Uhr auf der linken Seite des Petersdoms und kreiste langsam in seinem weißen Jeep durch die Menge. Währenddessen nahm ich Blickkontakt mit Celik auf und deutete ihm mit einer Handbewegung an, dass alles in Ordnung war. Ich tat so, als fotografierte ich.

Als sich der Papst in seiner zweiten Runde mir näherte, warf ich den Fotoapparat auf den Boden, zog den Revolver aus dem Gürtel und feuerte mit der rechten Hand zwei oder drei Schüsse gegen den Papst. Da ich nichts von der Rauchbombe hörte, die Celik explodieren lassen sollte, warf ich den Revolver auf den Boden und versuchte zu fliehen, aber das verhinderten die Umstehenden.«[18]

So weit die Geschichte von Ali Agca und seinen bulgarischen Komplizen, nach den Verhörprotokollen in den Akten der römischen Staatsanwaltschaft. Für die Teilnehmer an einem welthistorischen Komplott benehmen sich die Beteiligten reichlich tollpatschig – so als hätten sie ihre Füße in Ölfarbe getaucht, bevor sie unbesorgt römische Restaurants und Bars aufsuchen, sich konspirativ in der Wohnung eines Beteiligten treffen, wobei dessen Frau den Verschwörern Tee und Kekse serviert. Dutzende von Zeugen müssten den Trupp auf seinen sorglosen Wanderungen durch Rom gesehen haben. Schleierhaft auch, wie sie sich über ihre Verschwörung und deren Ablauf verständigt haben könnten. Ali Agca verfügte über wenige Brocken Italienisch, sprach sehr stümperhaft Englisch und kein Bulgarisch. Die in Rom lebenden Bulgaren dürften des Italienischen mächtig gewesen sein, Englisch hingegen war im damaligen Ostblock eine tabuisierte Sprache, die in den Schulen nicht gelehrt wurde. Haben sich die Beteiligten Zettelchen mit Zeichnungen über den geplanten Ablauf des Attentats zugeschoben?

Gleichwohl setzte sich unter den Ermittlern die Auffassung durch, dass der erratische Häftling Agca, der am Morgen eine Wahrheit verkündet, am Mittag deren Gegenteil und abends wieder die Wahrheit vom Morgen aufwärmt, dieses Mal ernst zu nehmen sei. Seine Geschichte klingt mehr als phantastisch. Sie entbehrt jeder Logik einer Verschwörung. Aber die römischen Staatsanwälte glauben dem Türken. Wenige Tage nach der Identifizierung seiner angeblichen bulgarischen Mittäter wird Sergej Antonov verhaftet. Die beiden anderen bulgarischen Verdächtigen entgehen der Haft: Kolev, der Sekretär des Militärattachés, ist auf Heimaturlaub in Bulgarien, Aivazov hat beim Auswärtigen Amt in Sofia seine Abrechnung vorzulegen. Nach der Nachricht von der Verhaftung des »Balkan Air«-Angestellten ziehen beide es vor, vorläufig nicht nach Rom zurückzukehren.

Sergej Ivanov Antonov, 35 Jahre alt, wirkt völlig ruhig, als er abgeführt wird. Er glaubt an eine Verwechslung, wenn auch nicht sehr lange. Seine eigene Karriere, nach der er gefragt wird, ist kurz erzählt. Er hat 1972 als einfacher Flughafenangestellter angefangen, zunächst als Mitarbeiter für nationale Flüge, dann für das internationale Flugnetz von »Balkan Air«. Sechs Monate lang darf er im Büro der Luftlinie in Casablanca arbeiten, 1977 wird er schließlich als stellvertretender Büroleiter nach Rom versetzt, bisheriger Höhepunkt seiner Laufbahn. Und – natürlich – muss er dem Geheimdienst seines Landes Berichte liefern.

Für den Nachmittag des 13. Mai kann Antonov ein wasserdichtes Alibi vorlegen. Er befand sich im Büro der »Balkan Air«, in der Via Gorizia 14, zusammen mit den beiden Halbtagssekretärinnen; die Vormittagskraft war geblieben, weil es sehr viel Arbeit gab. Deswegen war auch die übliche Mittagspause des Büros ausgefallen. Bulgarien feierte im Jahr 1981 den 1300. Jahrestag der Staatsgründung. Zur selben Zeit fand in Sofia der Weltfriedenstag statt, der zahlreiche Friedensfreunde aus Italien angezogen hatte. Gegen 17.00 Uhr rief die 80-jährige Mutter der Sekretärin Silva Popkresteva aufgeregt an: dem Papst sei etwas zugestoßen. Sie konnte nicht verstehen, was die italienischen Sprecher sagten, hatte aber das Wort Attentat vernommen und Aufnahmen gesehen, in denen der Papst verwundet zusammensank.

Auch im Büro der »Balkan Air«, verbreitete sich Aufregung. Antonov versuchte zunächst, die letzten Neuigkeiten über die Telefonnachrichten zu erfahren, aber die Nummer 190 war ständig besetzt. Als er endlich durchkam, wurde nur Trauermusik übertragen. Doch Antonov erinnerte sich an sein Transistorradio und holte es aus dem Auto, stellte es auf seinen Schreibtisch und versuchte, sich auf seine Arbeit zu konzentrieren, was ihm kaum gelang. Nach Büroschluss begab er sich nach Hause und setzte sich wie die meisten Bewohner Roms an diesem Abend vor den Fernsehapparat, um das dramatische Geschehen auf dem Petersplatz in allen Phasen mitzuerleben.

Seine beiden Mitarbeiterinnen bestätigten den Ermittlern alle Aussagen Antonovs. Eine der beiden Sekretärinnen meldet sich kurz nach ihrem Gespräch bei den Ermittlern, um sich selbst zu korrigieren. Sie hatte zunächst gesagt, auch die Frau Antonovs wäre an diesem Mittwochnachmittag im Büro gewesen. Hinterher sei ihr eingefallen, dass Rositza Anfang Mai mit bulgarischen Freunden per Auto nach Sofia gefahren war. Sie sei sogar böse gewesen, dass Rositza ohne Ankündigung verschwunden sei – sie hätte ihr gern Geschenke für ihre Familie in Bulgarien mitgegeben.

Eine zentrale Aussage Ali Agcas über seinen Besuch bei Antonov war damit widerlegt: Seit dem 8. Mai war die junge Bulgarin nicht mehr in der italienischen Hauptstadt und konnte dem Türken daher kaum am 11. Mai Tee und Kekse serviert haben.

Doch Ali Agca hatte noch ganz andere Munition parat. Am 7. Juli 1983 – Antonov befindet sich nunmehr seit neun Monaten in Untersuchungshaft – kennt der Türke erstaunliche Einzelheiten über Lebensgewohnheiten des »Balkan Air«-Angestellten und erzählt dem Ermittlungsrichter: Antonov sei ein eifriger Sammler von Minischnapsflaschen; er selbst, Agca, habe ihn bei einem Rundgang begleitet, auf dem Antonov Bars und Souvenirläden im Zentrum Roms angesteuert habe, um seine Kollektion zu erweitern. Ferner sei der Bulgare ein Liebhaber von Popmusik, er kleide sich gern elegant, liebe Blumen, reise dann und wann für die Botschaft nach Mailand und nenne seine Frau Rositza gern Rosi oder Rosa. Frau Antonov sei im Übrigen Akademikerin mit einem Doktortitel in Soziologie und Philologie. Antonov sei nicht sportlich, sondern ermüde leicht schon nach einem kleinen Spaziergang.

Zwei Tage später wird der Häftling Antonov mit diesen Intimkenntnissen des türkischen Attentäters konfrontiert. Arglos bestätigt er: das meiste stimme. Ja, er sammle Miniaturflaschen, leer oder mitsamt Inhalt. Blumen liebe er auch, und wie, desgleichen Musik, obschon nicht nur Pop. Er höre gern Klassisches, aber auch leichte Musik und Folklore. Sport treibe er nicht, und richtig: schon bei einem Spaziergang finge sein Herz an zu rasen.

Antonov ahnt nicht, dass die römische Justiz auf diesen wenigen Aussagen Agcas über Vorlieben des Bulgaren das Fundament für einen großen Prozess errichten wird – ein wahrhaft leichtfertiges Unternehmen.

Der Prozess liegt noch in weiter Ferne, als in den Vereinigten Staaten die beiden Sozialwissenschaftler Frank Brodhead und Edward Herman in der von Philip Agee, einem Ex-CIA-Agenten, gegründeten Zeitschrift *Covert Action Magazine* Sterlings und Henzes Bulgarienthese auseinander nehmen. Ihre Arbeiten, die 1986 in einem Buch *The Rise and Fall of the Bulgarian Connection* zusammengefasst wurden, liefern bis heute die beste Analyse der desinformativen Kunstprodukte der beiden CIA-Verbündeten; die Schlussfolgerung der Wissenschaftler, dass die Verschwörung gegen den Papst einen rein türkischen Hintergrund habe, also aus der großturanischen Ideologie der Türkesch-Partei zu erklären sei, hat dagegen wenige Anhänger gefunden.

Die gesamte These, so beginnt die Argumentation der Autoren, beruht auf einer einzigen Tatsache, nämlich dem Umstand, dass Ali Agca im Jahr nach seiner Flucht aus dem Militärgefängnis tatsächlich in Bulgarien war. In der Sicht der Kalten Krieger entfaltet sich daraus ein gewaltiges Panorama von Schlussfolgerungen, die zwingend am Ende nach Moskau weisen: »Weil Bulgarien ein kommunistischer Polizeistaat ist, weiß die bulgarische Polizei alles. Obwohl Agca unter falschem Namen und mit einem falschen Pass unterwegs ist, der gut genug gemacht war, um Grenzbeamte in zwölf Ländern zum Narren zu halten, wird die These akzeptiert, dass die Bulgaren Agca bewusst geschützt haben. Daraus wird weiterhin geschlossen, dass sie etwas mit ihm vorgehabt haben müssen, wie zum Beispiel den Papst zu ermorden. Da aber – eine Erweiterung der Mutmaßungen – die Bulgaren nichts ohne sowjetische Erlaubnis tun, müssen diese in die Angelegenheit verwickelt gewesen sein, was wiederum nichts anderes heißen kann, dass die Sowjets auch verantwortlich dafür waren, dass ihre bulgarischen Vollzugshelfer Agca anheuerten, und damit auch für das Attentat selbst zu haften hätten.«[19]

Diese Analyse, vielmehr diese Behauptungskette, so schreiben Brodhead/Herman, leidet zunächst an einem völlig spekulativen Charakter. Es gibt keinerlei Beweise, dass die Bulgaren von Agcas Anwesenheit in ihrem Land wussten oder irgendwelche Beziehungen zu ihm aufgenommen hatten. Es wird einfach angenommen, dass die bulgarische Polizei allwissend und allmächtig ist, aber das ist eine Annahme, die in Ideologie, nicht in Tatsachen verwurzelt ist. Mehrere Millionen Türken durchqueren Bulgarien jedes Jahr auf ihrem Weg nach Westeuropa, und es gibt keinerlei Gründe anzunehmen, dass die Bulgaren die Identität von jedem Einzelnen kennen. Die westdeutsche, die schweizerische, die italienische Polizei wurden von den türkischen Behörden mehrfach gewarnt, dass Agca in ihren Ländern gesehen worden und sofort festzunehmen sei – aber das geschah nicht. Die Ideologie des Kalten Krieges macht die Behauptung möglich, die Bulgaren hätten Agca geschützt und benutzt – unsere westlichen Alliierten dagegen nicht.

Ein weiterer wichtiger Punkt, den Brodhead und Herman anführen, ist der Pass auf den Namen Faruk Ozgün, den Ali Agca bei seinen Reisen durch Westeuropa nutzte. Er trägt einen bulgarischen Einreisestempel vom 30. August 1980 und einen bulgarischen Ausreisestempel vom 31. August. Da dieser kurze Aufenthalt in Bulgarien aber nicht mit Sterlings Behauptung übereinstimmt, dass sich Agca 50 Tage lang in Bulgarien aufgehalten habe, behauptet die Schriftstellerin schlicht, dass der erste Stempel gefälscht sei, eine Taktik, welche die Schriftstellerin immer dann einsetzt, wenn ihr ein Dokument nicht passt. Die aufklärerischen Schriften der beiden Akademiker Brodhead und Herman sind in den USA wenig beachtet worden und schon gar nicht von der italienischen Justiz, in der selbst spärliche Englischkenntnisse nicht immer vorauszusetzen sind: Den Letzteren wäre vermutlich ein blamabler Prozess erspart geblieben, wenn sie sich mit Argumenten aus den Aufsätzen von Edward Herman und Frank Brodhead gewappnet hätten.

Kapitel 6

Ein Prozess scheitert

Hoch über dem Golf von Neapel, an den Hängen des Vesuv, bewohnte Raffaele Cutolo ein Medici-Schlösschen aus dem 18. Jahrhundert, dessen Wände mit wertvollen Ölgemälden gepflastert waren. Klares Wasser sprudelte in Marmorbrunnen. Die Anlage war festungsmäßig vor unerwünschten Besuchern gesichert. Als der Camorra-Boss im März 1981 aus beruflichen Gründen – er wurde geschnappt – nach Ascoli Piceno, in das neue Hochsicherheitsgefängnis Marino del Tronto, umziehen musste, stellte er zufrieden fest, dass sein Gastgeber, der italienische Staat, es ihm an nichts fehlen ließ. »Hier ist es schön wie in meinem Schloss«[1], sagte er seinen Anwälten nach ein paar Wochen. Der Direktor hatte einen ganzen Flügel freigeräumt, als Cutolo mit seinen Leibwächtern, Masseuren, Sekretären und Dienern anrückte. Aus den örtlichen Restaurants wurden täglich üppige Menüs für den Boss in den Kerker gebracht. Sein Liebesleben musste nicht leiden. Kam seine Verlobte zu Besuch, wurde der Mafioso und sein Schatz in einen angenehm eingerichteten Raum geführt, der ihrem Wunsch nach Intimität entsprach. Für dringlichere Bedürfnisse des vitalen Bosses und seiner Leute warteten in Ascoli Piceno die örtlichen Prostituierten auf einen Anruf aus dem Hochsicherheitsbau, in den sie jederzeit Einlass fanden. Cutolos Mama, daheim in Napoli, misstraute nicht nur der Gefängniskost, sondern auch den Produkten von Restaurants und schickte ihrem Jungen alles, was er gern aß. »Maccaroni mit Tomatensoße, Beefsteaks, Huhn, gefüllte Paprikaschoten, frittierter Fisch, Zicklein, Kekse, Torten und Marzipan«, zählte fast neidisch ein Inspektor auf, als das Schlaraffenlandleben für Cutolo endlich polizeilich auffällig geworden war.

Für das Seelenheil des wie fast alle Mafiosi frommen Bosses sorgte der Gefängniskaplan, Bruder Mariano Santini, ein Franziskanermönch mit vielseitigen Verbindungen. Dieser erledigte auch kleinere und größere Einkäufe für Cutolo in der Stadt, wobei er nie vergaß, einen Aufschlag zu erheben, angeblich »für die Armen der Stadt«, zu denen er in erster Linie wohl sich selber zählte. Der Camorra-Boss hat ihn jedenfalls irgendwann von seinem Botendienst befreit, »weil er zu teuer geworden« sei. Ungehindert konnte Cutolo ansonsten im Gefängnis auch seinen Geschäften als Oberhaupt der Nuova Camorra Organizzata nachgehen. Es gab viel zu tun. Der italienische Staat hatte für die Opfer des Erdbebens, das Süditalien im Winter 1980 verwüstet hatte, Milliardensummen zur Verfügung gestellt. Die galt es nun umsichtig so zu verwenden, dass zwar auch neue Häuser entstanden, aber doch der Großteil der staatlichen Gelder der Camorra zufloss. Sehr dauerhaft gebaut wurde daher nicht. Regelmäßig fallen noch heute Wohnkasernen in sich zusammen, die nach dem Erdbeben unter Führung von Cutolos Camorra gebaut wurden.

Gab es Schwierigkeiten im Ablauf des täglichen Lebens in der Haftanstalt, konnte Raffaele Cutolo jederzeit beim Gefängnisdirektor vorsprechen. Dann bekam er sein Glas Portwein, den er von allen Alkoholika am liebsten mochte, und eine schwere Zigarre gereicht: Marino del Tronto war das fidelste Gefängnis Italiens, jedenfalls für diejenigen, die, wie Cutolo, an der Macht waren. Wer sich dem Capo der Camorra entgegenstellte, Mitgefangene oder Wärter, lebte weniger angenehm, oft auch nicht lange. Marino del Tronto war auch der

Kerker der Furcht, der Erpressung und der ungeklärten Todesfälle in den Zellen.

Sein staatsmännisches Format hatte Raffaele Cutolo bewiesen, als er in neun langen Sitzungen, zwischen dem 28. April und dem 27. Juli 1981, mit Vertretern der italienischen Geheimdienste und als Mittelmann zu den Roten Brigaden die Freilassung des neapolitanischen DC-Politikers Ciro Cirillo aus einem »Volksgefängnis« der Linksterroristen erwirkte. Es war ein Zeichen der Zeit, dass im Italien von damals staatliche Kräfte mit Mafiosi und Terroristen zusammenwirkten, um gemeinsam nützliche Ziele anzustreben. Während die italienische Regierung drei Jahre zuvor den Präsidenten der Democrazia Cristiana, Aldo Moro, von den Roten Brigaden ermorden ließ, weil er sich angeblich von den linken Terroristen nicht erpressen lassen wollte, zahlte sie für den eher untergeordneten Beamten aus Neapel, Cirillo, ein opulentes Lösegeld. Der Entschluss der italienischen Justiz, Ali Agca in das notorisch durchlässige »Hochsicherheitsgefängnis« von Ascoli Piceno zu schicken, war kaum vom Zufall bestimmt.

Der Gefangene traf am 19. August 1981 ein. Das erste Jahr sollte er eigentlich in Isolationshaft verbringen, aber es wurde schnell klar, dass der junge Türke in diesem Gefängnis nicht einsam sein würde. Kaum hatte Ali sich in seiner kargen Zelle eingerichtet, erschien der Gefängniskaplan, Bruder Mariano, bei dem Neuankömmling.

Der Franziskanermönch hatte einen Korb voller Geschenke dabei, die er vor den erstaunten Augen Ali Agcas ausbreitete. Natürlich wurde dem Moslem als Erstes ein Kruzifix und eine Bibel überreicht, doch gleich danach auch ein Koran auf Türkisch, den Bruder Mariano sich vom türkischen Konsulat in Rom hatte schicken lassen. Freudig nahm Agca auch ein Tablett mit frischem Kuchen in Empfang, genau wie den Rasierschaum und einen warmen Pullover. Einen »herzlichen Gruß von Raffaele Cutolo« hatte der Mönch auszurichten sowie die Einladung, »doch mal vorbeizukommen«, leicht zu arrangieren in einer locker geführten Haftanstalt wie Marino del Tronto. Von der ersten Begegnung zwischen dem Camorra-Boss und dem türkischen Attentäter ist auch in den Akten des Ermittlungsverfahrens von Rosario Priore die Rede.

Demnach begrüßten die beiden Promis von Marino del Tronto einander mit freundlichem Respekt. Cutolo bat den Papstattentäter um ein Autogramm für seinen Enkel, während Agca vom Camorra-Boss eines seiner berühmtesten Gedichte über die Schönheit von Neapel mit persönlicher Widmung in seine Zelle mitnehmen durfte.[2] Dass sich das gesellschaftliche Leben der Häftlinge in Marino del Tronto derart frei entfalten konnte, wirkt unglaublich, aber so war es nun einmal; es ist vielfach bezeugt worden, und zwar von Gefangenen ebenso wie von Wärtern, die im Rahmen einer gerichtlichen Untersuchung über das freundliche Gefängnis ausgesagt haben.[3]

Einer der Adjutanten Cutolos, Giovanni Pandico, der »pentito« geworden war, sich also von der Camorra abgewandt hatte und nun deren blutige Geheimnisse an die Justiz verriet, erzählte beim großen Prozess gegen die Camorra in Neapel im Juni 1985, dass Raffaele Cutolo, er selbst und ein damals wegen seiner P2-Verbindungen bereits geschasster Geheimdienstchef, General Pietro Musumeci, Ali Agca im März 1982 in Ascoli Piceno auf die »bulgarische These« eingeschworen hätten. Cutolo sei von Musumeci unter Einsatz von ein wenig Druck überredet worden, diese Vermittlerrolle zu übernehmen. Im Gegenzug sollte die Verlegung des Camorristen auf die berüchtigte Gefängnisinsel Asinara aufgeschoben werden: Cutolo hatte nämlich gehört, dass er auf diesem für den 18. März angesetzten Transport ermordet werden sollte: vom italienischen Geheimdienst. Rosario Priore findet die Geschichte etwas zu phantastisch, überprüft sie trotzdem mit der ihm eigenen Gründlichkeit. Er entdeckt tatsächlich einige »erstaunliche« Umstände, welche die Aussage des »pentito« stützen. Aus den Akten des Justizministeriums war zum Beispiel zu entnehmen, dass der Umzug Cutolos aus unbekannten Gründen verschoben wurde. Pandico hatte zudem ausgesagt, er hätte bei dieser Zusammenkunft den Eindruck gehabt, dass Musumeci und Agca sich bereits kannten.

Das wiederum, so merkt Priore an, sei nach seinen Erkenntnissen möglich gewesen: Ein Polizist hatte den schon quasi abgesetzten, aber nach seinem Dienstvertrag noch amtierenden Geheimdienstchef am 28. September 1981 auf der Straße zwischen Marino del Tronto und Ascoli Piceno getroffen, und Musumeci, abgehalftert und alkoholisiert, hätte dem Polizisten stolz erzählt, er habe gerade Ali Agca besucht.

Auch der höhere Klerus versagte dem Isolationshäftling nicht den geistlichen Trost. Ende September, just an dem Tag, an dem die Wärter von Marino del Tronto ihr jährliches Picknick feierten, stand plötzlich der Erzbischof von Ascoli Piceno, Monsignore Morgante, vor der Zelle Agcas. Es folgte ein Gespräch über Reue und Buße. Bereuen, »pentirsi«, sollte der Türke. Und der war längst italienerfahren genug, um zu verstehen, was der Erzbischof wirklich meinte. Er, Agca, sollte sich entschließen, »pentito« zu werden – also mit der Justiz zusammenzuarbeiten.

Ende 1981 scheint Ali Agca denn auch bereit zu sein. Er bittet den Direktor, ihm ein Gespräch mit den Vertretern der Geheimdienste zu vermitteln. Die Herren aus Rom treffen am 29. Dezember 1981 in der Haftanstalt ein, der eine mit einem Kassettenrekorder, der andere mit einem Aufzeichnungsgerät vom Typ Nagra versehen.

Drei Stunden Tonmaterial findet Rosario Priore vor, als er fast 15 Jahre später überprüfen will, was da eigentlich gesprochen wurde. Er hört nichts besonders Aufschlussreiches, aber er merkt auf, als er einen der Geheimdienstbeamten gähnen und dann die Bemerkung hört: »Jetzt sind wir schon fünf Stunden in diesem verdammten Kerker eingeschlossen.« Zwei Stunden Tonaufnahme fehlen also, und die Welt wird nicht mit Sicherheit erfahren, was Ali Agca und die beiden Geheimdienstleute in diesen 120 Minuten besprochen haben. In späteren Verhören betont Agca allerdings, dass ihm die italienischen Geheimdienstler eine »erhebliche« Strafminderung für den Fall seiner Kooperation mit der Justiz versprochen hätten. Maximal zehn Jahre hätte er in einem solchen Fall abzusitzen. Der Anwalt Cutolos, Giannino Guisi, ist davon überzeugt, dass Verhandlungen zwischen Vertretern der italienischen Justiz, der Geheimdienste – nicht nur des italienischen – mit Ali Agca in Marino del Tronto in ziemlicher Offenheit geführt wurden: »Cutolo hat jedenfalls, auch öffentlich, davon gesprochen, dass er alle Hintergründe der geheimnisvollen Umkehr des Türken kenne. Er hat davon gesprochen, dass es einen nicht abreißenden Strom von maßgeblichen Besuchern bei Agca gegeben habe.«[4]

Aber Agcas gesellschaftliche Kontakte im Hochsicherheitsgefängnis Marina del Tronto beschränkten sich nicht auf den Camorra-Boss und seinen Beichtvater (der im Übrigen wenig später als Mitglied von Cutolos neapolitanischer Mafia enttarnt wurde). Auch Agcas Italienischkenntnisse verbesserten sich rapide. Dafür sorgte sein Zellennachbar Dr. Giovanni Senzani, der »Ideologe« der Roten Brigaden, der seine Genossen verraten hatte und nun als »pentito« für die Interessen des italienischen Staates tätig war. Bruder Mariano kam jeden Tag vorbei, insgesamt 90 Besuche verzeichnen die Gefängnisunterlagen – kein Wunder, dass Richter Santiapichi im nächsten Prozess anmerken wird, dass Agcas Italienisch einen ausgesprochen klerikalen Klang hätte. Der Korrespondent der türkischen Tageszeitung *Milliyet* in Bonn, Orsan Oymen, schrieb, dass Frater Mariano auch der geheime Verbindungsmann des Vatikans in Marino del Tronto war, und zitierte in diesem Zusammenhang einen »Padre Ginno«, der ihm gesagt hätte: »Unsere Kirche benutzte den Anschlag auf den Papst. Sie hat der Presse die bulgarische These suggeriert und sich dann zurückgezogen.«[5]

Die täglichen Besuche des Priesters waren wohl nicht durchweg der Andacht gewidmet; später wird sich Ali beschweren, dass ihn Bruder Mariano »beleidigt und unter Druck gesetzt hätte«.[6] So heißt es jedenfalls in einem erst im Jahr 2000 im Originaltext bekannt gewordenen Brief, den Agca am 24. September 1982 an Kardinal Silvio Oddi schrieb. Der Ton des Gefangenen in diesem Schreiben klingt merkwürdig vieldeutig, sarkastisch, verängstigt und zugleich darauf bedacht, keine Brücken abzubrechen.

> Sehr geehrter Kardinal Silvio Oddi, als Erstes hat mich ein Gefängnispriester beleidigt und bedroht (in der Wochenzeitschrift ›Epoca‹). Als Zweiter hat mich der Bischof von Ascoli Piceno beleidigt und bedroht. Und schließlich haben Sie, Kardinal Oddi, dasselbe in ›Panorama‹ und im Gespräch mit amerikanischen Journalisten getan. Priester, Bischöfe, Kardinäle: Der katholischen Hierarchie entsprechend müsste nun der Papst dasselbe tun und mich aus seinem Fenster beschimpfen. Die italienischen Politiker haben sich nicht so benommen wie ihr, die Vertreter der Religion, die ihr die Hoffnung des Volkes von Jesus seid. (Und Jesus sagte: Liebe deinen Feind, Gnade, Liebe, Frieden und viele andere Dinge wie diese). Ihr verhaltet euch genau entgegengesetzt: und so muss natürlich das normale Volk die bösesten und schlimmsten Dinge von Ali Agca denken. Ich muss gestehen, ich habe Angst vor euch im Vatikan: Ihr könntet mich eines Tages auch ermorden, direkt oder indirekt. Dennoch und trotz allem, ich habe meine Hoffnung auf den Vatikan noch nicht verloren. Es muss im Vatikan doch wenigstens eine gute und gerechte Person geben …

> Ich hoffe immer noch, dass der Vatikan seine schlechten Gedanken über Ali Agca aufgibt. Ich bin kein Feind der katholischen Kirche noch des italienischen Volkes. Ich bin nur ein Terrorist, der bereut, aber warten wir ab, was in der Zukunft geschieht. Ich habe auch einen Brief an Agostino Casaroli geschrieben, ich hoffe, dass einer aus dem Vatikan mir antworten wird … Hochachtungsvoll, Mehmet Ali Agca.[7]

So schreibt keiner, der aus dem Gefängnis um Gnade fleht. Agca hat sich ja auch nicht an den Papst gewendet. Er richtet sich vielmehr an eine Macht, die er kennt, die seine Botschaft zu lesen weiß, so wie er selbst das Schweigen des Vatikans interpretiert. Wenn er am Ende seines Briefes von dem nach dem Papst ranghöchsten Kleriker im Vatikan Agostino Casaroli ohne Titel und Rang spricht, so deutet das eine gewisse Vertraulichkeit an, deren Ton zugleich etwas herabsetzend wirkt und auch als Drohung gelesen werden kann: eben diesen Stellvertreter des Papstes auffliegen zu lassen. Agca selbst wird im Gefängnis zugleich eingeschüchtert, massiv bedroht und dann wieder verwöhnt. Mal wird ihm angekündigt, dass er aus der Isolationshaft in den allgemeinen Teil des Kerkers verlegt werden würde, was vermutlich Todesgefahr für Agca bedeutete. Ein Plan wird bekannt, nach dem einer von Cutolos Camorristi Agcas Zelle in Brand setzen sollte, ohne ihm die Möglichkeit zu geben zu fliehen. Auf der anderen Seite richtet Gefängnisdirektor Cosimo Giordano dem türkischen Häftling eine geradezu gemütliche Zelle ein.

Gegen alle Vorschriften einer Isolationshaft wird der Papst-Attentäter mit internationalen Zeitungen, aber auch mit türkischen Büchern über Themen der Zeitgeschichte versorgt. Ein Kabelfernseher wird angeschlossen: Sollte sich Agca langweilen, könnten ihm Interessierte auf diese Weise auch Informationen einspielen, die sie im Kopf von Ali Agca platzieren wollten. Eine Firma aus der Umgebung verlegt

Teppichboden in Agcas Zelle: Priore findet die Quittung für die Bezahlung der Arbeiten. Und so wird Ali Mehmet Agca über gute neun Monate hinweg weich geklopft. Im Mai 1982 lässt Agca dem Untersuchungsrichter Ilario Martella die Nachricht zukommen, er sei nunmehr bereit auszupacken. Aber es ist schnell zu erkennen, dass er den Aussagen, die er nach der Festnahme und im ersten Prozess gemacht hat, nicht viel hinzuzufügen hat. Er formuliert die »bulgarische These« in ihrer Urform, die er schon auf dem Petersplatz dabeihatte. So gibt Agca am 6. Juni 1982 zu Protokoll, wie er in Sofia Hamoud kennen gelernt hätte, einen »sehr mächtigen, in Bulgarien lebenden Syrer«, eine »wichtige Figur in der politischen Szenerie Bulgariens«.[8]

In den Worten des Richters, der die Urteilsbegründung für den zweiten Prozess Agcas geschrieben hat: »Eines Abends habe ihn im Spielsaal des Hotels Vitosha eine Person angesprochen, die sich als Hamoud vorstellte und die ihn fragte, aus welchem Land er käme. Er habe sich als Türke vorgestellt und ihm gesagt, dass er Metin hieße.« Zwischen den beiden habe sich bald »ein Klima gegenseitigen Vertrauens und der Sympathie hergestellt«, sodass Hamoud ihm bald anvertraute, dass er in Syrien der gefürchteten Terroristengruppe Abu Nidal angehöre und verschiedene terroristische Projekte in Europa hätte. Er, Agca, habe ihm dafür erzählt, dass auch er ein in seinem Land sehr bekannter Terrorist sei, derzeit mit einem falschen Pass auf den Namen Yoghinder Singh unterwegs... Um sich ganz und gar in sein Vertrauen einzuschmeicheln, habe Karim ihm 2000 Dollar zugesteckt und sich anschließend darum gekümmert, dass Agca eine Aufenthaltsgenehmigung für den ganzen Monat August bekäme.

Später, so um den 20. August, hätte er seinem syrischen Freund erzählt, dass er vorhabe, Bulgarien zu verlassen, um sich nach Europa zu begeben, um etwas »auf dem Gebiet des Terrorismus« zu unternehmen, zum Beispiel ein Attentat gegen die Präsidentin des Europäischen Parlaments, Simone Veil, oder gegen Joseph Luns, den Generalsekretär der Nato, oder gegen Papst Johannes Paul II. Karim hätte diese Vorschläge für gut befunden – ganz besonders die Idee des Attentats auf den Papst. Deshalb habe der Syrer ihm auch noch mal 3000 Dollar geschenkt und ihm einen falschen Pass, auf den Namen eines Libanesen, Hussein Kahf, besorgt. Nun war aber auf dem Weg der internationalen Rechtshilfe inzwischen die bulgarische Justiz an den Ermittlungen beteiligt. Sie war eifrig und präzise, und wegen der Papierschlacht, die gerade Ausländer durchstehen mussten, um das sozialistische Nebenparadies Bulgarien zu bereisen, auch bestens mit Unterlagen versehen. Ali Agca war nach seinen eigenen Angaben mit einem gefälschten indischen Pass auf den Namen Yoghinder Singh Anfang Juli 1980 in Bulgarien eingereist. Bald aber konnte der italienischen Justiz von bulgarischer Seite mitgeteilt werden, dass im Jahr 1980 insgesamt 18 Inder namens Yoghinder Singh das Land besucht hätten, aber nur einer in dem von Agca angegebenen Zeitraum von Juli/August. Genauer: Ein Yoghinder Singh hatte am 15. Juli 1980, aus der Türkei kommend, um 3.30 Uhr den Grenzübergang »Kapitan Andreeov« überschritten und Bulgarien am 30. Juli 1980 über denselben Kontrollpunkt wieder verlassen. Alle diese Daten waren mit Fotokopien belegt.

Ein Hamoud habe dagegen in der von Agca angegebenen Zeit weder im Vitosha noch in einem anderen Hotel Sofias gewohnt, auch sei die Einreise eines Menschen dieses Namens in die Volksrepublik Bulgarien nirgendwo verzeichnet. Der schon in Alis ersten Verhören genannte »Mustafa Eoff«, inzwischen zum Direktor einer Tabakfabrik avanciert, in der »Marlboros« gefälscht werden, erweist sich in den Nachforschungen der bulgarischen Justiz als Phantasieprodukt. Den Namen Eof gäbe es in ganz Bulgarien nicht. Wenn schon, dann hätte der neue Freund Ali Agcas Mustafajow heißen sollen, doch ein solcher sei im ganzen Land nicht aufzutreiben gewesen, schon gar nicht als Gast des Ausländerhotels Vitosha. Beide, Hamoud und Eof, verschwinden von nun an, auch für die italienische Justiz, in der Versenkung, als seien sie nie erwähnt worden.

Der Sommer 1982 vergeht. Chefermittler Martella fühlt sich von Agca hingehalten. Dann, im August/September, die Medienwoge aus den Vereinigten Staaten: der Artikel der Claire Sterling in *Reader's Digest*, die britische Sendung über das Attentat, die NBC-Produktion von Marvin Kalb, Interviews mit der in Rom lebenden Claire Sterling in der italienischen Presse, die *New York Times*, die plötzlich davon redet, dass Großkopferte der amerikanischen Außenpolitik wie Henry Kissinger völlig überzeugt von der Schuld der Bulgaren und daher des KGB seien: Es entsteht öffentlicher Druck.

Die italienische Justiz hat zwar den Täter zur Hand – aber bislang keine Komplizen, die sie festnehmen könnte, schon gar keine Bulgaren. Eine missliche Lage. Ali Agca erweist sich, anders als gedacht, nicht als williges Objekt italienischer Wünsche. Und so unternimmt Martella Anfang Oktober 1982 eine Reise in die USA. Er unterhält sich mit dem Fernsehjournalisten Marvin Kalb und bekommt eine Sondervorführung der NBC-Sendung. Er trifft Arnaud de Borchgrave, den wohl Kältesten Krieger der amerikanischen Presse, lange bei *Newsweek* tätig, dann bei der vom zwielichtigen koreanischen Sektenführer San Myung Mun finanzierten *Washington Times*. Martella besucht die Zentrale der CIA in Langley, wo er Bill Casey, den damaligen Direktor trifft, der – zumindest nach außen – genauso verzweifelt wie Martella an die bulgarische These glauben möchte, aber diese auch nicht beweisen kann.

Als Martella aus den USA zurückgekehrt ist, spürt Agca, ein Mann mit empfindsamen Antennen, jedoch, woher der Wind weht. Er muss lebendes Personal in seine Fabeln einführen, um seinen erfundenen Figuren Glaubwürdigkeit zu verleihen: eine Taktik, die Martella zwar erkennen, aber falsch interpretieren wird. Also betritt am 28. Dezember 1982 Bekir Celenk erneut die Bühne von Agcas Erzählungen, ein in der Tat existierender türkischer Waffen- und Drogenhändler mit internationalem Wirkungskreis und engen Beziehungen sowohl nach Bulgarien als auch zur vielfach zwischen den Kontinenten verflochtenen Untergrundwelt westlicher Geheimdienste; sein Vertreter und engster Mitarbeiter in der Bundesrepublik, Atalay Saral, ist, wie den Akten der italienischen Staatsanwaltschaft zu entnehmen ist, ein Informant des Bundesnachrichtendienstes.[9]

In der weltweiten gerichtlichen Untersuchung über Drogen- und Waffenhandel des Ermittlungsrichters Carlo Palermo aus Trient, die 1982 veröffentlicht wird, ist Celenk eine Schlüsselfigur; er steht in enger Verbindung zur faschistischen Partei des Obersten Türkesch, er beliefert die Grauen Wölfe. Agca hat ihn im Sommer 1980 in Sofia kennen gelernt. Nun sagt er aus, er habe Celenk bisher in seiner Aussage unterschlagen und ihn als Hamoud auftreten lassen, »um ihn (Celenk) nicht als einen wichtigen, wenn nicht als *den* wichtigsten Akteur im Attentat auf den Papst erscheinen zu lassen«.

Außerdem sei Celenk so mächtig, dass Ali um sein Leben fürchten müsste, sollte er Celenk unnötig an die Öffentlichkeit bringen. Hätte er ihn weiterhin verschwiegen, hätte er, Agca, gehofft, dass Celenk ihn aus dem italienischen Gefängnis hätte befreien können. Celenk sei es auch gewesen, erzählt Agca, der ihm in Sofia einen Bulgaren zugeführt hätte, der Sotir Kolef (Bezeichnung der Staatsanwaltschaft für Aivazov) hieße und ein, so Agca, »erstklassiger Experte« im »internationalen Terrorismus« sei, hauptsächlich tätig in Rom. Und mit Kolef, so wird sich zeigen, betritt Agca wiederum das Land der Fabeln. Aber es ist jenes Land, das sich die italienische Justiz in diesem Moment dringlich wünscht. Bei einem ihrer Treffen in Sofia soll Celenk den jungen Türken, der sich ihm unter seinem richtigen Namen vorgestellt hatte, gefragt haben, ob er denn immer noch plane, den Papst zu ermorden. Agca bejaht es, und damit sind die beiden auch schon im Geschäft. Celenk versichert, dass drei Millionen Mark für die Ermordung des Heiligen Vaters zur Verfügung ständen, obwohl er nicht sagt, wer diese Belohnung ausgesetzt hat.

Überhaupt beginnt für Ali Agca nun eine Phase reicher Fabulierkunst, die wilde Blüten trieb. Er enthüllte den Ermittlern eine weitere Verschwörung, nämlich die, Lech Walesa bei seinem Besuch in Rom im Januar 1981 zu ermorden. Diesen Plan hätte er gemeinsam mit Aivazov und einem weiteren Mitglied der bulgarischen Botschaft, Dontchev, diskutiert; diesen bulgarischen Diplomaten hatte er auf dem Bilderbogen als Nummer acht identifiziert. Der Plan sei jedoch aufgegeben worden, nachdem ein italienischer Gewerkschafter, Luigi Scriciolo, der wegen Spionageverdacht für den KGB verhaftet worden war, ihn an den italienischen Geheimdienst verraten hätte.

Die Walesa-Verschwörung hat Bestand bis zum Juni 1983. Dann zieht Agca seine Behauptung zurück. Er hätte so glaubhaft erzählen können, gab er zu, weil er alles bei einer Vernehmung durch die Richter Imposinato und Priore aufgeschnappt hätte. Der Erstere hätte nämlich – in seiner Gegenwart – seinem Kollegen Priore ein Stück aus dem Vernehmungsprotokoll Scricciolo vorgelesen. Dann zeigte Imposinato Agca ein Foto des bulgarischen Diplomaten und fragte ihn: »Das ist Ivan Dontchev, der Freund von Scricciolo. Erkennst du ihn wieder?« Mit solch – bewusster oder unbewusster – richterlicher Nachhilfe konnte es Ali kaum misslingen, Dontchev auf dem Fotobogen als Nummer acht zu identifizieren.

Anderes Detailwissen erwirbt sich Agca mit seinem guten Reaktionsvermögen. Als die Ermittler Priore und Martella für kurze Zeit das Zimmer verlassen, bittet Agca die türkische Dolmetscherin, kurz das römische Telefonbuch konsultieren zu dürfen. Wenig später beeindruckt er die Untersuchungsrichter damit, dass er die Telefonnummer der bulgarischen Botschaft im Kopf hat. Doch die Aussagen Agcas bewegen sich nach der Art einer Echternacher Springprozession. Zwei Schritte vor, einen Schritt zurück.

Ein ganzes Jahr vergeht, ohne dass sich die italienischen Ermittler in der Lage sehen, eine Anklage zu erstellen. Sie arbeiten ja auch nicht allein. Auf dem Weg des Rechtshilfeverfahrens ist die bulgarische Justiz an den Ermittlungen beteiligt, und diese schießt Agcas Phantastereien häufig ab.

In einer frühen Phase seiner bulgarischen Mär hatte Agca zum Beispiel den Mann auf dem berühmten Foto vom Attentat, das einen fliehenden Mann mit der Pistole zeigt, als seinen bulgarischen Komplizen Aivazov identifiziert. Der bulgarische Diplomat brauchte sich nur in persona auf einer in Sofia abgehaltenen Pressekonferenz zu präsentieren, um Agca zu widerlegen. Er war ein kräftig gebauter, eher untersetzter Mann mittleren Alters. Der Mann auf dem Foto dagegen war dünn und jung. Oder Agca gab zu Protokoll, dass er Rositza Antonov Mitte Januar 1981 im Restaurant Piccadilly an der Piazza Barberini kennen gelernt hätte. Aus Sofia kommt der Gegenbeweis: Rositza, eine Kunsthistorikerin, war zu dieser Zeit in der bulgarischen Hauptstadt und examinierte ihre Studenten.

Das Kind Anna, von dem Agca bei dem »Gipfeltreffen« in Antonovs Wohnung am 11. Mai 1981 Kekse serviert bekommen haben wollte, besuchte im Mai 1981 jeden Tag und pünktlich ihre Grundschule »Kliment Ochridiski« in Sofia.

Oder die Identifizierung des Militärbeauftragten der bulgarischen Botschaft in Rom, Jelio Vassilev. Die bulgarischen Ermittler fragen ihn, ob der Offizier groß oder klein sei. Agca tippt auf klein. Falsch. Vassilev ist groß. Die Bulgaren und die Verteidigung Antonovs, die römischen Anwälte Consolo und Larussa gewinnen den deutlichen Eindruck, dass der Türke den Offizier nur von dem Porträtfoto des italienischen Geheimdienstes kennen kann. Ali Agca behauptet weiterhin, sich mit Antonov auf Englisch verständigt zu haben. Aber alle, auch die italienischen Ermittler, wissen inzwischen, dass der Bulgare nur die nötigsten englischen Brocken für den professionellen Einsatz im privaten Luftverkehr beherrscht. Die bulgarischen Staatsanwälte kehren mit dem klaren Eindruck in ihr Land zurück, dass geheime Einflüsterer Ali Agca mit den Details für die Anklage gegen die Bulgaren versorgen.[10] Auch ein langer Brief, den der Papstattentäter im August 1983 an den Militärattaché der amerikanischen Botschaft richtet, ist eher als Produkt der Agca'schen Phantasie denn als wirkliche Kommunikation zu betrachten.

Verehrter Herr Militärattaché: Um jedwede Schwierigkeiten zu vermeiden, schreibe ich Ihnen dieses Mal auf Türkisch. Ich hatte Ihnen schon meine enorme Dankbarkeit und Wertschätzung ausgedrückt. Noch einmal: Danke. Seit zwei Jahren habe ich nun schon das Notwendige im Interesse unserer gegenseitigen Freundschaft und unserer gemeinsamen Interessen getan. Angesichts von Vorfällen in der jüngsten Zeit möchte ich Ihnen jedoch einige Hinweise geben. Ich bitte Sie, diese mit Verständnis aufzunehmen.
1. Seit einiger Zeit haben mich einige amerikanische Presseorgane und Massenmedien der Lüge beschuldigt. Aufgepasst, wenn ich als Lügner bezeichnet werde, müsste der Rest der westlichen Welt als Lügner und Verleumder dastehen, und die Sowjets würden am Ende ihre große Schlacht des Kalten Krieges gewinnen. Welches Verbrechen habe ich begangen. Sie haben gesagt »FANGE AN«, und ich habe angefangen zu sprechen.
2. Die bulgarischen Exdiplomaten, die Sie gemeinsam mit dem französischen Geheimdienst ausgegraben haben, und die Sie zum Sprechen bewegt haben, haben nichts erreicht

und niemanden überzeugt. Ich bitte Sie, neue und fähigere Leute einzusetzen.
3. Die wichtigste Sache ist im Moment diese: Vladimir Kuzinski zu finden, den sowjetischen Agenten, der nach England gegangen ist, nachdem er aus dem Iran geflohen war. Was er gestehen wird, ist das Folgende:

a) 1979 hat Andropow im Kreml beschlossen, sowohl den Papst als auch Walesa ermorden zu lassen. Das Ziel war, Solidarność zu zerstören, den Einfluss des Vatikans in Polen und Osteuropa auszuschalten und die Demokratien in Italien und im Westen zu untergraben.
b) Die Sowjets haben die terroristischen Bewegungen im Nahen Osten und in Europa (in den Siebzigerjahren) organisiert und finanziert, wobei Bulgarien, Syrien und Ostdeutschland als Ausführende gedient haben. All dieses geschieht weiterhin.
c) Ich, Christian Klar, Giovanni Senzani, Mario Moretti und zahlreiche französische und spanische Terroristen sind von sowjetischen Agenten in Terroristenlagern in Syrien und Bulgarien ausgebildet worden. Wir haben die Ziele der Sowjetunion in Europa vorangetrieben. Usw. usw.

Agca hat später gesagt, dieser Brief sei in Wahrheit ein Produkt seiner Phantasie: Das stimmt höchstwahrscheinlich. Interessant ist der Brief freilich als Ausdruck der Mentalität Agcas. Sein übermäßiger Wunsch nach Wichtigkeit, nach Selbstüberhebung und Anerkennung ist deutlich abzulesen. Die amerikanische Botschaft hat das Schreiben umgehend an den italienischen Geheimdienst weitergeleitet, und dieser schickte ihn an Ermittlungsrichter Martella weiter. Das eigentlich Interessante an dem wichtigtuerischen Schriftstück ist der Poststempel auf seinem Umschlag. Er ist beim Postamt Nomentana abgestempelt worden, etwa zwölf Kilometer vom

Gefängnis Rebibbia entfernt, in dem sich Agca damals befand. Wer besorgte den Botendienst für Ali Agca, dessen Post strikt zensiert wurde? Ermittlungsrichter Ilario Martella behauptete im Januar 1985, als der Brief in den Unterlagen entdeckt wurde, er selbst habe ihn autorisiert. Das würde den disziplinarischen Regeln für Häftlinge strikt widersprechen. Aber vielleicht fand Martella das Schreiben attraktiv, weil Agca darin so überzeugend im Sinn der bulgarischen These plapperte, die Martella belegen wollte.

Erst im Juni 1984 unterschreibt der römische Generalstaatsanwalt Antonio Albano den abschließenden Ermittlungsbericht, auf dessen Grundlage über die Anklageerhebung entschieden werden sollte. Der Inhalt des geheimen Dokuments wurde als Erstes in allen Details in der *New York Times* veröffentlicht. Die Autorin des Berichtes war Claire Sterling, die sich in ihrem Buch gerühmt hatte, sie ginge täglich bei Ermittlungsrichter Martella vorbei, und sei es nur, um festzustellen, in welcher Stimmung er sei. In seinem Bericht gibt der italienische Richter Albano zu, dass er sich auf schwankendem Boden bewege. Es sei wahr, dass Agca ständig seine Aussage ändere und Falschaussagen in seine Geständnisse eingefügt hätte. Aber das sei »verständlich« angesichts des »psychologischen Drucks«, unter dem Agca stehe. Er hätte schließlich versuchen müssen, seine Freilassung mit nur »drei möglichen Anbietern zu verhandeln«, nämlich mit »seinen türkischen oder seinen bulgarischen Komplizen und der italienischen Justiz«.

Und diese scheint, nach dem, was Albano schreibt, bereit zu sein, dem Türken einen soziokulturellen Bonus einzuräumen: »Agca handelte in dieser Weise genau als der Levantiner, der er ist – mit großartigen Ouvertüren, um seine Waren anzubieten, mit Variationen im Preis, in der Farbe, im Gewicht … Indem er zunächst seine kümmerlichen Geständnisse quasi tropfenweise herausließ, hat er zunächst versucht, Hilfe von seinen Mitbürgern zu erlangen, dann ging es ihm um die Hilfe, die er mit den Bulgaren vereinbart hatte, um sich schließlich der Gnade der italienischen Justiz zu überlassen.«[11]

Dabei ist die Vorstellung, dass ein Trupp von Bulgaren in Italien anreisen könnte, um Ali Agca vereinbarungsgemäß aus einem noch so locker geführten italienischen Gefängnis zu befreien, nicht ganz leicht nachzuvollziehen. Doch immerhin gelang es der italienischen Justiz in ihren dreijährigen Ermittlungen, einige Teilnehmer an der Verschwörung gegen den Papst dingfest zu machen, die sich tatsächlich als türkische Komplizen Ali Agcas erweisen würden. Aber es handelt sich dabei ausschließlich um Gesinnungsgenossen Agcas, um wild antikommunistische türkische Faschisten von den Grauen Wölfen: einen ganzen Trupp türkischer Rechtsradikaler hätten die Bulgaren oder der hinter ihnen vermutete KGB für die Sache des Kommunismus gewinnen müssen, wenn diese tatsächlich im Auftrag ihrer Todfeinde in Moskau gehandelt haben sollten.

Angeklagt wurden unter anderem also Musa Sedar Celebi, Vorsitzender der Grauen Wölfe in der Bundesrepublik: Nach den Vorstellungen der italienischen Justiz soll er als Verbindungsmann zu den Bulgaren tätig gewesen sein. Nachgewiesen sind ihm zwei Treffen mit Agca, eines in Frankfurt, im Herbst 1980, ein zweites im April 1981 in Zürich – also wenige Wochen vor dem Attentat. Celebi war in Frankfurt verhaftet und nach Italien ausgeliefert worden. Omer Bagci, Chef der Grauen Wölfe in der Schweiz, hatte gestanden, die Tatwaffe, die ihm Agca zur Aufbewahrung gegeben hatte, im März 1981 nach Mailand geschmuggelt und Agca zurückgegeben zu haben. Bekir Celenk, der türkische Waffenhändler, soll im Sommer 1980 in Sofia den Auftrag der Bulgaren an Agca übermittelt haben. In einer Kooperationsbereitschaft, die angesichts der gegen Bulgarien erhobenen Vorwürfe geradezu heroisch wirkt, hatte die bulgarische Justiz den Verdächtigen Bekir Celenk, der in der Tat allerlei Geschäfte in Bulgarien betrieb, bereits im Herbst 1982 im Hotel Vitosha in Sofia unter Hausarrest gestellt.

Weil es kein Auslieferungsabkommen zwischen Italien und dem Ostblockland gab, wurde Celenk nicht ausgeliefert, konnte aber in Sofia von den italienischen Ermittlern in aller Ausführlichkeit verhört werden; eine Gelegenheit, die Martella nutzte, wenn auch kaum ausgiebig genug. Celenk wurde im Jahr 1984 wegen krimineller Vergehen, Waffen- und Drogenhandel von Bulgarien an die Türkei ausgeliefert. Er starb vor Beginn des römischen Prozesses in einem türkischen Gefängnis an einem Herzinfarkt, der sich seit längerem angekündigt hatte. Ob seinem schwachen Herzen beim Stillstand nachgeholfen wurde, wie kurz zuvor seinem Waffenhändlerkompagnon Henri Arzan, wie Celenk ein Verbündeter westlicher Geheimdienste, ist nicht mehr auszumachen.

Und schließlich, gedacht als die zentralen Figuren des Jahrhundertprozesses gegen das kommunistische Reich des Bösen, die Bulgaren, die nunmehr zu Angeklagten wurden: Da war als Erster Sergej Antonov, in dessen Wohnung, so hatte Agca behauptet, die Logistik des Attentats besprochen wurde. Antonov hätte ihn außerdem in einem gemieteten Auto am 13. Mai 1981 zum Petersplatz gefahren. Antonov war seit September 1982 in Haft, die zeitweilig durch Hausarrest unterbrochen wurde. Aivazov sollte, genau wie sein Kollege, der Sekretär des Militärattachés Vassilev Kolev, an den vorbereitenden Sitzungen zur Planung des Attentats teilgenommen haben.

Bekannte amerikanische Journalisten, die dem Jahrhundertereignis auf der Spur geblieben waren, zeigten sich weniger beeindruckt von der Fleißarbeit der italienischen Justiz. »Einer umfassenden zweijährigen Ermittlung durch italienische Untersuchungsrichter ist es nicht gelungen, unabhängige Beweise zu finden, die den türkischen Attentäter in direkte Verbindung zu den drei Bulgaren setzen, die er als seine Mitverschwörer genannt hat«, begann am 22. Juli 1984 ein langer Artikel in der *Washington Post*. Der Autor, Michael Dobbs, hatte mit einem Team von Kollegen die Thesen der italienischen Ermittler unter die Lupe genommen und sie für unhaltbar befunden, wobei er nicht versäumte, auch italienische Untersuchungsrichter zu zitieren, viele von ihnen voller Zweifel über die Aussichten eines Prozesses. »Manche der Ermittler sagen«, schrieb Dobbs, »der Staat hätte zwar einen überzeugenden Ansatz, aber es werde schwierig werden, ihn vor Gericht zu beweisen. Andere Vertreter der italienischen Justiz finden das von Agca geschilderte Komplott absurd amateurhaft; es wäre undenkbar, dass sich der bulgarische Geheimdienst oder jeder andere Geheimdienst darauf einlassen könnte.«

Mai 1985: Rom bereitet sich auf den »Prozess des Jahrhunderts« vor. Hatte 1981 noch ein Raum im Gebäude des römischen Strafgerichts ausreichen müssen, um den Mann abzuurteilen, der auf den Papst geschossen hatte, wurde nun ein gewaltiger Saal im »Foro Italico«, einem Prunkbau aus Mussolinis Zeiten, bereitgestellt, der einst für Turnwettbewerbe gedient hatte. Neben den italienischen, den bulgarischen und sämtlichen europäischen Fernsehanstalten, waren die USA mit ihren vier wichtigsten Fernsehgesellschaften vertreten. Für die offizielle Delegation der Bulgaren, von den Angehörigen Antonovs, dem einzigen anwesenden der drei bulgarischen Angeklagten, bis zu den Vertretern der Botschaft, der bulgarischen Regierung und ihrer Justiz war eine Kabine für Simultanübersetzer eingerichtet worden. Auch türkische Dolmetscher standen bereit.

Italien wollte sich vor der Weltöffentlichkeit nicht blamieren: besonders deshalb, weil, so schrieb die Nachrichtenagentur *Ansa*, »die Ermittlungen von Kritik begleitet worden waren, von Zweifeln an der unparteiischen Haltung des Mannes, der die Ermittlungen leitete«. Alles »soll wie ein Schweizer Uhrwerk funktionieren«, versprach Justizrat Enrico Caruso, der für die Logistik des Prozesses verantwortlich war. Hunderte von Polizisten überwachten die Sicherheit der Angeklagten und des Publikums. Für die Angeklagten waren getrennte Käfige im Verhandlungssaal eingerichtet worden.

Den Vorsitz des Gerichts übernahm wie im ersten Prozess Severino Santiapichi, für die Vertretung der Anklage war Antonio Marini ernannt worden, ein Mann der großen Gesten und ausschweifender Rhetorik, wie geschaffen für eine dramatische Rolle.

27. Mai 1985, erster Verhandlungstag: Die Angeklagten reisen in zwei Konvois an. Vom römischen Gefängnis Rebibbia haben sich fünf gepanzerte Gefangenentransporter in Bewegung gesetzt; jeder der drei angeklagten Türken, Ali Agca, Omar Bagci und Musar Sedar Celebi sitzen gefesselt und von je drei Gefängnisbeamten beaufsichtigt in einem der Fahrzeuge; weiteres, schwer bewaffnetes Bewachungspersonal ist in den beiden anderen Transportern unterwegs. Über dem Konvoi kreisen zwei Polizeihubschrauber.

Der Angeklagte Sergej Antonov wird aus seiner eigenen Wohnung in der Via Poli 29 abgeholt. Seit mehr als zwei Jahren lebt der dürre Bulgare hier unter Hausarrest, weil er seit seiner Verhaftung an Depression und mit ihr verbundenen psychosomatischen Leiden litt.

Für seinen zweiten großen Prozess hatte Ali Agca seinen hellblau-grauen Anzug aus dem ersten Verfahren wieder hervorgeholt, desgleichen das weiße, schlipslos und offen getragene Hemd. Aber er war ein veränderter Mann. In fließendem Italienisch unterhielt er sich vor Beginn der ersten Verhandlung mit den örtlichen Journalisten. Er scherzte mit ihnen. Den Reportern aus der Türkei beantwortete er willig einige Fragen. Aufmerksam und freundlich verfolgte er die ersten Stunden des Prozesses, in denen Formalien geklärt wurden – so die Frage, ob die zwei bulgarischen Angeklagten Aivazov und Vassilev Kolev, beides Diplomaten, also immun vor Strafverfolgung, überhaupt von einem italienischen Gericht abgeurteilt werden könnten. Das könnten sie, entschied das Gericht in einer dreistündigen Verhandlungspause.

Mit dem Beginn der Nachmittagssitzung aber begann eine Ali-Agca-Performance, die damals nur Wahnsinn zu sein schien und heute auf fast gespenstische Art und Weise Sinn macht. Zunächst verweigerte Agca die Aussage und betonte: »Ich werde nicht reden, bevor ich nicht die Antwort vom Vatikan habe, die ich erwarte.« Völlig ernsthaft und klar wirkend, erbat sich der Türke am Anfang seiner Vernehmung im Prozess Redezeit für eine wichtige Information, die er dem Ermittlungsrichter Martella bisher verschwiegen hätte. Spannung im Saal.

»Das Attentat auf den Papst ist mit dem dritten Geheimnis von Fatima verbunden«, sagt Agca: »Ich bin der wieder geborene Jesus Christus und kündige im Namen Gottes das Ende der Welt an.«[12] Aufsteigendes Gelächter im Saal, das Santiapichi mit einer heftigen Handbewegung zum Verstummen bringt. Mit gleichförmiger Stimme, unaufgeregt, so als hätte er nichts zu beschreiben als die berufliche Tätigkeit eines Tischlers, sagt Agca: »Ich möchte zuerst den Journalisten mitteilen, dass wir hier sind, um konkrete Fakten zu klären, nämlich das Attentat auf den Papst. Es ist nicht nur ein schweres Verbrechen gewesen, sondern auch eine der größten menschlichen Tragödien in der Weltgeschichte. Niemand kennt die Wahrheit über diesen Fall, genauer: Wahrscheinlich kennt sie jemand, aber hat Angst, sie zu offenbaren. Die Wahrheit kennt nur der Vatikan, dafür gibt es konkrete Beweise.«[13]

Die Journalisten trauen ihren Ohren nicht, nach der Sitzung werden sie ihre Notizen vergleichen. Niemand lacht mehr. »Ihr alle könnt mich für einen Verrückten erklären, aber überlegt es euch gut. Der Papst ist gekommen, er hat sich sogar in meine Zelle begeben. Und ich habe ihm anvertraut, dass ich mit Gott gesprochen habe. Ich habe ihm das Ende der Welt angekündigt. Und der Papst hat mich gefragt: ›Wann?‹ Er hat mir nicht gesagt, dass ich verrückt bin. Er hat gesagt: ›Wann?‹ Der Papst hat seinen Besuch bei mir als wunderbar und hervorragend bezeichnet. Ich habe alles gesehen. Die Stunden der Welt sind gezählt. Noch in dieser Generation wird die Welt zerstört werden. Weder die Sowjets noch die Amerikaner werden sich retten können. Ich fordere den Vatikan auf, das dritte Geheimnis von Fatima zu enthüllen.«

Diesem »Befehl« des zu lebenslang Verurteilten nachzukommen, wird sich die Regierung des Kirchenstaates 15 Jahre lang Zeit nehmen. Ali Agca, der so dringlich im Mai 1985 auf die »Antwort vom Vatikan« wartete, ist wahrscheinlich von den Männern des Kirchenstaates betrogen worden. Bisher wurde angenommen, der Papst selber habe Agca bei dem Besuch in dessen Zelle von Fatima erzählt. Ein präziser Vergleich von Daten in den Aussagen Agcas und seines Kollegen Oral Celik zeigt hingegen, dass der Attentäter schon gut sechs Monate vor den Schüssen auf dem Petersplatz wusste, dass diese im Namen von Fatima fallen sollten.

Wieder unterbrach ihn der Vorsitzende und ermahnte Agca, sich lediglich zu den Punkten der Anklage zu äußern.

»In Ordnung«, erwiderte der Türke, »ich wollte nur betonen, dass ich ein Mann von völliger geistiger Gesundheit bin, sehr intelligent, von großer geistiger Beweglichkeit, auch wenn viele mich für unzurechnungsfähig oder für verrückt halten.« »Damit hat er Recht«, murmelte Ugur Mumcu, einer der bekanntesten türkischen Journalisten, Chefreporter der linken Tageszeitung *Cumhurriyet*, der Italienisch gelernt hatte, um über den Prozess gegen Ali Agca zu berichten. »Der Mann ist hochintelligent, äußerst berechnend. Er weiß genau, was er sagt. Und: Er ist der Anklage immer um einen Schritt voraus«, erklärte er einer italienischen Kollegin.

Mit dieser Proklamation Ali Agcas – an der er bis zu jenem Tag fest hielt, an dem er Italien nach seiner Begnadigung im Juni 2000 verließ – konnte ein Prozess nur bergab gehen, dessen Anklage sich fast ausschließlich auf die turbulent wechselnden Aussagen Ali Agcas stützte: Manche von ihnen hatte der Türke schon vor dem Prozess zurückgezogen, ohne dass die Anklage davon Notiz nahm.

So hatte der Albano-Bericht immer noch die »erstaunlichen Detailkenntnisse Agcas über die private Sphäre der Angeklagten« bewundert – aber gerade diese erwiesen sich als sehr unvollkommen oder falsch und deuteten unmissverständlich auf Informationen, die Agca von außen bekommen haben musste.

So hatte der Türke in lebhaftem Detail die Wohnung des Angeklagten Antonov in der Via Pola 29 beschrieben und den Umstand erwähnt, dass das Wohnzimmer in der Mitte durch eine faltbare Schiebetür unterteilt war. Die gab es in der Tat in sämtlichen Wohnungen des Mietshauses, das Antonov bewohnte, nur in seiner nicht: Da war der Raumteiler durch einen Vorhang ersetzt worden.

Das konnte auch der Mann in der identisch geschnittenen Wohnung unter ihm nicht ahnen. Es war Pater Felix A. Morlion, Jahrgang 1904, ein Belgier und zutiefst überzeugter Kämpfer gegen den Kommunismus, der seit vielen Jahren die CIA über die inneren Entwicklungen im Vatikan unterrichtete und enge Verbindungen zum rechten Flügel der Republikaner, darunter dem ehemaligen Nato-Oberbefehlshaber General Alexander Haig und späteren Außenminister Ronald Reagans, unterhielt. In New York betrieb Morlion eine mehr als undurchsichtige Privatuniversität mit dem Namen Pro Deo, welche ausreichend militanten italienischen Antikommunisten Ehrendoktorwürden verlieh. Hatte der rechtsmilitante Priester zu dem ungewöhnlichen Wissen des Papstattentäters über die Wohnverhältnisse Antonovs beigetragen? Diese Frage, obschon während des Prozesses in der italienischen Presse diskutiert, ist im Prozess nicht behandelt worden, und schon gar nicht Morlions freundschaftliche Beziehungen zu dem amerikanischen Politologen Michael Ledeen, dem einstigen Berater General Haigs, dem neben Sterling und Henze wichtigsten Propagandisten der bulgarischen These. Von Ledeen wird noch die Rede sein.

Der Prozess schleppte sich durch die Monate. Die Zuschauer wurden weniger. Dann und wann erschien auch Claire Sterling. Ali Agca wird Jahre später, bei einem Verhör durch Rosario Priore, behaupten, sie habe ihm vor Beginn einer Verhandlung auf Türkisch jenen Satz zugeflüstert, den sie schon auf die Zeitschrift *Familia Cristiana* geschrieben hat: »Nichts verraten, du wirst für Emanuela ausgetauscht.« So steht es in den Akten. Wiederum aus den Akten ist zu erkennen, dass Claire Sterling über den Verlauf des Prozesses beunruhigt war und in einem Brief an ihre Mitarbeiterin Judy Harris bekannte: »Die römische Staatsanwaltschaft ist wohl zu weit gegangen und steckt jetzt in Schwierigkeiten.«

Einen Höhepunkt erreicht der Prozess mit dem Auftritt des wahrscheinlich wichtigsten Zeugen in dem Jahrhundertverfahren: Begleitet von zwei französischen Polizisten tritt am 23. September 1985 Abdullah Catli auf, Ende der Siebzigerjahre Landeschef der Grauen Wölfe und einstiger Boss der Killerbande, der Agca in Istanbul angehörte, derzeit wegen Rauschgiftschmuggels in Frankreich inhaftiert.

Catli, ein gut aussehender junger Mann, smart in dunkelblauem Blazer und hellgrauen Hosen gekleidet, sieht Agca als Verräter an der Sache der türkischen Faschisten, indem er sich als Söldner des Kommunismus ausgibt. »Du versuchst, alle auf eine falsche Fährte zu locken«, herrscht er den einstigen Mitkämpfer an. »Du hast deinen besten Freund, Oral Celik, verraten, indem du ihn in diese Sache hineingezogen hast.« Agca versucht, sich von Catli abzusetzen: »Ich habe noch nie getan, was du wolltest« – eine eher merkwürdige Behauptung über einen einstigen Beschützer, der Agca nach dem Mord an Ipekci drei Wochen lang in seiner Wohnung verborgen hatte. Doch die wirkliche Sensation des Prozesses kommt eher beiläufig daher.

Der zweite türkische Zeuge des Tages, Yalzin Ozbey, auch er ein Grauer Wolf, zu der Zeit in bundesdeutscher Haft wegen Rauschgiftschmuggel, scheint als einziger und erster Zeuge nach den monatelangen Verhandlungen die bulgarische These zu bestätigen. Er behauptet jedenfalls, der bulgarische Geheimdienst hätte von dem Vorhaben Agcas gewusst und es gebilligt. Aber Catli fährt auch ihm über den Mund: »Du hast mich doch selbst angerufen, um mir den Vorschlag des deutschen Nachrichtendienstes zu unterbreiten. Wir sollten 200000 Dollar und Protektion in der Bundesrepublik erhalten, wenn wir vor Gericht in Rom die bulgarische Version Agcas unterstützen würden.« Grabesstille im Gerichtssaal. Der Vorsitzende Santiapichi wendet sich an den Zeugen Ozbey: »Haben Sie tatsächlich einen solchen Vorschlag weitergegeben?« Ozbey schweigt. Catli kommentiert für die Richterbank: »Wenn Ozbey auspacken würde, könnte er große Schwierigkeiten haben. Hinter ihm steht ein westlicher Geheimdienst.« Darauf Ozbey, bescheiden, defensiv: »Meine Herren Richter und Verteidiger, verzeihen Sie, dass ich nicht mehr sagen kann. Wenn ich reden würde, müsste ich alles erzählen. Für Sie geht es um die Angeklagten. Aber für mich steht mein Leben auf dem Spiel.«

Frage über Ozbey in der französischen Tageszeitung *Liberation*: »Ist auch dieser Zeuge, der einzige, der Agcas bulgarische These, wenigstens andeutungsweise, unterstützt hat, manipuliert worden?«[14]

Wenn es so war, so hat es nichts genutzt. Am 29. März 1986, nach einer zehnmonatigen Verhandlung fällt das römische Gericht sein Urteil: Im wichtigsten Punkt der Anklage, der

Beteiligung an einem östlichen Komplott, Papst Johannes Paul II. zu ermorden, werden alle Beteiligten freigesprochen – aus Mangel an Beweisen, ein Freispruch zweiter Klasse. Die *New York Times* – die sich zu einem gläubigen Sterling-Anhänger entwickelt hatte – schrieb: »Einiges Beweismaterial ist ambivalent gewesen, und daher konnten die Angeklagten nicht verurteilt werden.« Die *Washington Post* dagegen, deren Korrespondent Michael Dobbs von Anfang an die »bulgarische These« bezweifelt, wenn nicht bekämpft hatte, urteilte, der Prozess sei »schmählich gescheitert«: weil er sich allein auf die Aussagen Ali Agcas verlassen hätte, wegen einer auch sonst unsicheren Anklage und wegen schlechter Prozessführung.

Kapitel 7

Komplizen und Auftraggeber

Frank E. Terpil erzählt Horrorgeschichten mit unbewegtem Gesicht. In dem BBC-Dokumentarfilm »A Dangerous Man«, der 1982 an einem geheimen Drehort entstanden ist, packt der amerikanische Waffenhändler aus, obwohl er damals zu den zehn gesuchtesten Verbrechern der Welt zählte. Terpil und sein Partner, Edwin P. Wilson, hätten dem afrikanischen Terrordiktator Idi Amin, dem blutrünstigen Herrscher von Uganda, die Folterwerkzeuge geliefert. Auch Carlos, der gefährlichste Terrorist der damaligen Zeit, sei von ihnen ausgebildet worden.

Im November 1979 zeigten sich zwei bärtige, brasilianische Revolutionäre, die in New York mit ihm über den Ankauf von 10000 Maschinengewehren verhandelt hatten, von den Schaudergeschichten Terpils beeindruckt. Kaum war der Vertrag unterzeichnet, stürmten allerdings Beamte des FBI das Hotelzimmer und nahmen den internationalen Waffenhändler fest. Die Revoluzzer waren Agenten der amerikanischen Bundeskriminalpolizei. Terpil reagierte völlig gelassen und konterte, dass er sein Geschäft in Partnerschaft mit der CIA ausübe; er sei ein ehemaliger Angestellter von Langley. Das stimmte sogar. Allerdings behauptete der amerikanische Nachrichtendienst, dass Terpil wegen dunkler Umtriebe, meistens in Zusammenhang mit Waffenverkäufen, schon 1971 entlassen worden sei. Auch das war korrekt – wenn auch nicht ganz.

Die Verbindungen zwischen Terpil, seinem Partner Edwin P. Wilson (dem wichtigeren im Gespann) und dem amerikanischen Spionagezentrum waren in Wirklichkeit nie ganz abgebrochen, desgleichen die intensiven Kontakte der beiden Todeshändler zur amerikanischen Verteidigungsindustrie. Auch ein jüngerer Mitarbeiter der Waffenhändler, Kevin P. Mulcahy, war ein einstiger CIA-Mann, Experte in sämtlichen militärischen Hochtechnologien. Nach drei Monaten wurde ihm endlich bewusst, was seine Bosse trieben: Sie verkauften das Neueste und Beste, das die amerikanische Militärindustrie zu bieten hatte, an Meistbietende, besonders gern an die Diktatoren der Dritten Welt wie den Obersten Muhamed Ghaddafi.

Für diesen hatte das Wilson-Terpil-Gespann auch Terroristentrainingslager eingerichtet, in denen Mitglieder der amerikanischen Elitetruppen der Green Berets in den Künsten des Terrorismus unterrichteten. Einfachen Truppenmitgliedern kam es ein wenig merkwürdig vor, dass sie ausgerechnet im Lande Ghaddafis, das in den Vereinigten Staaten neben der Sowjetunion als schlimmster Übeltäter der Welt galt, Terroristen ausbilden sollten: War ihnen nicht eingetrichtert worden, dass diese von Moskau ausgesandten Politverbrecher die freiheitliche Demokratie des Westens zerstören wollten? Einer der Green Berets, der nach Libyen geschickt werden sollte, fragte also nach. Doch sein Vorgesetzter antwortete ihm, er habe in Washington angerufen, es sei alles in Ordnung.

Auch im Libanon, südlich von Beirut, existierte so eine Terpil-Wilson-Oberschule für Bombenleger und Attentäter – und deren berühmtester Absolvent hieß Ali Mehmed Agca. So stolz war Terpil auf seinen Zögling, dass er im Juni 1981 in Beirut eine Pressekonferenz einberief, um der Welt bekannt zu geben, wen er geschult hatte. Die Angaben Agcas deckten sich in diesem Fall mit dem seines Lehrmeisters: Von Anfang an hatte Agca ausgesagt, im Frühjahr 1979 ein Trainingslager für Terroristen im Libanon besucht zu haben, das »vom türkischen und anderen Geheimdiensten« geleitet worden sei. Seinen Lehrmeister Terpil kannte er unter dem Namen »Major Frank«. Auch die Waffen bezogen die Grauen Wölfe von der Firma Wilson-Terpil.

»Der Wilson-Terpil-Fall ist die Saga von Amerikanern, die sich insgeheim in Bars und Vorstandsetagen treffen, um den illegalen Verkauf von elektronischen Spionageinstrumenten und Waffen für terroristische Anschläge zu planen; von Amerikanern, die Mörder im Ausland trainieren. Dieser Fall ist die Geschichte eines Old-Boy-Netzwerks von ehemaligen CIA-Verantwortlichen und Militärbefehlshabern sowie die Geschichte von gegenwärtigen und ehemaligen Führungsmitgliedern der CIA, die unfähig zu sein scheinen, die volle Bedeutung des Falles zu erfassen. Die Angelegenheit spricht von der grundsätzlichen Unfähigkeit der zuständigen Regierungsbehörden, ihre Aufgaben zu erfüllen. Und es deutet darauf hin, dass in und an den Rändern der nachrichtendienstlichen Behörden ein Klima existiert, in dem nationale Ziele zu persönlichem Gewinn pervertiert werden.«[1]

Dies schrieb im Jahr des Papstattentats der wohl bekannteste amerikanische Enthüllungsjournalist Seymour Hersh. Die Exporteure der wichtigsten amerikanischen Militärgeheimnisse betrieben, so Hersh, ihre eigene Version des »militärisch-industriellen Komplexes, in dem ehemalige CIA- und Militärangestellte ihre Regierungserfahrung und Kontakte, ihr Wissen für riesigen eigenen Gewinn einsetzen, ohne Rücksicht auf den Schaden, den sie ihrem eigenen Land damit zufügen werden«. Aus den Worten Hershs, des glänzenden Rechercheurs mit besten Kontakten zu den innersten Gemächern der CIA, spricht die moralische Empörung eines aufrechten Amerikaners, der daran glaubt, dass hohe ethische Maßstäbe die Norm unter den Regierenden der Vereinigten Staaten und finstere Geschäfte mit kriminellen Figuren die

Ausnahme sind. Die verborgene Realität sah schon damals anders aus.

Als Jimmy Carter nach nur einer Amtsperiode abtreten musste, vor allem, weil es ihm nicht gelungen war, die 53 amerikanischen Geiseln in der US-Botschaft in Teheran zu befreien, hatten die Erfinder von Geheimoperationen, schmutzigen Tricks und eigenwilligen Initiativen, die am Kongress vorbei aus dem Weißen Haus gesteuert wurden, wieder freie Bahn. Das berühmteste Beispiel lieferte das berüchtigte Iran-Contra-Geschäft, das Reagan fast seine Präsidentschaft gekostet hätte. Dem Erzfeind der damaligen Vereinigten Staaten, dem Iran, wurden in aller Heimlichkeit amerikanische Waffen geliefert, gegen ein vom Kongress beschlossenes Embargo gegen das Land des Ayatollas. Mit dem Gewinn finanzierte der unternehmungslustige Marinekapitän Oliver North, der im Stab des Nationalen Sicherheitsrates saß, die reaktionären Contras in Nicaragua, die gegen die linken Sandinistas kämpften: ein flagranter Eingriff in die Souveränität eines Staates.

In ähnlicher Heimlichkeit, noch illegaler und mit einer Menschenverachtung, die in der Gegenwartsgeschichte des Westens kaum übertroffen wurde, ist auch das Attentat auf den Papst inszeniert worden.

Aber dazu sollten wir die Personen betrachten, die sich im Drama des Mordanschlags um Ali Agca versammelten.

Man könnte sich Ali Agca als Hauptdarsteller in einem Theaterstück vorstellen. Als es beginnt, steht er vor dem Vorhang der Bühne, auf dem er selbst im Stil westlicher Propaganda der Fünfzigerjahre dargestellt ist: als Marionette, deren Fäden von einem barbarischen Sowjetkommunisten gelenkt werden, der ein blutbeschmiertes Messer in seinem Mund hält.

Dann hebt sich der Vorhang. Nun wird die Bühne sichtbar, auf der sich die wirklichen Mitspieler im Drama des Attentats auf den Papst verteilt haben. In einem Scheinwerferkegel sind zunächst Agcas engste Freunde, die zugleich seine Komplizen waren, zu erkennen. Der wichtigste Mann unter ihnen ist Abdullah Catli, jener, der den Revisionsprozess gegen Ali Agca mit seiner Bemerkung aufgemischt hatte, der BND hätte versucht, ihn und seine Truppe zu bestechen. Catli, Jahrgang 1956, stammt aus Nevshehir, einem Ort im östlichen Anatolien: Hier lernte er bereits in der Schulzeit seine künftige Frau Meral kennen und begann seinen Aufstieg bei den Grauen Wölfen, dessen stellvertretender Chef er mit 20 Jahren wurde. Sein Hass auf die Kommunisten, seine kalte Brutalität bei Mord an Linken, seine Fähigkeit, Überfälle zu organisieren, waren bald legendär. Im Oktober 1978 überfiel Catli mit drei Kumpanen eine Wohnungsgemeinschaft von sieben linken Studenten in Ankara. Die Bande erdrosselte die Bewohner und warf ihre Leichen auf eine Müllhalde. Wenig später attackierten die Killer ein Café, das von Linken frequentiert wurde, und hinterließen fünf Tote.

Catlis gefürchtete Truppe ermordete Professoren und Richter, verwüstete Studentenwohnheime und warf Bomben auf Gewerkschafterversammlungen. Ende 1978 ließ sich Catli in Istanbul nieder und gründete ein neues Mordkommando. Fast 20 Jahre später wird sich herausstellen, dass Catlis und andere Todesschwadrone, die damals in der Türkei unterwegs waren, Teil einer staatlich finanzierten Kontra-Guerilla waren. Dem Catli-Trupp gehörten Oral Celik, sein etwas jüngerer Freund Ali Agca, Yalzin Ozbey und Mehmet Sener an – die wichtigsten türkischen Mitspieler an der Verschwörung gegen den Papst. Damals begann auch die enge Zusammenarbeit der Kommandos mit der türkischen Mafia, die den Beteiligten ein üppiges Leben sicherte. Sie brauchten sich nicht zu verbergen, denn schon damals gehörten viele der Mafiosi dem – westlich ausgerichteten – türkischen Geheimdienst MIT an oder genossen dessen Protektion.

Der von den USA geförderte Militärputsch in der Türkei unterbrach diese Allianz nur vordergründig. Zwar wurden der Chef der Faschistenpartei, Alparslan Türkesch, und viele seiner Anhänger verhaftet; es gab sogar einen großen Prozess gegen Türkesch und seine Parteigenossen. Doch das Todesurteil gegen ihn wurde nicht vollzogen, und die meisten der Verhafteten fanden sich bald wieder in Freiheit. Ali Agca genoss im August 1980 seine lange Bildungsreise durch Europa.

Vor einem parlamentarischen Untersuchungsausschuss hat Meral Catli inzwischen bestätigt, dass ihr Mann kurz nach der Machtübernahme der Militärs im September 1980 einen sechswöchigen »Weiterbildungslehrgang« in einem westlichen Land besucht habe. Ein Informant in Istanbul hat der Autorin versichert, dass es sich dabei um ein Schulungslager der bundesdeutschen Antiterroreinheit GSG9 gehandelt habe. Dazu passt, was das Fernsehprogramm *Kontraste* in seiner Berliner Ausgabe herausgefunden hat: dass nämlich Abdullah Catli, der in den Achtziger- und Neunzigerjahren eine führende Gestalt im türkischen Heroinhandel war, unter einem fast öffentlich bekannten Pseudonym in die Bundesrepublik ein- und ausreisen konnte, ohne behelligt zu werden.

Nach dem Putsch ließen sich Catli und Celik in Frankreich nieder und besorgten Aufträge, die ihnen der türkische Geheimdienst MIT mit auf den Weg gegeben hatte: vornehmlich Terroranschläge gegen die armenische Befreiungsbewegung, für die ihnen 10000 Dollar aus türkischen Regierungsmitteln gezahlt wurden. Auch ihr Rauschgiftgeschäft lief gut – wenngleich zuweilen von Verhaftungen unterbrochen. So landete Catli 1981 in einem Schweizer Gefängnis – aus dem er freilich bald wieder entlassen wurde.

Aus Ankara war ein Team von CIA-Männern angereist, die sich bei den eidgenössischen Behörden nachdrücklich für die Freilassung Catlis verwendeten, eine ungewöhnliche, aufwändige Kooperation, die Hasan Günesch, Außenminister einer kurzlebigen Mitte-Links-Koalitionsregierung in den frühen Achtzigerjahren, jedoch ausdrücklich bestätigt.[2] Auch eine kurze Festnahme in Miami in den frühen Achtzigerjahren glitt an dem formidablen Verbrecher Catli ohne weiteres ab. Er wurde von den amerikanischen Einwanderungsbehörden umgehend wieder freigelassen, auch sein Reisegefährte Stefano Delle Chiaie, der berühmteste italienische Rechtsterrorist mit höchstem Rang auf den Fahndungslisten von Interpol, durfte weiterfliegen.

Oral Celik hat nicht ganz denselben Ruhm erreicht wie sein Truppenführer Catli. Doch auch er ließ sich, behütet von westlichen Geheimdiensten, in Frankreich nieder, um mit Rauschgift zu handeln und im türkischen Regierungsauftrag die armenische Befreiungsbewegung zu bekämpfen. Über den türkischen Faschisten, einen Jugendfreund, hatte Agca einst ausgesagt, er hätte Celik »wie seinen eigenen Bruder« geliebt. Aber diese innigen Gefühle sollten nicht andauern. Bewiesen ist jedenfalls, dass Celik Agca am 13. Mai 1981 auf den Petersplatz begleitet hat. Möglicherweise hat er auch geschossen. Auf dem Foto, das ihn bei der Flucht vom Petersplatz zeigt, schwenkt Celik eine Pistole. Am Morgen war er auf dem Videoband einer Bank in der Via Veneto beim Geldwechseln verewigt worden. Nach dem Attentat hat sich Celik gemeinsam mit Catli und ihren Familien in Frankreich niedergelassen.

Neben Catli und Celik war Bekir Celenk, Jahrgang 1934, eine zentrale türkische Figur im Komplott gegen den Papst. Agca ließ ihn in seinen Verhören erst im Jahr 1983 auftreten und sagte dann von ihm: »Celenk ist einer der wichtigsten, wenn nicht der wichtigste Mann in der Organisation des Attentats.« Bisher hätte er nichts über ihn gesagt oder ihn unter dem Namen Hamoud auftreten lassen, denn, so Agca: »Wenn ich seinen Namen enthüllt hätte, wäre das eine große

Gefahr für mein Leben gewesen; solange ich ihn aber verschwiegen habe, konnte ich hoffen, dass Celenk etwas zu meiner Befreiung unternimmt.« Aber nun saß Celenk selber fest. Seitdem die Nachricht von der möglichen Beteiligung des türkischen Dunkelmanns am Attentat auf den Papst durch die Zeitungen gegangen war, hielten ihn die bulgarischen Behörden unter Hausarrest im Luxushotel Vitosha. Zwischen Bulgarien und Italien gab es damals kein Rechtshilfeabkommen. Die bulgarischen Behörden hatten sich jedoch sofort bereit erklärt, die Ermittlungen der italienischen Justiz zu unterstützen, und handelten auch zügig. Carlo Palermo, der Bekir Celenk für seine eigenen Ermittlungen in Zusammenhang mit Waffengeschäften verhören wollte, bekam die Zustimmung der bulgarischen Behörden innerhalb von 48 Stunden.

Und so traf ein Reporter der *New York Times* Anfang 1983 in der Lobby des Hotels einen elegant gekleideten, bulligen Mann, mit modischen Lederflecken auf den Ellenbogen seines dezent karierten Kaschmirjacketts und einem braun gestreiften italienischen Seidenschlips. Drei stämmige Leibwächter begleiteten ihn. Einer von ihnen reichte seinem Herrn eilfertig eine Zigarre, als dieser mit einer Hand wedelte, und half ihm, das kostbare Stück aus Kuba zu entzünden. Tags zuvor hatten Celenks Gorillas einen türkischen Fotografen brutal zusammengeschlagen, der versucht hatte, den türkischen Mafioso zu fotografieren.

Auch in den USA und vielen anderen Ländern galten die Geschäfte des Türken als Zentrum des internationalen Heroin- und Waffenhandels – was er natürlich im Gespräch mit Journalisten abstritt. Aus Bulgarien exportiere er Mineralwasser und Zitrusfrüchte, behauptete Celenk dann gern, auch ein ausgemustertes Schiff der bulgarischen Handelsmarine hätte er erworben und auf den Namen »Celenk« getauft. Die »Celenk« sank auf ihrer ersten Fahrt für ihn – was nachträglich als ominöses Zeichen gelten mag. Das Glück hatte sich von ihm abgewandt, nachdem Agca auf den Papst geschossen hatte.

Der Hausarrest im Hotel ging ihm zu Recht auf die Nerven, die Aussicht, an die Türkei ausgeliefert zu werden, konnte den Lebemann, der mit einer türkischen Popsängerin verheiratet war, kaum erheitern. Ali Agca hatte von zwei Treffen mit Celenk berichtet. Das erste, entscheidende soll Ende Juli 1980 in Sofia im Hotel Vitosha stattgefunden haben – dort hätte ihm der türkische Geschäftsmann das Projekt, den Papst zu ermorden, in Umrissen angedeutet. Dass er zu dieser Zeit tatsächlich im Vitosha wohnte, musste Celenk zugeben. Er leugnete jedoch, Agca dort getroffen zu haben. Eine zweite abschließende Zusammenkunft wiederum, an der auch der Vorsitzende der Idealistenvereine (Tarnname für die in der Bundesrepublik agierenden Grauen Wölfe) teilgenommen habe, hätte es nach Agcas Aussagen am 30. März 1981 in Zürich gegeben. Celenk leugnete. Sein Pass wies auch keine Stempel auf, die seine Ein- und Ausreise in die Schweiz an diesem Tag belegt hätten – kaum ein Alibi für einen der wichtigsten Drogen- und Waffenhändler der damaligen Zeit, der über mehrere Pässe verfügt haben dürfte. Celenk behauptete, am 30. März in London gewesen zu sein, konnte das aber in keiner Weise belegen. Vernichtende Aussagen hatte die italienische Justiz jedoch in Deutschland gesammelt; sie finden sich in den Akten des zweiten Prozesses gegen Ali Agca und Komplizen.

Ein in München lebender Türke hatte den Ermittlern Schockierendes über Atalya Saral berichtet, den deutschen Mitarbeiter Celenks. Im Rahmen des Rechtshilfeersuchens, das an die Bundesrepublik gerichtet war, hatte am 19. September 1983 ein gewisser Salih Surfuler »außerordentlich Beunruhigendes« ausgesagt, hieß es in den deutschen Ermittlungen. Surfuler hätte berichtet, dass ihm Saral bei einem Treffen, das kurz vor dem Oktoberfest, also zwischen dem 15. und dem

20. September 1980 stattgefunden hätte, eine unglaublich klingende Frage gestellt habe: Ob er jemanden kenne, der für eine große Summe Geld bereit wäre, eine berühmte Persönlichkeit zu ermorden. Nach einigem Zögern hätte ihm Saral gesagt, dass es sich dabei um den Heiligen Vater handele. Entsetzt habe er verneint, sagte der Türke; seinem Freund habe er gesagt, er wäre wohl verrückt, Millionen von Gläubigen ihres Oberhauptes berauben zu wollen.

Von dem Mann, der ihm diesen ungeheuerlichen Vorschlag unterbreitet hatte, wusste der Türke damals nur, dass dieser ein Informant der deutschen Polizei war. In den Akten Carlo Palermos steht es genauer: Saral arbeitete seit Jahren für den BND mit Informationen über die türkische Szene in München; Ende der Siebzigerjahre hatte er sein Wissen auch den lokalen Vertretern der CIA zur Verfügung gestellt.[3]

Der Korrespondent der bulgarischen Nachrichtenagentur BTA, Christo Petrov, hat nach der Wende in Bulgarien, die auch dort das kommunistische Regime stürzte, noch einmal nachrecherchiert. Er kannte die inzwischen pensionierten Chefs des bulgarischen Geheimdienstes gut genug, um offen mit ihnen reden zu können. Keiner hat auch nur in Andeutungen die bulgarische These bestätigt – was nicht ausschließt, dass es wieder und wieder Versuche geben wird, sie aufzuwärmen.

In den Ermittlungen des Trientiner Staatsanwalts Carlo Palermo über den weltweiten Waffen- und Drogenhandel, dem er auf die Spur gekommen war, gibt es allerdings Spuren, die in eine andere Richtung weisen. Die Untersuchung Palermos hat nie zu einem Verfahren geführt. Nachdem der vielleicht allzu forsche Staatsanwalt im Zusammenhang seiner Drogen- und Waffenrecherche auch eine Durchsuchung des Mailänder Büros des damaligen sozialistischen Regierungschefs Bettino Craxi angeordnet hatte, wurde ihm die Untersuchung entzogen und er selbst in das Mafia-Nest Trapani in

Sizilien versetzt. Dort wurde wenig später auf einer Straße der Kleinstadt ein Bombenanschlag auf den norditalienischen Richter ausgeübt, dem er knapp entkam, während eine unbeteiligte Passantin mit ihren Zwillingen Guiseppe und Salvatore ums Leben kam.

Einen unwiderlegbaren Beweis dafür, dass die Mafia den Tod von Palermo wollte, hat es nie gegeben. Mögliche politische Gründe für den Anschlag sind denkbar, aber nie eindeutig nachgewiesen worden. Nach einem Zwischenspiel als römischer Abgeordneter der Anti-Mafia-Bewegung »Rete« praktiziert der Anwalt heute in einem kleinen Büro seiner Heimatstadt Trient.

Er hat sich aus der Politik gänzlich zurückgezogen. Das Attentat hinterließ ihm Anfälle quälender Kopfschmerzen. Anders als in den Jahren zuvor, in denen er keine Furcht davor hatte, mit gewagten Thesen und brillanter Rhetorik an die Öffentlichkeit zu treten, äußert er sich heute selten, und dann vorsichtig. An die bulgarische These, die er in den frühen Achtzigerjahren unterstützte, glaubt er nicht mehr. »Die Wahrheit dürfte jenseits des Atlantiks liegen«, meint er sibyllinisch, und das klingt nicht so, als sei er darauf erpicht, sich aufzumachen, um sie selber zu suchen.

In seinen Recherchen über Bekir Celenk hatte Palermo freilich schon in den Achtzigerjahren brisante Verbindungen aufgespürt. Celenk, so sagt Palermo, habe engste Beziehungen zu dem französisch-armenischen Waffenhändler Henri Arsan unterhalten, der wiederum die CIA belieferte. Palermo hatte Arsan in dessen Genfer Villa festnehmen lassen. Nur Tage später starb Arsan im Gefängnis von Trient – ein Infarkt, wie es schien. Bei der Autopsie fand man jedoch dicht neben dem Herzen den kaum sichtbaren Einstich einer feinen Injektionsnadel. Von Celenk wusste Palermo zudem, dass der Türke mit einem Unternehmen in Arlington, Virginia, nahe der amerikanischen Hauptstadt zusammenarbeitete. Theodore Shackley hatte es aufgebaut, der vormals dritthöchste Mann in der CIA und jahrzehntelang zuständig für »covert operations«, die schmutzigen Geheimaktionen der amerikanischen Spionagezentrale. Von Shackley, von seinen Kollegen »Blond Ghost« genannt, wird noch die Rede sein.

Führen alle Wege über Rom an Ende doch nach Langley? Das mag so aussehen. Es kann kaum erstaunen, dass die kommunistischen Deutungen des Geschehens fast automatisch auf diese Fährte gerieten. Da waren Paul Henze, der CIA-Mann in Ankara mit seinen Verbindungen zur von den Amerikanern ins Leben gerufenen Contra-Guerilla; seine Kollegin Sterling, auch sie der Agency verbunden; dann die zweifelhafte Figur eines Rudi Nazar von der amerikanischen Botschaft in Ankara.

Gemeinsam mit Paul Henze arbeitete Nazar für *Radio Free Europe* in München; die beiden blieben eng verbunden auf ihren diplomatischen Posten in Ankara und später in Bonn. Nazar diente sowohl in der Türkei als auch in Bonn als Verbindungsmann zur NAP und den Grauen Wölfen. Für die ersten aus der Welt des Kommunismus stammenden Deuter des Geschehens auf dem römischen Petersplatz, etwa Ion Andronov in seinem schnell zusammengenagelten Buch *On the Wolves' Track*, konnte ein Komplott, in dem Persönlichkeiten wie Henze und Nazar auftauchten, nur von der CIA geplant und gelenkt worden sein. Aber kann ein derart eklatanter Eingriff in die Weltgeschichte wie der versuchte Mord an einem Papst derart einfach konstruiert sein? Könnten noch so versessene CIA-Leute ein Drama in Gang setzen, das letztlich zu einem blutigen Aufstand in Polen, dem dann nur folgerichtigen Eingreifen der Sowjetunion und der ebenso unvermeidlichen Konfrontation mit den Vereinigten Staaten unter Ronald Reagan geführt hätte – also möglicherweise zur gegenseitigen nuklearen Vernichtung, die den Rest der Welt kaum ausgespart hätte?

Inzwischen ist jedoch mit Sicherheit zu erkennen, dass der Anschlag auf den Papst nicht in Langley entworfen wurde. Diese Meinung vertreten auch die frühesten und sicherlich immer noch besten Kenner der Materie, Edward Herman und Frank Brodhead. Für sie war der Anschlag, den die Grauen Wölfe vorbereiteten und einer von ihnen, Ali Agca, durchführte, ein türkisches Projekt, das aus der großturanischen Ideologie der NAP zu erklären ist. Doch die türkischen Faschisten des Alparslan Türkesch träumen nur von einem Großreich, das alle türkischen Völker zusammenfassen soll; sie sind keine fanatischen Islamisten, die einen neuen Dschihad wollen. Ein antichristlicher Kreuzzug ist nicht in ihrem Programm.

Wenn nach Brodhead/Herman Ali Agcas damals 16-jähriger Bruder Adnan Journalisten erklärt hat, Agca sei gegen das Christentum, darf das kaum als ernst zu nehmender ideologischer Beleg für die programmatische Haltung der türkischen Neofaschisten gewertet werden. Zwar hatte sich Ali Agca im November 1979 mit seiner Drohung, den Papst bei seinem angekündigten Besuch in der Türkei zu ermorden, zum ersten Mal einer weiteren Öffentlichkeit vorgestellt, aber seine eigene, bis heute von ihm wiederholte Erklärung, dass es ihm dabei nur um ein Ablenkungsmanöver für die Polizei ging, die sich nach seiner Flucht aus dem Militärgefängnis Kartal Maltepe nicht zu sehr darauf konzentrieren sollte, ihn zu suchen, wirkt glaubhaft und hat zudem funktioniert. Wäre ein Anschlag auf das Oberhaupt der katholischen Christenheit im Sinn der Grauen Wölfe gewesen, hätte es doch wenigstens aus einer Fraktion Beifall für ihn geben müssen. Aber der blieb aus. Im Gegenteil: Die unter dem Tarnnamen Idealistenvereine in der Bundesrepublik agierenden Grauwölfe beriefen sogar eine Pressekonferenz ein, um sich von der Tat ihres Landsmannes zu distanzieren. Und das gilt bis heute.

Muss also doch nach den Spuren der CIA gesucht werden? Nahe liegend wäre es durchaus, und es ist fast verständlich, dass die ersten aus dem östlichen Lager stammenden Schriften die CIA-Spuren, die es in der Tat gibt, als eine endgültige Erkenntnis über das Geschehen deuteten. Wie auch anders: Paul Henze, einer der Hauptverfechter der bulgarischen Fährte, war CIA-Chef in Ankara bis 1977. Zwei Jahre später, als Agcas erste Schritte auf seiner langen Reise nach Rom auszumachen sind, saß Henze auf einem wichtigen Posten im Nationalen Sicherheitsrat des demokratischen Präsidenten Jimmy Carter: Unter dem wild antikommunistischen Sicherheitsberater Zbigniew Brzezinski war Henze der zuständige Mann für den Nato-Partner Türkei. Nach der Niederlage Carters gegen Reagan im Jahr 1980 fand Henze Unterschlupf bei der CIA-nahen Rand Corporation, um »Szenarien« gegen das Vordringen des kommunistischen Erzfeinds zu entwickeln.

Als aber die »bulgarische These« über die amerikanische Öffentlichkeit hereinbrach, wurde sie von der CIA mit Skepsis betrachtet. Claire Sterling fühlte sich verletzt. Einer Patriotin, so sah sie das, die eines der finstersten Projekte aus dem Reich des Bösen entdeckt haben wollte, wurde die Anerkennung versagt. Dabei war Bill Casey, Reagans ehemaliger Wahlkampfmanager, der Carters Antischmutzkämpfer Admiral Stansfield Turner als Oberhaupt der CIA abgelöst hatte, durchaus auf der Seite der kämpferischen Journalistin und ihres Compagnons Paul Henze. Wutschnaubend sei Casey den Zweiflern an der Schuld der Bulgaren und des KGB in seiner Agency entgegengetreten und hätte von seinen Leuten verlangt, die entsprechenden Beweise zu finden oder, falls nötig, auch zu erfinden.

Was folgte, war ein interner Krieg in der CIA um das Papst-Attentat, der zuweilen burleske Züge trägt. Was sich zugetragen hat, kam bei der Anhörung im amerikanischen Senat um die Ernennung von Robert Gates zum Direktor der CIA im September 1992 ans Licht. Die Senatskommission gelangte dabei zu der Erkenntnis, dass »der Anschlag auf den Papst von den verantwortlichen Stellen des amerikanischen Geheimdienstes nicht vorausgesehen worden war. Bis 1981 jedenfalls waren die Analytiker davon überzeugt, dass Moskau einen halbwegs offiziellen Pakt mit dem Papst gehabt hätte, dass dieser den Aufruhr in Polen mäßigen und die Sowjetunion im Gegenzug militärisch nicht intervenieren würde. Die allgemeine Auffassung war, dass die Sowjets keinerlei Vorteil davon gehabt hätten, diese Abmachung zu ruinieren, auch wenn sie zunächst nicht die von ihnen gewünschten Ergebnisse gebracht hätte.«

Das war die Grundhaltung der Agency. Diese spiegelte sich auch in einer 1983 erstellten CIA-Analyse mit dem Titel: »Der Mordanschlag auf den Papst – eine Sammlung von Nachrichten zum Thema«. Das Papier schloss die Möglichkeit, dass die Sowjets für das Attentat verantwortlich seien, nachdrücklich aus.

Das missfiel William Casey, und darum bestellte er bei seinem Vize Robert Gates ein Dokument, das die bulgarische These untermauern sollte. Es wurde ihm gehorsam geliefert und trug den Titel: »Der Versuch Agcas, den Papst zu ermorden: Argumente für die sowjetische Beteiligung«. Aber diese blieben schwach. Melvin Goodman, Leiter der CIA-Abteilung für Analysen der Sowjetunion, erzählte den Senatoren: »Mehrere Jahre lang haben Casey und Gates vergeblich versucht, den flagranten Beweis dafür zu finden, dass die Sowjetunion Komplize des Anschlags gewesen sei.« Aber auch diesmal gelang es den peniblen Analytikern der Sowjetabteilung in der CIA nicht, nachzuweisen, dass die Sowjetunion Komplize des Anschlags auf den Papst gewesen sei. Der oberste CIA-Chef tobte. Gates wurde, so sagte Goodman aus, von Casey gezwungen, die zentralen Punkte des Berichts umzuschreiben und ihn mit einem Vorwort zu versehen, das klipp und klar erklären sollte: »Die Sowjets waren direkt beteiligt.«

Das aber wollten die Fachleute in der CIA nicht schlucken. Es kam zum offenen Dissens zwischen Direktor Casey und etlichen seiner Mitarbeiter. Doch der Boss obsiegte. Er bestellte eine weitere Studie, welche die Mitwirkung der Sowjets klarer herausarbeiten sollte. Die Experten, welche sie auftragsgemäß erstellten, versahen ihr eigenes Werk, das ihrer beruflichen Ethik widersprach, mit einem distanzierenden Vorwort. Und nicht genug: Kollegen aus ihrer Abteilung verfassten ein Gegendokument: »Das Attentat auf den Papst: eine Argumentation gegen die sowjetische Beteiligung«.

Das heiße Eisen glühte weiter. Vizedirektor Gates rief nun ein Kolloquium zusammen, das Ross Cowey, ein führender Sowjetexperte, leiten sollte. Der Abschlussbericht dieser internen Tagung äußerte sich kritisch über die beiden bisher erstellten Berichte und bemängelte vor allem, dass im Laufe dieser nunmehr über zwei Jahre laufenden Nachforschungen der obersten Geheimdienststelle der Vereinigten Staaten keinerlei andersgearteten Thesen zur sowjet-bulgarischen untersucht worden seien. Dabei blieb es freilich.

Eine weitere Analyse ist nicht erstellt worden: Der Fall der Mauer und das Ende des Kalten Krieges hatten dem heiß umkämpften Fall die Dringlichkeit entzogen. 1992 musste Gates vor den ihn befragenden Senatoren ein wichtiges Versäumnis einräumen: Die Politiker, denen die CIA-Berichte zugestellt worden waren, hatten keinerlei Hinweise darauf erhalten, dass diese am Ende nicht der Weisheit letzter Schluss waren. Am 18. Oktober 1991 bestätigte die Senatskommission Robert Gates mit elf zu vier Stimmen zum neuen Direktor der CIA.

Die jahrelange interne Debatte über das Papstattentat und die vergeblichen Versuche der Agency, es der teuflischen

Sowjetunion anzukreiden, qualifiziert die CIA für einen Freispruch in Sachen Papst-Attentat.

Und wie sieht es mit der östlichen Seite aus? Nach dem Fall der Mauer hätten sich eigentlich reichlich Dokumente und Zeugen finden müssen, um das üble Wirken des KGB und des bulgarischen Geheimdienstes zu belegen. Aber nichts ist aufgetaucht. Gleichsam als Morgengabe des Ostens an den Westen hatte es der siebenfache italienische Ministerpräsident Giulio Andreotti bei seinem Besuch im Jahr 1991 in Moskau von Michail Gorbatschow erbeten, Klarheit zu schaffen. Gorbatschow gab tatsächlich eine solche Recherche in Auftrag, die, wie es scheint, Andreotti überzeugt hat. In seinem 1992 erschienenen Buch über *L'Unione Sovietica vista da vicino* schreibt Andreotti: »Es hat sich niemals auch nur eine Spur von Beweis dafür gefunden, dass die Sowjetunion oder Bulgarien die Drahtzieher des Attentats auf den Papst waren. Ich fürchte, dass die italienische Justiz in dieser Hinsicht ganz entsetzlich an der Nase herumgeführt worden ist.«[4]

Ernster zu nehmen ist Victor Sheymow, ein Experte für Dechiffrierung des KGB, der 1980 aus der Sowjetunion geflohen war. Sheymow trat 1996, dramatisch verkleidet mit einer Perücke und einer Sonnenbrille vor den Augen in einer Sendung des Zweiten Deutschen Fernsehens auf. »Ich kann bezeugen, dass im November 1979 ein Befehl von KGB-Chef Juri Andropow kam, Informationen zu sammeln, wie sich dem Papst physisch zu nähern sei. Und im KGB-Slang hieß das eindeutig, dass die Entscheidung gefallen war, den Papst umzubringen«, sagte Sheymow, der ein sehr gutes Buch über sein Leben in der Sowjetunion geschrieben hat und derzeit in den USA daran arbeitet, einen »hacker-festen« Computercode zu erfinden. Seine Theorie über das Papstattentat klingt allerdings ein wenig abwegig. Wer damals wissen wollte, wie man sich dem Papst physisch nähern könnte, brauchte nur dann und wann fernzusehen, um zu erkennen, dass Johannes Paul II., der »Papst zum Anfassen«, liebend gern am Mittwochnachmittag auf dem Petersplatz in der Menge badete.

Auch bei der Gauck-Behörde in Berlin, welche die übrig gebliebenen Akten des Staatssicherheitsdienstes der DDR aufbewahrt, ist einiges über das Attentat zu erfahren. Die ersten Nachrichten zum Thema stammen aus dem August 1982, dem Monat, in dem der Artikel von Claire Sterling in *Reader's Digest* weltweit Aufsehen erregte.

Die bei der Stasi aufgefundene Korrespondenz verlief auf höchster Ebene: Der Innenminister Bulgariens, Stojanov, wandte sich an Erich Mielke, den ostdeutschen Stasi-Chef, und bat ihn darum, beim Niedermachen der »bulgarischen These« behilflich zu sein. Die beiden Nachrichtendienste vereinbarten wenig später, Gegeninformationen zu schaffen. Mit dieser Aufgabe wurde ein Agent namens Luigi Cavallo beauftragt, der in Paris lebte und mehrfach kontrarevolutionäre Aktionen im Westen geleitet hatte, um den reaktionären Charakter des kapitalistischen Staats zu enthüllen – ganz nach den Theorien der Roten Brigaden und der RAF. Cavallo schrieb zunächst ein Pamphlet, das in der von ihm geschaffenen »Agentur A« unter dem Titel *Ali Agca, CIA und das Attentat auf den Papst* 1983 erschien. Ein Jahr später kam Cavallos Rechtsanwalt, Christian Roulette, zu Wort, der in seinem Buch *La Filière* (Das Netz) zu beweisen versuchte, wie die CIA alles so schön organisiert hatte. Weder Cavallo noch Roulette legten jedoch eine einzige Zeile von Dokumentation vor.

Ermittler Priore kommt 1998, zu einer Zeit, in der ihm selbst noch daran gelegen war, die Bulgaren festzunageln, zu dem Schluss: »Von der Stasi-Dokumentation kann man keine Verantwortung oder die Mitbeteiligung der Bulgaren oder von Antonov am Attentat auf den Papst feststellen. Es wird vielmehr deutlich, dass auch in diesen internen Schriften die Bulgaren an der Unschuld Antonovs festhalten und lediglich die Sorge äußern, dass er unter Druck zusammenbrechen und eine falsche Aussage machen könnte.«

In den Konvoluten italienischer Akten über das Attentat gibt es ein Schreiben, das behauptet, Antonov sei ein General des bulgarischen Geheimdienstes gewesen. Es stammt allerdings von einem Mitarbeiter von *Radio Free Europe* in München, dem Propagandasender der USA nach dem Zweiten Weltkrieg, dem einstigen Arbeitgeber Paul Henzes.

Kapitel 8

Die geheime Welt der »Gladio«-Kämpfer

6. November 1996, gegen zwei Uhr morgens. Auf der Landstraße von Izmir nach Bursa, in der Nähe der Kleinstadt Susurluk in der Westtürkei prallt ein schwarzer, gepanzerter Mercedes, Kennzeichen 06 AC 600, auf einen mächtigen Lastwagen, der unvermutet und mit großem Tempo aus der Einfahrt einer Raststätte auf die Landstraße braust, Sekunden, nachdem ein vorausfahrender Wagen, in dem Leibwächter saßen, an der Tankstelle vorbeigerast war: Millimeterarbeit, die kaum zum Ablauf eines gewöhnlichen Unfalls passt. Im Fond starb der Besitzer des Unfallfahrzeugs: der uns inzwischen wohl bekannte Abdullah Catli, 40, oberster Boss der türkischen Rauschgiftmafia, Waffenhändler, dem Staat, dem türkischen Geheimdienst wie auch der CIA eng verbunden. Catli wurde zur Zeit des Unfalls wegen zahlreicher Morde international gesucht. Zugleich trug er einen vom türkischen Innenministerium ausgestellten Ausweis bei sich, der ihn als Mitglied einer geheimdienstlichen Sondereinheit auswies und ihm das Führen von Waffen erlaubte. Zwölf weitere bei ihm gefundene Personalausweise, Führerscheine und Pässe, auf verschiedene Namen ausgestellt, konnten ihm aus jeder Verlegenheit helfen. Mordgerät jeglicher Art fand sich reichlich im Kofferraum, Waffen und Munition israelischer und deutscher Herkunft, so eine Maschinenpistole vom Typ Heckler & Koch, Schalldämpfer, Giftmunition, Kokain und jede Menge

von Dokumenten. Den Wagen fuhr ein prominenter Diener des Staates, Hüseyin Kocadag, 52, einst stellvertretender Polizeichef von Istanbul, Leiter der politischen Abteilung. Er hielt engen Kontakt zu den Bossen der türkischen Rauschgiftszene, die ihn üppig entlohnten. Durch die Erpressung von Politikern, Auftragsmorde und die Beseitigung Oppositioneller hatte er ein riesiges Vermögen angehäuft.

Der Unfall beendete auch die schillernde Karriere von Gonca Us, einer nicht mehr ganz jungen Frau, die einige Jahre zuvor zur türkischen Miss Cinema gekrönt worden war und zugleich ein beachtliches kriminelles Talent an den Tag gelegt hatte. Sie war seit langem eine wertvolle Mitarbeiterin der Rauschgiftmafia, betätigte sich als Kurier und eifrige Wäscherin von schmutzigen Geldern; sie war Croupier in einem von der Mafia betriebenen Spielkasino und mehrte deren Gewinn. Neben ihr hatte sich Sedar Bucat niedergelassen, Abgeordneter der DYP, der Partei des Heiligen Weges der einstigen Ministerpräsidentin Tansu Ciller, die zur Zeit des Unfalls Außenministerin war, eine durch Korruptionsaffären und weitaus schwerer wiegende Vorwürfe belastete Dame.

Bucat war zugleich ein Führer eines gleichnamigen Stammes, der auf der Seite des türkischen Staates im Krieg gegen die Kurden kämpfte; er überlebte als Einziger. Catlis Beerdigung glich einem Staatsbegräbnis. Mindestens 10000 Menschen folgten dem Sarg. Die damalige Außenministerin Tansu Ciller lobt den Toten: »Wer für den Staat die Waffe in die Hand nimmt, ist ein ehrenwerter Mann.«

Doch für die türkische Öffentlichkeit war der nächtliche Ausflug der Unfallopfer, bei dem ein einstiger Polizeichef, der mächtigste türkische Gangsterboss und ein Abgeordneter einer regierenden Partei im selben Auto reisten, ein Skandalon, das nicht mit den Toten begraben werden durfte. Das Parlament setzte eine Untersuchungskommission ein, die nach dem Unfallort Susurluk benannt wurde und im Lauf ihrer Ermittlungen Erstaunliches ans Licht brachte. So bestätigte die Kommission die Existenz einer zivilen Geheimarmee in der Türkei, die inzwischen auch offiziell als Kontra-Guerilla bekannt ist.

Die »Kontras« der Türkei rekrutierten sich zum Teil aus Sondereinsatzkommandos der Polizei, zum anderen aus Einheiten einer vor der Öffentlichkeit versteckten »Abteilung für besondere Kriegsführung«, dessen Führung im Gebäude der amerikanischen Militärmission in Istanbul untergebracht war. Eines der wichtigsten Ausbildungshandbücher wurde von dem CIA-Angestellten David Gallula geschrieben, vom türkischen Generalstab übersetzt. In diesem CIA-Handbuch *Unterdrückung von Volksaufständen in Theorie und Praxis* steht, dass die Truppen für »besondere Kriegsführung« auch gegen Linke im eigenen Land eingesetzt werden sollen.

Enge Partnerschaft bestand – vielmehr besteht – nach Aussagen von Beteiligten auch mit dem bundesdeutschen Geheimdienst. Ein Befehlshaber der für ihre Brutalität berüchtigten »Sondereinsatzkommandos« der Polizei, Ibrahim Sahin, hat vor der Susurluk-Kommission ausgesagt, dass er eine Ausbildung bei der deutschen GSG9 erhalten habe.[1]

Auch der Chef des Nachrichtendienstes der Polizei berichtete der Kommission, dass die Bande um Abdullah Catli eng mit dem deutschen BND zusammengearbeitet habe. Die deutsche Botschaft in Ankara hat keinen Protest bei der türkischen Regierung gegen diese öffentlich erhobenen Anschuldigungen erhoben. Die türkischen Kontras mordeten unter Linken und Kurden. Sie inszenierten Massaker, um sie anschließend den Anhängern ebendieser beiden Gruppen in die Schuhe zu schieben – eine Feststellung, welche den blutigen Terror, den die PKK selbst ausgeübt hat, keineswegs minimalisieren soll. Der Bericht der Kommission zeichnet sich freilich durch Halbwahrheiten und einen unterwürfigen Ton aus, der die engen Grenzen aufzeigt, in denen sich die Kommission bewegte; gleichwohl wird mehr als deutlich, wie viel staatlichen Schutz Abdullah Catli, der Boss Ali Agcas, genossen hat: »Nach seiner Rückkehr in die Türkei, benötigte Catli einen ›Zufluchtsort‹. Dieser ›Ort‹ war zunächst das Polizeipräsidium Istanbul und danach sicherlich das Generalpolizeipräsidium der Türkei. Das Generalpolizeipräsidium stellte ihn wegen seiner Aktivitäten im Ausland als vertrauenswürdigen Kämpfer unter seinen Schutz.«

Die Tätigkeit Catlis während seines »Exils« in Frankreich ist bereits erwähnt worden. Der Bericht der Susurluk-Kommission hat sie sorgfältig aufgelistet: Es handelt sich um eine Serie von Mord- und Bombenanschlägen gegen die armenische Befreiungsbewegung und ihre Führer in Frankreich. Auch in diesem Land waren, wie sich bereits gezeigt hat, türkische Terroristen willkommen, so sie der »rechten« Sache dienten. Am – nun durch seinen Tod im Keim erstickten – Rehabilitationspotenzial Catlis mochten die ehrenwerten Mitglieder der Kommission keine Zweifel aufkommen lassen. Ein gewisses Übermaß an Verständnis für den Verbrecher sickert aus den Zeilen: »Auch über die Gnadenlosigkeit der Behörden muss hier gesprochen werden. Man hätte Catli eine neue Identität und eine Chance, in der Legalität weiterzuleben, geben oder, wenn er es nicht verdient hätte, ihn der Justiz übergeben sollen. Aber nichts davon ist geschehen.

Als Catli nach Ankara kam, konnte er mit ehemaligen wie mit amtierenden Ministern und Abgeordneten verkehren, hinter den Kulissen des Parlaments Tee trinken und offen in Restaurants mit ihnen speisen. Als er aber einmal in Erdek betrunken herumlief, haben ihn zwei Polizisten der Wache sofort mitgenommen, ihn erkennungsdienstlich behandelt und in Gewahrsam eingesperrt. Schließlich standen die Telefone nicht mehr still, und wenn er auch freigelassen wurde, ist es nicht schwer, seinen Seelenzustand nachzuvollziehen … Was sollte jemand, der mit den höchsten Amtsträgern des Staates verkehrte, in diesem Knäuel aus Widersprüchen tun?«[2] Armer, verwirrter Catli.

Die Arbeit der Kommission brachte auch und zum ersten Mal die »Abteilung für besondere Kriegsführung« ans Licht einer breiteren Öffentlichkeit. Ihre Existenz war seit langem bekannt. Bereits in den Achtzigerjahren hatte der türkische Journalist Mehmed Birand eine umfassende Dokumentation zum Thema veröffentlicht, in der er von einer »ultrageheimen Kontra-Guerilla« sprach, die Terroranschläge gegen die Opponenten des Regimes verübe und sich mit der Androhung oder Ausübung von Gewalt direkt in die Politik des Landes einmische. Diese Organisation sei zwar ein Teil der Geheimdienste, handle aber in völliger Autonomie. Sie bestehe aus Zivilpersonen und existiere im legalen Sinne nicht.

Der Bericht des Journalisten zitierte auch den sozialdemokratischen Regierungschef, Bülent Ecevit: »Ich bin überzeugt, dass die Kontra-Guerilla eine entscheidende Rolle bei den Militärputschen von 1971 und 1980 gehabt hat. Auch das Massaker vom Mai 1977 geht zu Lasten der Kontras. Unter der Hand wird in Ankara auch darüber geredet, wer hinter der Organisation der Kontra-Guerilla steht: die CIA-Niederlassung in Ankara, deren Chef 1977 Paul Henze war, anschließend Mitglied des Sicherheitsrates von Präsident Carter.«

Nach dem Susurluk-Skandal erschienen zahlreiche Bücher über die türkische Kontra-Guerilla, die nach ihrem italienischen Vorbild »Gladio« getauft wurde, benannt nach dem Kurzschwert der Kämpfer in Rom der Antike. In den Anhörungen der Susurluk-Kommission kam ans Licht, dass sowohl Abdullah Catli als auch Oral Celik ebenso wie Ali Agca der staatlich lizenzierten Killerorganisation angehört hatten. Alle drei, auch das wurde bei dieser Gelegenheit nun amtlich, arbeiteten zugleich für den türkischen Geheimdienst MIT.

In Italien wurde die Existenz der geheimen paramilitärischen Organisation im Jahr 1992 durch Recherchen des jungen Staatsanwalts Felice Casson aus Venedig in der Öffentlichkeit bekannt. Bei seinen Ermittlungen über das Attentat von Peteano, bei dem 1972 drei Carabinieri durch eine Autobombe ums Leben kamen, war er auf wohlgefüllte unterirdische Lager mit Waffen aus Natobeständen gestoßen. Der Sprengstoff, der die drei Polizisten umgebracht hatte, stammte aus einem dieser Depots in Venetien. Später wurden insgesamt 139 solcher Waffenlager in Italien entdeckt.

Wie fast durchgängig in der langen Geschichte der Politmassaker im Nachkriegsitalien wurden die Täter zunächst in linken Terroristenkreisen gesucht. Doch Casson entdeckte neofaschistische Spuren. Bei seinen Recherchen stieß er auf den notorischen Neonazi Vincenzo Vinciguerra von »Ordine Nuovo« und konnte ihn zu einem Geständnis bewegen. Vinciguerra sagte vor Casson aus, dass er von Staatsorganen gedeckt worden sei und von einer »geheimen Struktur«, die »parallel zu den Geheimdiensten« arbeite, von der Nato abhänge und im Fall einer sowjetischen Invasion Sabotageaktionen unternehmen sollte. Vinciguerra verriet aber auch, dass die geheime Struktur ebenso für die Bekämpfung politischer Gegner im Inland eingesetzt worden sei, mit der Absicht, die italienische Öffentlichkeit und ihre Tendenz nach links zu verunsichern, also zu destabilisieren.

Dieselbe Zielrichtung verriet ein Dokument des damaligen Militärgeheimdienstes Sifar, nach dem die »geheime Struktur« auch bei einer »inneren Subversion oder im Fall einer Gefahr für die Integrität des Staates« in Aktion treten sollte – also gegen den Vormarsch der demokratisch legitimen KPI, der Kommunistischen Partei Italiens, der einzigen KP außerhalb des Ostblocks, die konkrete Chancen besaß, durch Wahlen die Regierungsmacht zu erlangen.

Cassons Ergebnisse lösten einen Aufruhr in der italienischen Öffentlichkeit aus, die sich nicht zum ersten Mal von ihren Regierenden arg getäuscht fühlte. Ministerpräsident

Andreotti musste vor dem Parlament die Existenz der Geheimtruppen zugeben und einen Bericht über Struktur und Ziele der Kontra-Einheiten vorlegen. Nach den Aussagen des Ministerpräsidenten gehörten rund 700 »Patrioten« zu den »Gladio«-Einheiten. Sie sollten sich im Fall einer Invasion durch Ostblocktruppen dem Feind nicht entgegenwerfen wie die schmächtigen chinesischen Studenten im Juni 1989 auf dem Tienanmen-Platz in Peking; sie sollten vielmehr den Feind durch Sabotage, Spionage und sämtliche Formen von »nicht orthodoxer Kriegsführung« schwächen.

Blutige Terroranschläge in Italien, die seit dem Ende der Sechzigerjahre das Land immer wieder erschütterten und hunderte von Todesopfern gefordert haben, waren Bestandteil einer »Strategie der Spannung«, welche die Italiener davon abhalten sollte, kommunistisch zu wählen.

In der Türkei wurden die »Gladio«-Truppen sogar vor den Augen von Ministerpräsidenten verborgen. Sozialdemokrat Bülent Ecevit, der von 1973 bis 1977 die Regierung der Türkei führte und Anfang 2001 wiederum dieses Amt innehat, erfuhr erst gegen Ende seines ersten Amtsjahrs von der paramilitärischen Untergrundarmee in seinem Land. Er war verblüfft, als ihn der höchste Militär in seinem Land, General Semith Sancar, darum bat, ein neues Hauptquartier für die »Abteilung für besondere Kriegsführung« aus seinem Geheimfonds zu finanzieren. Ecevit hatte nie von solchen Sondereinheiten gehört, noch fand er einen Posten für sie im Budget. Der amerikanischen Journalistin Lucy Komisar erzählte Ecevit, dass er Aufklärung schließlich aus dem Hauptquartier der türkischen Armee erhielt: »Es gibt eine bestimmte Zahl von Patrioten bei uns, deren Namen geheim gehalten werden und die sich auf Lebenszeit für die »Abteilung für besondere Kriegsführung« verpflichtet haben. Sie verfügen über versteckte Waffendepots in verschiedenen Landesteilen.«[3]

Ecevit war besorgt. Er fürchtete, völlig zu Recht, dass diese Patrioten rechts gepolt sein könnten und ihre Waffen für ihre eigenen ideologischen Ziele missbrauchen würden. Dennoch gab Ecevit die Mittel für die Finanzierung frei – schon in Hinblick auf gute Beziehungen zur amerikanischen Schutzmacht, die seine wacklige Koalition mit einem Fingerzeig hätte stürzen können. Die Vereinigten Staaten waren in der Tat informiert: Sie hatten das Netz von Untergrundtruppen schließlich in vielen westeuropäischen Ländern unmittelbar nach dem Zweiten Weltkrieg ins Leben gerufen; ab 1949 wurden sie der Nato zugeordnet.

Die türkischen Kommandos, deren Oberbefehl ursprünglich in der amerikanischen Militärmission in Istanbul untergebracht war, nahm nach dem Putsch von 1971 den Namen Kontra-Guerilla an. Ugur Mumcu, dem sicher prominentesten Redaktionsmitglied von *Cumhurriyet*, der nach dem Putsch von 1980 verhaftet wurde, erklärten seine Folterer: »Wir sind die Kontra-Guerilla. Nicht mal der Ministerpräsident kann uns etwas anhaben.« Ugur Mumcu wurde 1993 von einer Bombe getötet, die unter seinem Auto befestigt war. Vermutet wird, dass er zu viel über Männer wie Abdullah Catli und deren enge Beziehungen zur Staatsmacht publiziert hatte. Ein wenige Jahre nach dem Attentat auf Johannes Paul II. veröffentlichtes Buch von Mumcu enthält auch die Nachricht über die Mitgliedschaft Ali Agcas im türkischen Geheimdienst MIT.

Dass Agca zur Kontra-Guerilla gehörte, war bekannt, schon *bevor* er den Anschlag auf den Papst unternahm. Eine Bestätigung dafür findet sich in der – inzwischen eingestellten – italienischen Wochenzeitschrift *L'Europeo*. Ihr langer Bericht über das Attentat auf den Papst vom 21. Mai 1981 enthält auch eine Biografie des jungen Türken. Und selbstverständlich ist in ihr von seiner Flucht aus dem Militärgefängnis Kartal Maltepe am 29. November 1979 die Rede: »Agcas

Flucht wurde am Morgen entdeckt. Als die Insassen von Agcas Schlafsaal im Gefängnis nach dem Flüchtling gefragt wurden, rief einer von ihnen: Warum erkundigt ihr euch nicht bei der Kontra-Guerilla?[4]« – eine im Rückblick geradezu bestürzende Bemerkung, angesichts des Umstands, dass die Existenz dieser illegalen Geheimarmee im westlichen Europa erst Anfang der Neunzigerjahre bekannt wurde.

Amerikanische »Contras« wurden durch eine ganz andere Affäre berühmt: die Iran-Contra-Geschäfte aus den Jahren 1984/1985. In einer illegalen, geheimen Aktion des Weißen Hauses wurden amerikanische Waffen an den damaligen Feind Nummer eins der USA, den Iran, verkauft und die Gewinne für die Unterstützung der reaktionären Contras im Kampf gegen die Sandinistas in Nicaragua verwendet. Einer der Urheber dieser illegalen Aktion war, so hat eine Untersuchungskommission des Senats festgestellt, der Washingtoner rechte Ideologe Michael Ledeen. Heute Chefredakteur der reaktionären Zeitung *Washington Times*, war Ledeen, Jahrgang 1939, einer der neokonservativen Kreuzfahrer in den USA, die Ronald Reagan propagandistisch den Weg bereitet hatten und ihn fortan politisch begleiteten. Nach Reagans Sieg im November 1980 stieg Ledeen zum Berater des neuen kriegerischen Außenministers der Vereinigten Staaten, General Haig, auf und stand mehrere Jahre lang in verschiedenen Funktionen dem Zentrum der amerikanischen Regierungsmacht nahe.

Gemeinsam mit dem bereits erwähnten italienischen Geheimdienstmann Francesco Pazienza gestaltete Ledeen 1980 eine Schmutzkampagne gegen den Bruder des amerikanischen Präsidenten, Billy Carter. Pazienza, 56, sitzt seit Jahren in einem italienischen Gefängnis. Er wurde in einem nicht ganz durchsichtigen Verfahren wegen Verdunkelung von Spuren nach dem Bombenanschlag im Bahnhof von Bologna (82 Tote) zu zehn Jahren Haft verurteilt. Als Mitarbeiter des Sismi hatte Pazienza damals falsche Spuren gelegt, welche den neofaschistischen Ursprung des schrecklichsten Anschlags der italienischen Geschichte verschleiern sollten. In seinen im Gefängnis geschriebenen Memoiren *Il Disubbidiente*, erschienen im Jahr 1999, schildert Francesco Pazienza die Affäre so, als hätte es sich dabei um einen gelungenen Jungenstreich gehandelt. In Wirklichkeit hat er sich die Information über Billy Carters Libyenabenteuer in einem Verfahren besorgt, das die Staatsanwaltschaft als »gewaltsame Erpressung« bezeichnet hat. Ledeen hat diese auf illegale Weise beschaffte Information zu einer wilden Presseattacke gegen Präsident Carter benutzt, die sich zum so genannten »Billygate« ausweitete.[5]

Die Iran-Contra-Affäre fädelte Ledeen gemeinsam mit seinem Freund und Geschäftspartner Ted Shackley ein, dem langjährigen Abteilungsleiter für schmutzige Tricks und Geheimkriege bei der CIA. In der 1994 erschienen Biographie Shackleys liest sich Karriere des CIA-Mannes wie ein Mammutporträt des hässlichen Amerikaners.[6] In Südostasien erwarb sich Shackley den Beinamen »Schlächter von Laos«. In Chile war Shackley für den Sturz und Tod des demokratisch gewählten Präsidenten des Landes, Salvadore Allende, verantwortlich. Doch in der zweiten Hälfte der Siebzigerjahre geriet Shackleys brillante Karriere ins Abseits. Der von dem Moralisten Jimmy Carter bestellte neue Chef der CIA, Admiral Stansfield Turner, wollte die Geheimdienstbehörde von ihren entfesselten Untergrundkämpfern reinigen und die amerikanischen Spione auf ehrliche, saubere Arbeit einschwören. Theodore Shackley landete auf einem nicht besonders bedeutenden Job in der Zentrale, obwohl er gehofft hatte, seine Karriere in der CIA als Stationschef in London, Paris oder Bonn abzuschließen. Admiral Turner hat Shackley vor allem übel genommen, dass er aus der CIA-Zentrale in Washington die dunklen Geschäfte des Waffenhändlers Edwin Wilsons gefördert hatte.

Wilson war Ende der Siebzigerjahre noch der Kompagnon von Frank Terpil – von »Major Frank« also, der Ali Agca trainiert hat. Shackley reichte seinen Rücktritt ein und gründete sein eigenes Unternehmen. Die Firma in Arlington, Virginia, welche stolz die Initialen des Inhabers TGS als Namen führte, hatte sich auf elektronisches Überwachungsequipment zum Schutz von Industrieanlagen spezialisiert.

Damals, etwa 1978, beginnt auch Shackleys Freundschaft zu Michael Ledeen, der »Shackley als Quelle kultivierte und ihn dafür in seinen Artikeln freundlich behandelte«.[7] In einem Stück für das *New York Magazine* im Frühjahr 1980 machte Ledeen Carters CIA-Direktor Stansfield Turner nieder, dass er einen hoch talentierten Mann wie Shackley habe ziehen lassen; der Umstand, dass Turner Shackley nicht befördert habe, sei ein Beweis dafür, dass der Admiral nicht für sein hohes Amt tauglich sei.[8]

Shackley und Ledeen verfügten auch über gute Beziehungen zum italienischen Militärgeheimdienst Sismi. 1980 hielten die beiden Amerikaner ein Seminar für die Angehörigen des Sismi in Rom ab, an dem auch der Sismi-Direktor General Santovito teilnahm. Thema des Seminars: Entdeckung und Verhinderung terroristischer Anschläge.

Mit der Regierungsübernahme durch Ronald Reagan sah Theodore Shackley die Möglichkeit gekommen, weiterhin die Politik der CIA zu gestalten, wenn auch von außen. Und so entwickelte sich Shackley geradezu zu einem Propheten jener Geheimaktionen, die ihm am Ende seiner Karriere bei der CIA von dem Moralisten Jimmy Carter verboten worden waren. Am 5./6. Dezember 1980, also kurz nach der Wahl, die Ronald Reagan gewonnen hatte, versammelten sich einige führende Herren der internationalen Geheimdienstelite, Journalisten, Mitarbeiter von wichtigen Männern der amerikanischen Legislative auf dem Capitol Hill, im Konferenzraum eines konservativen Forschungszentrums, dem Strategy

Information Center. Thema der Zusammenkunft: »Geheimdienstaufgaben in den Achtzigerjahren«.

David Corn schreibt über das Treffen: »Die Stimmung bei der Zusammenkunft war hoffnungsvoll. Welche schmutzigen Tricks würden in der Dekade, die gerade angebrochen war, vonnöten sein? Ted Shackley beteiligte sich mit einem Referat über ›Paramilitärische Aktionen im kommenden Jahrzehnt‹.« Hier durfte der abgeschobene Meister der schmutzigen Tricks endlich wieder so sprechen, wie es seiner tiefsten Gesinnung entsprach: Kalter Krieg pur. »Am Beginn dieser Dekade unterstützen kubanische Söldner diktatorische Regierungen in zwei großen afrikanischen Nationen, Angola und Äthiopien. In der westlichen Hemisphäre regieren Revolutionäre, die in Kuba und in der Sowjetunion ausgebildet worden sind.« Shackleys Liste schien unendlich lang zu sein: sowjetische Truppen im Süden der arabischen Halbinsel und die damit verbundene Bedrohung der westlichen Erdölversorgung. Sowjetische Truppen in Afghanistan, von den Sowjets unterstützte Rebellen in Honduras und in Namibia. Alle politischen Übel der Gegenwart stammten, aus der Sicht Shackleys, aus Moskau, wo offenkundig, so lesen sich seine Auffassungen heute, immer noch dieselben Monster von einst saßen: die Babyfresser aus dem Kalten Krieg.

»Die Weigerung, sich der Herausforderung dieser weltweiten politischen Kriegsführung zu stellen, ist gefährlich, und zwar in verantwortungslosem Maße. Solches Versagen könnte durchaus zu einer nuklearen Konfrontation mit der Sowjetunion führen, die den größten Teil der Welt kontrolliert, während den Vereinigten Staaten, isoliert, angegriffen an allen Fronten, in jäher Verzweiflung nichts anderes übrig bleibt, als zu ihrem nuklearen Arsenal zu greifen.« Doch es gäbe noch eine andere Lösung, eine »dritte Option, den Gebrauch von Aufstand und Gegenaufstand und Geheimoperationen, um politische Ziele zu erreichen«. Die Vereinigten Staaten, so paraphrasiert Autor David Corn, »müssen sich zu paramilitärischen Aktionen bekennen. Sie könnten sich den luxuriösen Glauben nicht leisten, dass sie kein Recht hätten, sich insgeheim in die inneren Angelegenheiten anderer Staaten einzumischen. Das Ausmaß, in dem die Vereinigten Staaten paramilitärische Aktionen betreiben, ist ein Gradmesser für ihren Willen, die nationalen Interessen der Vereinigten Staaten zu wahren.«[9] Die einzige Möglichkeit, die Bastarde zu stoppen, war, sie mit ihren eigenen Mitteln zu schlagen.

Wenig später veröffentlichte Shackley seine aggressive Botschaft auch im Verlag von *Reader's Digest*, in einem Buch, das er *The Third Option: An American View of Counterinsurgency Operations* nannte. Der der CIA freundlich gesinnte Verlag hatte die Kampfschrift Shackleys vorher von der – inzwischen wieder republikanisch geleiteten – Agency absegnen lassen.

In einer Besprechung der Shackley-Broschüre in der *Washington Post* schrieb Peter Osnos, der für *Newsweek* als Korrespondent in Vietnam gewesen war: »Es ist ein inhaltlich ziemlich dünnes Buch, aber man kann wetten, dass irgendwo – und bald – jemand Shackleys Theorie in die Praxis umsetzen wird.«[10] Aber das war vielleicht schon geschehen. Die Besprechung erschien am 28. Juni 1981 in der *Washington Post*. 15 Tage zuvor hatte Ali Mehmed Agca auf den Papst geschossen.

Könnte es sein, dass sich die Hintermänner des Attentats von den aggressiven, öffentlich vorgetragenen Thesen inspirieren ließen?

In den Ermittlungen über das Attentat auf den Papst spielt Michael Ledeen eine mysteriöse Rolle. Bei der Anhörung vor dem Kongressausschuss für die Geheimdienste, in der es um das Attentat auf den Papst ging, wurde auch Ledeen gehört. Am Beginn seiner Aussage versicherte er, er wisse nichts über den Anschlag auf den Papst und seine Hintergründe. Das Gegenteil lässt sich nicht beweisen. Allerdings gibt es Indizien, wonach Ledeen die Verhöre Ali Agcas, die zu seinem zweiten Prozess führten, aus einer äußerst privilegierten Quelle verfolgte. Ein italienischer Rechtsanwalt, der Ledeen im Oktober 1983 in Washington besucht hat (also vor Beginn des zweiten Prozesses), sah zu seinem höchsten Erstaunen einen Stapel von Verhörprotokollen aus dem hoch geheimen Ermittlungsverfahren auf dem Schreibtisch Ledeens. Dieser bemerkte den Blick seines Besuchers und hob lächelnd einen Zeigefinger zum Mund.

Was Ledeen generell über den Einsatz von Mord im Dienst der nationalen Interessen eines Landes dachte, wollte er in dem ehemals renommierten linken New Yorker Magazin *Partisan Review* veröffentlichen. Diese Vierteljahresschrift war eine Bastion der New Yorker Intellektuellen in den Fünfziger- und Sechzigerjahren. Hannah Arendt, Susan Sontag, André Malraux, George Orwell, Arthur Koestler, Ignazio Silone und andere große Literaten hatten für *PR* geschrieben. Doch im Zuge der Reagan-Revolution war *PR* in die neokonservative Richtung gedriftet.

Ledeen wurde um einen Beitrag gebeten, und der enthüllte seine ungeheuerlichen Grundüberzeugungen. Als Erstes pries Ledeen die »demokratische Revolution«, welche Reagan eingeleitet hätte, auch um »die pseudodemokratische Auffassung« zu bekämpfen, nach denen »jedermann in der Politik sagen dürfte, was er oder sie wolle, ungeachtet seiner oder ihrer Qualifikationen«. Er behauptete, und das sogar falsch, dass »die Exekutive verfassungsmäßig die Verantwortung für die Außenpolitik trägt«, und zitierte in diesem Zusammenhang einen französischen Konservativen und dessen Auffassung, dass »dabei auch dann und wann Gesetze gebrochen werden müssen«. Schließlich plädierte Ledeen in seinem Artikel ausdrücklich dafür, ein Gesetz zu ändern, das amerikanischen Beamten untersagt, mit Mördern zusammenzuarbeiten; auch eine Regierungsorder aus dem Jahr 1975 sollte widerrufen werden, die jedem amerikanischen Regierungsvertreter verbietet, »Morde zu begehen, anzuordnen, zu ermutigen oder zu erleichtern«.[11]

Der Artikel, der nie gedruckt worden ist, hat zu schweren Auseinandersetzungen in der Redaktion des *Partisan Review* geführt.

Richter Rosario Priore wollte Michael Ledeen 1995 im Zusammenhang mit dem Attentat auf Johannes Paul II. vernehmen. Ledeen reiste mit seinem Anwalt an und verweigerte unter Berufung auf den Verfassungsgrundsatz, dass sich niemand selbst belasten müsse, die Aussage.

Ali Agca selbst sagt inzwischen knapp: »Das Attentat war eine ›covert operation‹, und damit basta.« Er weigert sich, das Thema ausführlicher zu besprechen, da das zu gefährlich sei.

Der Sinn des Anschlags auf Johannes Paul II. wäre damit Propaganda gewesen: Die Schüsse auf den Papst sollten den endgültigen Beweis liefern, dass Moskau der Ursprung aller politischer Terrortaten sei, und zugleich die Unruhe in Polen schüren. Der Papst sollte nicht ermordet werden – ein Killer wie Agca hätte sein Ziel keineswegs verfehlt. Dieser hat schließlich selbst gesagt, dass, wäre der Tod des Papstes seine Absicht gewesen, er sein Magazin geleert hätte.

Interessante Aussagen zu diesem Thema stammen von einem gerichtswissenschaftlichen Experten, Professor Francesco Bruno, der in den Achtzigerjahren für den italienischen Geheimdienst arbeitete. Seine Aussagen, die sich heute in den Akten von Rosario Priore befinden, sind zuerst 1994 in der nicht weiter bekannten römischen Monatsschrift *30 Giorni* veröffentlicht worden, die sich hauptsächlich mit kirchlichen Angelegenheiten beschäftigt. Ihr Herausgeber ist freilich außerordentlich prominent: Giulio Andreotti, siebenfacher Ministerpräsident Italiens.

Professor Bruno sagte also: »Obwohl ich seit 1987 nicht mehr dem Geheimdienst angehöre, wäre ich eigentlich nach wie vor angehalten, nichts zu verraten. Aber inzwischen ist eine Epoche zu Ende gegangen, und ich halte es für wichtig, dass die Wahrheit über diese Affäre endlich ans Licht kommt.«

Frage: »Ihre Hypothese ist also, dass Ali Agca auf dem Petersplatz den Auftrag hatte, nur zu verletzen, nicht zu töten?«

Professor Bruno: »Was ich sage, ist keine Hypothese mehr. Es gründet sich auf konkrete Fakten. In erster Linie auf die Analyse des Schusskanals. Die Zeitungen von damals, die selbstverständlich getäuscht worden waren, berichteten, dass der Schuss von unten nach oben durch den Körper des Papstes gegangen sei. Reine Desinformation. In Wirklichkeit ist genau das Umgekehrte passiert. Der Schuss, der den Papst verletzt hat, ist von oben nach unten abgefeuert worden. Er hat die Bauchhöhle durchdrungen und ist am Schenkel wieder herausgekommen. Man kann das sehr gut an den Fotos sehen, die zeigen, dass Agca eine Körperhaltung einnimmt, die völlig unnatürlich für einen Mann ist, der ermorden will. Man sieht die Hand, die zwischen der Menge erscheint und die nach unten weist. Um aber ein Ziel zu treffen, das sich auf einer höheren Ebene befand, hätte Agca von unten nach oben zielen müssen.

Die Schussbahn ist im Übrigen nicht das einzige Element. Jemand, der den Papst tödlich treffen, also ein unwiederholbares Attentat auf eine der wichtigsten Personen der Welt verüben will, wählt dafür die geeignete Pistole. Stattdessen hat Agca eine Browning Kaliber 9 mm benutzt, die kein ernsthafter Killer jemals gebraucht hätte, um zu ermorden. Das zeigt auch der Umstand, dass der Papst in sich selbst zusammensinkt, anstatt von der Gewalt des Projektils nach hinten gestoßen zu werden. Jeder Killer weiß das. Jeder ernsthafte Mörder hätte eine P38 benutzt.«

Frage: »Richter Rosario Priore soll sich jetzt auch mit

neuen Fotos vom Attentat befassen. Wissen Sie etwas darüber?«

Professor Bruno: »Ich weiß nur, dass viele der Fotos, die uns zur Verfügung gestellt wurden, von unseren Kollegen bei der CIA kamen. Wir haben sie dann an die Staatsanwaltschaft weitergeleitet. Und das bedeutet doch, dass vielleicht nicht besonders viel offizielle Fotografen beim Attentat dabei waren, aber dafür andere, nämlich offiziöse. Leider ist von diesen Fakten niemals gesprochen worden. Wir beim Sismi wussten Bescheid. Wir haben unser Wissen weitergeleitet, aber irgendwo weiter oben ist es zurückgehalten worden. Alle haben sich an der bulgarischen These festgeklammert, um das Attentat auf den polnischen Papst dem Imperium des Bösen, der Sowjetunion, anhängen zu können. Wir vom Fach wussten dagegen, dass dem Papst mit dem Anschlag ein Signal gegeben werden sollte, und das kam ganz gewiss nicht aus dem Osten.«[12]

Aber ist der Anschlag auf Johannes Paul II. nur politisch aus dem Ost-West-Konflikt zu deuten?

Kapitel 9

Ein Bischof, gekleidet in Weiß

13. Mai 2000. In einer ländlichen Einöde 70 Kilometer nordöstlich von Lissabon ragt die Figur der Weißen Madonna auf ihrem blumenbesteckten Sockel aus einem Meer von Menschen, das bis zum Horizont reicht. Etwa 600000 Gläubige lagern um die Marienfigur, viele haben die Nacht hier verbracht, auf Decken oder in einfachen Zelten. Immer noch treffen Wallfahrer ein, etliche von ihnen legen die letzten 100 bis 150 Meter bis zum Ziel auf den Knien zurück. Die meisten der Pilger, kräftige, ländliche Figuren, dürften aus der Gegend stammen; aber auch aus Italien, ganz Europa, Lateinamerika ja sogar aus Japan sind Fatima-Gläubige angereist. Familien, Gruppen, einzelne Wanderer sind noch unterwegs. Aus der Menge sind dann und wann kirchliche Lieder zu vernehmen oder liturgischer Wechselgesang. Einzelne oder Gruppen schleppen ein Kreuz.

In dieser verlorenen Ecke Portugals sollen am 13. Mai 1917 drei Hirtenkinder aus dem Dorf Fatima, Lucia, 9, Jacinta, 7, und Francisco, 11, vor der »Höhle der Irene« (Cova da Irinia), eine Marienvision erlebt haben. Ein halbes Jahr lang, pünktlich am 13. jeden Monats des Jahres 1917, soll sich vor anschwellenden Menschenmengen der himmlische Besuch bei den Kindern wiederholt haben; im Laufe dieser Zeit hätte die Gottesmutter ihnen ein dreiteiliges Geheimnis anvertraut, beteuerten die kleinen Hirten. Zwei der Kinder wurden in den folgenden zwei Jahren von einer Grippeepidemie hinweggerafft. Nur Lucia dos Santos überlebte und trat mit 16 Jahren in ein Karmeliterinnenkloster ein, wo sie in Klausur lebte und ihre Geheimnisse bis ins Jahr 1938 für sich behielt.

Vor einer halben Million Menschen enthüllte dann die junge Nonne die ersten beiden Teile der Geheimbotschaft: Im ersten Abschnitt, so Lucia dos Santos, hätten sie eine Vision der Hölle gesehen, einschließlich der Feuerschwaden und Schreckensschreie der gequälten Sünder. Im zweiten Abschnitt hat sich die Gottesmutter, folgt man dem Bericht der Lucia, zu einem wichtigen politischen Kommentar entschlossen. Das Ende des Weltkriegs (von dem man noch nicht wusste, dass es der Erste war) sei nahe. Aber die Gläubigen hätten noch Schreckliches zu erleiden, die Madonna sei zornig, weil Russland vom Glauben abgefallen wäre, und erst, wenn sich das Land der Zaren zum katholischen Glaube bekenne, werde sie versöhnt sein.

Den dritten Teil der Botschaft behielt die Nonne für sich. Im Jahr 1941 wurde sie freilich von »Gottes Vertreter auf der Erde«, auf Anweisung des Vatikans also, dazu bewegt, den Rest der Offenbarung schriftlich niederzulegen und nach Rom zu übermitteln. Und das geschah, wenngleich die Karmeliterin verfügte, dass nur der jeweilige Heilige Vater den Brief lesen dürfte. Dies nahm die Kurie offensichtlich nicht ganz ernst. Ob sich der damals regierende Papst Pius XII. an das Gebot gehalten hat, ist nicht zu erkennen.

Immerhin: Fatima war ihm wichtig. Im Oktober 1941 reiste er nach Portugal und bat die Katholiken des inzwischen faschistischen Landes, dafür zu beten, dass die zweite Botschaft von Fatima, also der Sieg des Katholizismus in Russland, sich bald erfülle. Als Hitlers Armeen 1941 Leningrad umzingelt hatten, gab Papst Pius XII., offenkundig erfreut, in einer Feierstunde bekannt, dass nunmehr die Forderung der Gottesmutter von Fatima, die Niederlage des atheistischen Russland, verwirklicht worden sei; er rief die Gläubigen dazu auf, für die Erfüllung der nächsten Stufe, für die Wendung Russlands zum Katholizismus, zu beten.

Die Geschichte der politischen und kirchlichen Manipulation der Fatima-Legende hatte begonnen. Unter Berufung auf die Fatima-Kinder und zur Unterstützung der päpstlichen Bitte sandte der katholische Diktator Spaniens, General Franco, seine Blaue Division mit 17 000 Mann an die russische Front. Sie wurde aufgerieben. Die schrecklichsten Leiden und die furchtbarsten Opfer sind freilich damals Russland abverlangt worden, das nach dem Ende des Zweiten Weltkriegs nicht im Mindesten erwog, katholisch zu werden. Aber die Maria von Fatima wurde zur »Madonna des Kalten Krieges«. Johannes XXIII. war der erste Pontifex, von dem verbürgt ist, dass er den Umschlag der Karmeliterin öffnete. Er schien nicht besonders beeindruckt zu sein und übereignete den Brief aus Portugal kommentarlos und erneut versiegelt dem päpstlichen Archiv.

Paul VI. besuchte Fatima im Jahr 1967 und schürte die Neugier der Gläubigen mit der kryptischen Bemerkung: »Nach Hiroshima verstehen wir Fatima besser.« Nun verdichteten sich die apokalyptischen Erwartungen um das dritte Geheimnis, von dem die Gläubigen zumindest erwarteten, dass es das Ende der Welt in einem nuklearen Armageddon oder ähnlich Schreckliches ankündigen würde.

Nach dem 33-Tage-Pontifikat Johannes Pauls I. hätte sich der ganz besonders mariengläubige Johannes Paul II. umgehend an die Lektüre der Post aus Portugal machen können. Doch es scheint, dass er unter seinen neuen, überbordenden Amtspflichten und in seinen Sorgen um Polen nicht in erster Linie daran interessiert war, nachzulesen, was die portugiesischen Hirtenkinder von der Weißen Signora gehört hatten. Erst in den Tagen *nach* dem Attentat überbrachte ihm einer seiner Kardinäle, vermutlich Casaroli, den geheimnisvollen

Umschlag und setzte den Schwerverletzten in Kenntnis über das dritte Geheimnis von Fatima. Zwar hat Johannes Paul II. später von »einer Hand, die schoss, und einer mütterlichen Hand, die die Kugel aufgehalten hat«, gesprochen. Aber damit könnte er durchaus die Gottesmutter in ihrer Gesamtheit gemeint haben, der er mit dem Motto »totus tuus« schließlich sein Pontifikat gewidmet hatte.

Im Jahr 1982 wurde freilich die Fatima-Interpretation des päpstlichen Geschickes erneut verstärkt. Johannes Paul II. reiste nach Fatima, um der Madonna eine der Kugeln des Attentäters, die im Jeep stecken geblieben war, zu widmen. Er hatte die Basilika bereits betreten und den Altar erreicht, als ein junger Priester mit einem 40 Zentimeter langen Dolch auf ihn zustürzte, offenkundig oder scheinbar in der Absicht, ihn zu ermorden. Dabei soll er geschrien haben: »Dieser Papst hat den Thron Petri usurpiert, er ist ein Antipapst, er ist schuld an der Krise der Kirche.« Der Attentäter, Juan Fernandez Krohn[1], wurde schnell überwältigt und abgeführt, während der Papst seines Amtes waltete.

Am nächsten Tag, als er eine Messe im Freien zelebrierte, wirkte Johannes Paul II. »tief betroffen und niedergeschlagen«.[2] Biografische Einzelheiten über Krohn waren inzwischen bekannt geworden. Auch der zweite Attentäter auf den Papst war kein Geistesgestörter. Unter seinen Freunden galt er als intelligent und kaltblütig. Krohn hatte ein Technikstudium abgebrochen, um sich auf dem Schweizer Seminar des integralistischen Bischofs Lefèvbre zum Priester weihen zu lassen. Ihm war eine kleine Gemeinde in der Nähe von Paris zugeteilt worden. Doch schon während des Studiums hatte er sich der ultrareaktionären Bewegung FPT (Famiglia, Proprietà, Tradizione) angeschlossen, die, aus Lateinamerika stammend, nichts weniger verlangt als die Rückkehr der christlichen Gesellschaften ins Mittelalter. Die Sekte, die 1960 in Brasilien entstand, wünscht auch die Wiederherstellung der Herrschaft des Hauses Bragança über Brasilien. Ihre ausnahmslos männlichen Mitglieder versammeln sich in Kreuzfahrertracht und schmücken ihre Wände mit Bildern der heiligen Kriege gegen die Ungläubigen. In ihren religiösen Ansichten folgen sie weitgehend dem exkommunizierten Erzbischof Lefèvbre, obwohl sie sich zugleich als Geheimloge verstehen. Ihre Schutzheilige ist die Madonna von Fatima.

Nicht identifizierbare Mitglieder der Geheimgesellschaft soll es, nach Insiderquellen, auch im Vatikan geben. Vor dem Besuch des Papstes in Venezuela 1984 wurden Mitglieder der Sekte des Landes verwiesen, weil der Verdacht bestand, jemand aus ihrem Kreis könnte erneut den Papst attackieren. Dabei stellte sich im Übrigen heraus, dass sich die frommen Logenbrüder im Scharfschießen übten, indem sie eine Zielscheibe mit dem Porträt Johannes Pauls II. anvisierten.[3]

Für den Mordversuch an Johannes Paul II. wurde Krohn zu sechs Jahren Gefängnis verurteilt, ein erstaunlich mildes Urteil, von denen er jedoch nur drei Jahre absitzen musste. Als Johannes Paul II. am 13. Mai 2000 seine erneute Wallfahrt nach Fatima übernahm, löste die Nachricht, dass Krohn aus Brüssel, wo er lebte, verschwunden war, Großalarm in Portugal aus. Die Bewachung des Papstes wurde auf 1500 Polizisten verstärkt. Doch der Tag verlief undramatisch. Zwar nahmen die Freunde des Papstes in seiner engsten Umgebung mit einer gewissen Rührung wahr, dass der Papst dieses Mal seinen Ring an die Madonna übergab, und sie erinnerten sich daran, dass Johannes Paul II. ihn am Tag seiner Wahl im Oktober 1978 vom polnischen Primas Kardinal Wyszyński geschenkt bekommen hatte. In der einfachen Geste des Papstes lag für die Eingeweihten eine ganz persönliche, eine heimliche Rücktrittserklärung: das unausgesprochene Ende des Pontifikats Johannes Paul II. Den 600000 Gläubigen aber, von denen viele gekommen waren, um aus dem Munde des Papstes nun endlich die Enthüllung des dritten Geheimnisses von Fatima zu vernehmen, wurden enttäuscht. In seiner kurzen Predigt erwähnte Johannes Paul II. die Prophezeiung nicht. Nach ihm erhob sich der vatikanische Staatssekretär Kardinal Angelo Sodano, und der berührte dann das heiße Thema, wenn auch mit Vorsicht. Vor sich hinstarrend, saß Johannes Paul II. neben ihm. War er nicht einverstanden mit der Enthüllung Sodanos?

»Es scheint«, so sagte der Kardinalstaatssekretär, »dass der so genannte dritte Teil des Geheimnisses von Fatima auch das Attentat auf den Papst vor 19 Jahren berührt.« Im dritten Geheimnis sei von einem »Bischof in Weiß«, also offenbar dem Papst, die Rede, der von »Feuerwaffen getroffen wie tot zu Boden gefallen« sei. Nichts also von apokalyptischen Weissagungen. Die Zukunft hatte sich schon erfüllt: mit dem Attentat auf den Papst. Sodano warnte vor allzu wörtlicher Auslegung: Der »Text stellt eine Vision dar, die denjenigen der Heiligen Schrift gleicht, die nicht in fotografischem Sinn Ereignisse der Zukunft beschreiben«, sondern sie »verdichten« und »sie in der Zeit ausbreiten«.

Ein Raunen ging durch die Menge. Es klang enttäuscht. Ein wenig mehr Grusel hatten die meisten wohl erwartet. Nur vereinzelt kam Beifall auf, und der klang schwach. Die *New York Times* formulierte es am Tag danach trefflich: »Die verspätete Enthüllung des dritten Geheimnisses von Fatima … war ein bisschen so, als ob das FBI verkünden würde, dass Elvis in der Tat tot sei.«[4] In ihrem Bericht setzte die *New York Times*-Korrespondentin, Alexandra Stanley, zudem ein berechtigtes Fragezeichen: »Der Vatikan hat nicht erklärt, warum die Experten so sicher sind, dass die Vision sich auf den Papst bezieht und nicht zum Beispiel auf den weiß gekleideten Bischof von San Salvador, Oscar Ranulfo Romero, der am 24. März 1980 von rechten Todesschwadronen erschossen wurde, während er die Messe zelebrierte.«

Auf dem Rückflug hatte Sprecher Navarro-Valls den Journalisten versprochen, dass der Heilige Stuhl den gesamten

Text »in wenigen Tagen, spätestens in einer Woche« veröffentlichen werde. Aber das sollte noch dauern. Über die Veröffentlichung dieses schon lange vorliegenden Schriftstücks, 13 Zeilen sowie die krakelige Schrift einer portugiesischen Nonne, musste offensichtlich lange beraten werden. Dabei hatte Oral Celik, der Komplize Agcas, der am 13. Mai 1981 auf dem Petersplatz mit einer Pistole in der Hand fotografiert worden war, lange vor der Fatima-Show des Jahres 2000, bereits sechs Jahre zuvor mit Rosario Priore über die geheimnisvolle Vision gesprochen. An der Person Celiks, der heute unbestraft in seiner Heimatstadt Malatya in der Türkei lebt, wird verständlich, warum Priore in seinen Schlussfolgerungen zwei Hauptschuldige an der Vertuschung des Mordanschlags genannt hat: Frankreich und den Vatikan.

Zum Thema Frankreich muss freilich zunächst die zwielichtige Rolle erwähnt werden, die der langjährige Chef des französischen Geheimdienstes, Comte Alexandre de Marenches, bei den europaweiten Verdunkelungsmanövern des Papst-Attentats gespielt hat. Zunächst hat er Anfang der Neunzigerjahre für die Neubelebung der sowjetischen Schuldthese gesorgt. Der flamboyante Aristokrat, der zwischen 1970 und 1981 den französischen Geheimdienst SDECE geleitet hat, war, wie die Regierungschefs, unter denen er gedient hat, erzkonservativ und zugleich ein begeisterter Anhänger von Gegenterror und »covert operations«.

Bevor Ronald Reagan im Jahr 1980 sein Amt antrat, schlug der französische Graf dem künftigen Präsidenten der Vereinigten Staaten vor, für die Lösung der Geiselkrise das iranische Staatsoberhaupt Ayatollah Khomeini zu kidnappen. Auch für den Krieg der Sowjets in Afghanistan bot er interessante Lösungen an. Die sowjetischen Truppen sollten mit Heroin aus Beständen der amerikanischen Drogenbehörde DEA süchtig und kampfunfähig gemacht werden – Einfälle, vor denen selbst ein Kommunistenfresser wie der CIA-Chef

Bill Casey zurückschreckte. In den Nachforschungen über das Attentat auf den Papst hat de Marenches in geradezu ungeheuerlicher Weise Obstruktion betrieben.

Er selbst hatte nach dem Amtsantritt des Eurosozialisten Mitterrand im Jahr 1981 selbstverständlich seinen Posten aufgegeben. Doch sein Einfluss blieb groß. De Marenches sorgte dafür, dass die italienischen Bitten um Rechtshilfe abgeschmettert wurden. Was hatten die Franzosen zu verbergen? Noch als Pensionär waren Desinformationen de Marenches eine Herzensangelegenheit, und er hat auch falsche Spuren gelegt. In seinen 1992 erschienenen Memoiren *Dans les Sécrèts des Princes* behauptet er nämlich, er hätte dem Vatikan etwa sechs Monate vor dem Anschlag auf den Papst eine Warnung zukommen lassen, nach der »in Moskau die Entscheidung gefallen sei, den Papst zu ermorden«.

In einer eleganten Analyse legte de Marenches der französischen Journalistin Christine Ockrent den dreifachen Grund dafür dar, warum Moskau den Tod des Papstes gewollt habe. »In erster Linie weil dieser Mann von der anderen Seite kommt. Er kennt die Techniken und die Mentalität der Menschen im Osten. Nichts hassen die Kommunisten mehr als jemanden, der ihre Methoden versteht. Wie kann man sich die Hölle vorstellen, wenn man ein Engel ist? Der Heilige Vater ist aus jenem Teil der Welt gekommen, in dem die Teufel die Fäden ziehen. Er kennt sie gut, er weiß um ihre Intrigen, die ein Papst aus dem Westen niemals verstehen könnte. Zweitens, es ging darum, einen Papst loszuwerden, dessen historische Aufgabe es war, eine katholische Kirche wieder in feste Hände zu nehmen, eine von Zweifeln gequälte Kirche, in der es viele Priester gibt, die den marxistischen Sirenen nachlaufen, wenn sie nicht selbst die Kalaschnikows in die Hände nehmen. Der dritte Grund ist, dass nach seinem Tod zweifellos wieder ein Italiener gewählt wird, der sehr viel weniger hart gegenüber dem Kommunismus sein dürfte als der Papst, der selbst aus der Kälte kam.«

So sprach der Graf. Weniger gut konnte er erklären, warum denn seine weisen Einsichten den Vatikan nicht erreichten. Zweifellos hatte de Marenches merkwürdige Kanäle gewählt – wenn er denn überhaupt jemanden losgeschickt hat. Sein Ansprechpartner im Vatikan sei ein Prämonstratenser namens Monsignore Calmes gewesen, ein alter Freund von ihm. Zur Zeit des Interviews der Ockrent war dieser Monsignore schon tot. Aber auch nachträglich meinte der Exchef des französischen Geheimdienstes, den richtigen Mann gewählt zu haben: Monsignore Calmes hätte so wichtige Männer im Vatikan wie Kardinal Casaroli oder Kardinal Sodano gut gekannt. Nach dem, was wir inzwischen wissen, waren diese nun ebenjene Männer, die kaum daran interessiert gewesen sein dürften, ein Attentat auf den polnischen Papst zu verhindern.

Aber die ganze Angelegenheit wirkt konstruiert. Zwar hat sich die italienische Justiz nach Kräften bemüht und in unzähligen Arbeitsstunden versucht, aufzuklären, wo diese wichtige Nachricht des französischen Oberspions aus Frankreich im Vatikan wohl gelandet sein könnte: ohne jeden Erfolg. Möglicherweise aber war der kirchenstaatliche Energieeinsatz in der Angelegenheit schon deshalb flach, weil die führenden Männer im Staatssekretariat sehr genau wussten, dass de Marenches ihnen da, zur Neubelebung der östlichen Theorie, einen sowjetischen Bären aufbinden wollte – schließlich wussten die Wichtigsten unter ihnen sehr genau, wo der Ursprung des Attentats zu suchen war.

Comte de Marenches scheint auch eindringlich mit dem Nachfolger seiner konservativen Dienstherren, François Mitterrand, über das Attentat geredet zu haben: Der sozialistische Präsident Frankreichs hat weitere Nachforschungen der italienischen Justiz in seinem Land abgeblockt, indem er alle in Frankreich damit verbundenen Vorgänge zum Staatsgeheimnis erklärte.

So kam es, dass der seit dem Attentat in Frankreich lebende

Oral Celik in Frankreich erstaunlicherweise staatlichen Schutz genoss. Französische Behörden haben den Türken vor der Auslieferung an Italien geschützt und dafür gesorgt, dass er jahrelang unter einem falschen Namen, der ihm von den französischen Behörden verpasst wurde, unbehelligt in diesem Land leben, terroristische Anschläge gegen die armenische Befreiungsbewegung verüben und ungestört dem Rauschgifthandel nachgehen konnte.

Zwar wurde Celik Anfang der Neunzigerjahre in Frankreich wegen Heroinhandels für zwei Jahre eingebuchtet; außerdem wurde eine Geldstrafe von ca. 250000 DM über ihn verhängt, die, hätte er nicht zahlen können, in zwei weitere Jahre Haft verwandelt worden wären. Kurz vor Ablauf der Frist überwies ein Schweizer Anwalt das Bußgeld – das die französischen Behörden wunderbarerweise auf 30000 DM reduziert hatten. Ein erstes Auslieferungsbegehren der italienischen Justiz scheiterte. Die französischen Kollegen versicherten, dass ihnen Oral Celik und sein Aufenthaltsort nicht bekannt seien. Ein zweites Rechtshilfebegehren der Italiener wurde verschleppt und blieb ein Jahr lang unbeantwortet.

Erst im dritten Anlauf, im Oktober 1993, wurde der begehrte Häftling den italienischen Behörden übergeben. »Und so wurde, drei Jahre und sieben Monate nach dem ersten Rechtshilfeersuchen und mehr als zwei Jahre nach der Übermittlung der Akten die Angelegenheit oder besser: die Wechselfälle der rechtlichen Beziehungen zu Frankreich abgeschlossen«, schreibt Priore mit höflich gemäßigtem Sarkasmus in seiner Urteilsbegründung.[5]

Doch schon in einem der ersten Verhöre gibt Oral Celik eine erstaunliche Erklärung ab: »Ich habe mich nicht selbst Ates Bedri genannt. Dieser Name ist mir von den französischen Behörden gegeben worden.« Und wenig später: »Die Franzosen wissen viel. Sie wussten zum Beispiel, dass ich Oral Celik war. Sie wussten es von Anfang an. In Frankreich bin ich zum politischen Flüchtling erklärt worden. Diese Qualifikation bekommen zwar alle in Frankreich. Aber für mich ist ein richtiges Dossier als Angehöriger der PKK[6] erstellt worden. Die Franzosen haben mir gesagt, dass ich mir einen Namen aussuchen sollte, und da habe ich diesen gewählt. Damals wurde ich wegen des Attentats auf den Papst gesucht.« Die französische Polizei hätte ihm außerdem den Ausweis als politischer Flüchtling besorgt – innerhalb von 14 Tagen.

Richtig umsorgt wurde Celik von der französischen Polizei. Kurz vor dem Ablauf seiner Aufenthaltsgenehmigung in Poitiers kam ein Polizist bei ihm vorbei, um ihn daran zu erinnern, dass er diese zu erneuern habe. Ein andermal wird Celik nach Paris, in die Zentrale des französischen Geheimdienstes transportiert und über das Attentat ausgefragt, wobei die Franzosen sich vor allem für die Frage interessierten, was Celik über die »innere Opposition gegen den Papst im Vatikan weiß«.

Rosario Priore kann sich auch hier eines Kommentars über den französischen Umgang mit Oral Celik, dem wichtigsten türkischen Zeugen im Attentat gegen den Papst, nicht enthalten: »Es ist ein Verhalten, an dem man weder die Motive noch den Zweck erkennt, deren Natur und Absicht aber mehr als machiavellistisch erscheinen und die äußerst beunruhigend im Zusammenhang mit den Beziehungen zwischen den Staaten und eines allgemeinen Sinnes für Gerechtigkeit wirken.«[7]

Eine weitere Bombe lässt Celik in einem weiteren Verhör Anfang 1994 hochgehen: »Ich bin vor meiner Verhaftung in Frankreich angesprochen worden, dass ich die Bulgaren beschuldigen sollte und viel Geld dafür bekommen würde. Es war allerdings nicht abgemacht, dass ich hierher nach Italien kommen und im Gefängnis landen würde. Ich wiederhole: Das war nicht abgemacht. Die Personen, die von mir wollten, dass ich die Bulgaren beschuldigen sollte, haben mir gesagt, dass ich das tun solle, weil wir schließlich auch gegen den

Kommunismus wären. Ich bin angesprochen worden, bevor ich in Frankreich ins Gefängnis gehen musste, und ich werde auch reden – aber erst, wenn ich wieder frei bin.«

Priore versteht, dass Celik hier deutlich nach außen spricht, und kommentiert es so: »Man sieht deutlich genug, dass Celik Fakten von nicht geringer Bedeutung weiß und dass er an Abmachungen und an organisatorische Einheiten – deren Umrisse unschwer zu erraten sind – gebunden ist, und dass er sich mit seinen Erklärungen an ganz andere Gesprächspartner als an den Ermittler wendet.«

Nach weiteren sechs Monaten Haft trägt Oral Celik schwer wiegende und präzise Vorwürfe gegen die italienische Justiz vor. Er erklärt, dass der Revisionsprozess, der die bulgarische These verfolgte, politisch gesteuert worden sei – auch aus dem Inneren der italienischen Justiz. »Diejenigen, die verhindern wollen, dass die Wahrheit ans Licht kommt, befinden sich in diesem Justizgebäude«, behauptet Celik und nennt ein paar Verhöre später auch einen Namen: den des Ermittlungsrichters Ilario Martella. Die fahrlässige Art und Weise, in der Martella an einer Anklage mitgebaut hat, die sich nur auf die gefütterten Aussagen des Attentäters stützte, gibt dem türkischen Grauen Wolf im Nachhinein Recht. Martella, so sagte Celik aus, habe, gelenkt von anderen politischen Kräften des Westens, die bulgarische These vorangetrieben; zahlreiche andere Personen hätten ihren Anteil am Komplott, sagte Celik. »Unter ihnen sind Italiener und Schweizer, aber auch Personen aus anderen westlichen Ländern. Agca ist nur die Marionette, die geschossen hat. Die Personen, die am Komplott teilhatten, sind dieselben, die Agca dazu bewogen haben, falsche Erklärungen abzugeben. Die Hintermänner stammen alle aus denselben internationalen Zusammenhängen.«

Immer wieder beschwert sich der Türke, dass vorher getroffene Abmachungen nicht eingehalten worden seien. »Man hat mir versprochen, dass ich in Italien allenfalls Hausarrest bekommen würde.« Man hätte ihm versprochen, dass er in einer privaten Wohnung untergebracht werden würde, in der ihn seine Frau und seine Freunde hätten besuchen können. In dieser Lage hätte er alle Fakten über das Attentat auf den Papst auf den Tisch gelegt und über die »Verwicklung des italienischen, des französischen, des deutschen und des Schweizer Geheimdienstes an dem Komplott gesprochen«.

Und schließlich, am 29. Juni 1994, spricht Celik über die Mitwirkung des Vatikans an der Verschwörung gegen den Papst. Ali Agca sei von zwei Kardinälen im Vatikan empfangen worden – nach einer Scheinverhaftung durch den italienischen Geheimdienst.

O-Ton Oral Celik: »Diese haben ihn gesegnet. Es gibt eine Videoaufzeichnung von diesen Begegnungen. Der Kardinal, der Agca am meisten in seiner Absicht, ein Attentat auf Johannes Paul II. zu verüben, bestärkt hat, ist derjenige, der damals für die Außenpolitik des Vatikans zuständig war.« Zwar sind Celiks Aussagen, genau wie diejenigen Agcas, mit Vorsicht zu betrachten. Ein Video ist auch nicht aufgetaucht – aber wie sollte es auch? Man wird es Agca kaum zur Erinnerung mitgegeben haben. Jedoch belegt das Foto aus der Gemeinde San Tommaso di Aquino in all der Zufälligkeit, in der es entstanden ist, dass es Kontakte zwischen Agca und dem Vatikan vor dem Attentat gegeben hat. Agca steht im Übrigen dort, genau wie Celik, ohne das Foto je gesehen zu haben, sagt, »in der ersten, maximal zweiten Reihe der Teilnehmer an dem Treffen«.

In einem weiteren Verhör fiel zudem eine merkwürdige Bemerkung, die Celik damals nur zu einem Viertel verstanden haben mag, die sich auch dem Ermittlungsrichter kaum erschlossen haben kann, und die auch erst nach den Ereignissen in Fatima im Jahr 2000 einen Sinn bekommen haben. Es ist ein Satz, den man im Jahr 1994 noch als eine der Fabelgeschichten aus Tausendundeiner Nacht abtun konnte, die den türkischen Beteiligten am Attentat auf den Papst dann und wann in den Kopf kamen. Priore ist ihm damals auch nicht weiter nachgegangen. Doch heute, nach der offiziellen Interpretation des Attentats als Erfüllung des dritten Geheimnisses von Fatima, bekommt er plötzlich einen makabren Sinn, der das Komplott des Vatikans wie mit einem grellen Scheinwerfer beleuchtet. Celik berichtete nämlich: »Einer der Kardinäle, mit denen Agca gesprochen hat, erwähnte eine Vision, die um die hundert Jahre zuvor ausgesprochen worden sei; er selbst, der Kardinal, sei ein Bote dieser Prophezeiung«, und Agcas Mission wiederum sei es, diese alte Voraussage zu erfüllen.

Diese Bemerkung von Celik stammt, wohlgemerkt, aus dem Jahr 1994 und bezieht sich auf eine Erzählung Agcas aus dem Winter 1980/81. Damals lebten Celik, Catli und Agca gemeinsam in Wien, in der Jheringgasse 33a. Bereits in diesen Wintertagen soll also Agca seinen Komplizen von einem Besuch im Vatikan erzählt haben. Beide türkischen Komplizen haben viel Unsinn erzählt. Aber die Aussage Celiks erhält durch ihre Datierung zumindest Folgerichtigkeit und dadurch Gewicht.

Als Agca nämlich bei der Eröffnung seines zweiten Prozesses im Jahr 1985 zum Erstaunen aller die Veröffentlichung des dritten Geheimnisses von Fatima verlangte, war es wiederum eine Botschaft an den Vatikan, die Einforderung einer Abmachung, die er mit der Kurie getroffen hatte. Nicht anders hatte er es im ersten Prozess getan, in dem er herrisch verlangt hatte, vom Vatikan abgeurteilt zu werden. Die Existenz dieser Abmachung hat Agca im Übrigen der Autorin noch im Jahr 2000 bestätigt.

Anders als allgemein angenommen, hat Agca also nicht erst von dem Fatima-Geheimnis gehört, als ihn Johannes Paul II. am 23. Dezember 1983 in seiner Zelle besuchte. Ali Agca wusste vielmehr schon ein halbes Jahr vor dem Attentat von der Vision der Hirtenkinder. Diese Interpretation ist ihm im Vatikan nahe gelegt worden. Diejenigen, die im Kirchenstaat an der Verschwörung gegen den Papst mitwirkten, hatten demnach sorgfältig vorausbedacht, den Mordanschlag mit der Vision der Hirtenkinder zu überhöhen.

1994 erregte Oral Celik noch einmal Aufsehen, als er französischen Journalisten anbot, die Wahrheit über das Attentat auf den Papst gegen das bescheidene Entgelt von 500 Millionen Dollar zu enthüllen, einen Preis, den Celik danach noch auf ein Zehntel der ursprünglich geforderten Summe herabsetzte. Aber auch mit diesem großzügigen Rabatt fand Celiks Angebot keine Abnehmer.

26. Juni 2000. Kardinal Ratzinger bittet die Presse in den großen Saal des vatikanischen Presseamtes, um das dritte Geheimnis der Fatima nunmehr offiziell zu lüften. Der nüchterne Raum war für den Anlass großzügig mit Farnen geschmückt, auf dem langen Rednertisch erinnerten Sträuße mit gelbrosa und weißen Buschrosen an die ländliche Umgebung, die das Geheimnis hervorgebracht hatte.

Kardinal Ratzinger verlas den Text. Sein Publikum hielt den Atem an. Die gute Nonne hatte im Jahr 1941 (als der Vatikan sie aufgefordert hatte, das dritte Geheimnis schriftlich niederzulegen) folgendermaßen formuliert: »Nach den zwei Teilen der Vision, die ich schon dargestellt habe, haben wir auf der linken Seite von unserer Madonna, ein wenig höher, einen Engel mit einem Feuerschwert in der linken Hand gesehen. Funken sprühend sandte es Flammen aus, die die Welt hätten in Brand setzen können. Aber sie verlöschten vor dem Glanz unserer Heiligen Frau, die ihre Hand in seine Richtung ausstreckte. Der Engel wies nun mit der Rechten gegen die Erde und rief: ›Tut Buße! Tut Buße! Tut Buße!‹ In jenem unendlichen Licht, das Gott ist, ähnlich wie man Personen in einem Spiegel wahrnimmt, sahen wir dann einen Bischof, gekleidet in Weiß (von dem wir annahmen, es sei der Heilige Vater).

Verschiedene andere Bischöfe, Priester, Mönche und Nonnen stiegen auf einen steilen Berg, auf dessen Gipfel ein großes Kreuz aus den rohen Stämmen von Korkeichen errichtet war. Bevor der Heilige Vater dort war, ging er an einer halb zerstörten und halb wankenden Stadt vorbei, mit schwankendem Schritt, von Schmerz und Kummer erfüllt, um für die Seelen der Toten zu beten, an denen er vorbeiging. Als er auf dem Gipfel angekommen war und sich auf den Knien vor dem Kreuz niedergelassen hatte, wurde er von einer Gruppe von Soldaten ermordet, die teils mit Feuerwaffen, teils mit Pfeilen auf ihn schossen. Auf dieselbe Art und Weise starben, einer nach dem anderen, die Bischöfe, Priester, die Mönche, die Nonnen und verschiedene weltliche Personen, Männer und Frauen aus verschiedenen Klassen und Positionen. Unter den beiden Seiten des Kreuzes waren zwei Engel zu sehen, jeder mit einem Gefäß aus Kristall in den Händen, in dem sie das Blut der Märtyrer sammelten und mit ihm die Seelen begossen, die sich Gott näherten.«

Eine zweifellos eindrucksvolle Beschreibung einer Vision: durchaus, wenn man sie nicht wörtlich nimmt, apokalyptisch zu deuten. (Die Frage bleibt natürlich, ob eine derart literarische Sprache einer ungebildeten, portugiesischen Nonne zur Verfügung stand, die erst im Alter von 38 Jahren Lesen und Schreiben gelernt hat.) Doch für die Journalisten im Saal provozierte sie mehr Fragen als Antworten. Verständlicherweise. In der Vision wird der Bischof in Weiß eindeutig ermordet. Warum hatte der Vatikan erst behauptet, im Urtext hieße es, der Papst sei umgefallen »wie tot«? Warum war nicht erwähnt worden, dass nach der Vision der Hirtenkinder nicht nur er gestorben war, sondern mit ihm die gesamte kirchliche Hierarchie, und offenkundig auch ein guter Teil der Weltbevölkerung untergegangen war? Fragen über Fragen.

Kardinal Ratzinger lächelte sein allwissendes Lächeln und belehrte die Journalisten: »Die Vision ist kein Film über eine unveränderliche Zukunft, sondern sie kündigt eine Drohung an und mobilisiert damit zugleich jene Kräfte, die das Unglück verhindern können.« Der logische Widerspruch in der Aussage Ratzingers war unverkennbar: Wenn die Vision keine parapsychologische Vorausschau eines kalendarischen Ereignisses in der Zukunft war – warum hatte sich der Vatikan dann so bemüht, es mit dem höchst konkreten Fall des Attentats auf Johannes Paul II. zu verbinden? Als könne er damit alle Zweifel vom Tisch fegen, versicherte Ratzinger: »Der Papst hat noch im Gemelli-Krankenhaus die Vision gelesen, und er hat sich selbst wiedererkannt.«

Im Klartext: Vor dem Anschlag kannte Johannes Paul II. offenbar das dritte Geheimnis noch nicht. Sein Attentäter hingegen war schon sechs Monate vorher informiert worden. Dem Papst wird nach den Schüssen auf dem Petersplatz das Schreiben aus Portugal ins Krankenhaus gebracht, um dem Schwerverletzten klarzumachen, in welch wunderbarer Weise die Madonna von Fatima ihre mütterliche Hand über ihn gehalten hat. Auch die Nonne Lucia dos Santos musste offensichtlich erst davon überzeugt werden, dass ihre Vision von Johannes Paul II. spricht. Im April 2000 war nämlich, so gab Ratzinger auf der Pressekonferenz bekannt, sein Stellvertreter, Erzbischof Tarcisio Bertone, sei nach Portugal gereist, um die 92-Jährige zu befragen. Aus dieser Anhörung der Nonne durch den Vize der Glaubenskongregation und dem veröffentlichten Text, nicht aus der ursprünglichen Vision, stammt nämlich die von Anführungszeichen umgebene Aussage der Nonne: »Wir dachten, dass es sich dabei um den Heiligen Vater handelte.«

Mit der nunmehr kirchenstaatlich offiziellen Verbindung des Attentats mit dem dritten Geheimnis von Fatima kehrte die Kirche zu der nicht belegten und nicht bewiesenen »bulgarischen These« zurück – welche die italienische Justiz inzwischen in aller Diskretion aufgegeben hatte. Der Papst hat an die Schuld der Bulgaren, das heißt des KGB, freilich nie geglaubt. Er ging selber davon aus, dass der Ursprung der Verschwörung im Vatikan zu suchen sei. Schon Peter Nichols, der bedeutende britische Vatikanist, hatte im Übrigen in einem Interview für einen lokalen sizilianischen Radiosender im Jahr 1982 anlässlich des Besuchs des Heiligen Vaters in Sizilien gesagt, der Papst selber vermute ein vatikaninternes Komplott gegen ihn; in kleinstem Kreise von Kurienangehörigen habe der Heilige Vater im Zusammenhang mit dem Attentat öfter und pointiert Kardinal Carlo Borromeo erwähnt, der 1584 von den Männern der Kurie umgebracht worden ist.

Die im Jahr 2001 veröffentlichte anonyme Klerikerschrift der »Jünger der Wahrheit« über die seelische Befindlichkeit des Papstes während der langen Dekaden seiner Amtszeit, die dem Attentat folgten: »Der Heilige Vater hat seit dem Attentat in einer menschlich äußerst verständlichen Angst im apostolischen Palast gelebt.«[8]

14. Juni 2000: Auf Wunsch des Vatikans begnadigt der italienische Staatspräsident Carlo Azeglio Ciampi den Attentäter Ali Mehmet Agca. Nach 19 Jahren Haft wird Agca in einer italienischen Militärmaschine am nächsten Morgen in die Türkei transportiert. Wartende Journalisten vor dem Gefängnis in Ancona, in dem Agca seit vielen Jahren einsaß, bekamen für Sekunden einen hageren Mann zu Gesicht, der mit keinem anderen Gepäck als ein paar Büchern unter dem Arm in ein wartendes Auto stieg.

In der Türkei landete Agca wieder im Militärgefängnis Kartal Maltepe: für seinen Mord am *Milliyet*-Chefredakteur Abdi Ipekci hat er nach einer Amnestie nur noch sieben Jahre abzusitzen. Seine erste öffentliche Audienz in einem Prozess für einen Raubüberfall, den er begangen hat, nutzte Agca für einen dramatischen Auftritt, den wahrscheinlich bemerkenswertesten in seiner langen Karriere als Papst-Attentäter. Er hatte ein schriftliches Statement dabei, das er zu großen Teilen vorlas, bevor ihn der Richter unterbrach: »Der Vatikan ist das Haus des Teufels, voller schwerer Sünden und Verbrechen gegen Gott und die Menschheit. Der Vatikan hat das Attentat gegen den Papst organisiert. Er hat das Geheimnis von Fatima manipuliert und verändert, weil es enthüllte, dass der Vatikan dem Weg des Teufels folgt. Er hat sich vom wahren Weg der Religion abgewendet, um eine wirtschaftliche und politische Macht zu werden, während die Kardinäle sich in einem internen Kampf um die Macht verausgaben.«

Schließlich wandte sich Agca an die Katholiken in aller Welt: »Liebe Katholiken, ich liebe euch, aber ich rate euch, wendet euch vom Vatikan ab, der den Mordanschlag auf seinen Papst organisiert hat.«

Auch für den kranken und greisen Johannes Paul II. hatte sein Attentäter einen guten Rat bereit: »Du bist ein guter Mann, aber tritt zurück, bevor es zu spät ist.« In den meisten Zeitungen wurde Agcas Auftritt als bizarr, als »Delirium« bezeichnet. Doch Staatsanwalt Rosario Priore, befragt im Zweiten Programm des italienischen Fernsehens, gab einen knappen, trockenen Kommentar ab: »Was Agca da gesagt hat, bestätigt die interne, die vatikanische Theorie, die ich selbst in meinem Ermittlungsverfahren aufgezeigt habe.«

Epilog

Das Szenario ist erschreckend und abstoßend zugleich: ein Mordanschlag auf das Oberhaupt der katholischen Kirche mit lebenslangen Folgen für die Gesundheit und die Vitalität des Papstes, ausgebrütet noch vor der Wahl Ronald Reagans 1980 von Tätern, die offensichtlich von Thesen westlicher Geheimdienstleute inspiriert wurden, beschützt durch westliche Geheimdienste, gefördert und getragen von einer Camarilla im Vatikan, während eine politisch fehlgeleitete italienische Justiz bis in die Mitte der Achtzigerjahre zur Verdunkelung der wahren Hintergründe beigetragen hat.

Das Attentat auf den Papst war der schmutzigste aller schmutzigen Tricks, die der Propagandakrieg zwischen der kapitalistischen und der kommunistischen Welt im Westen hervorgebracht hat; es war die dreisteste aller »covert operations«, die im Kalten Krieg von westlichen Kräften durchgezogen wurden. Mit diesem Anschlag auf den Papst, der als Teil der Planung den Bulgaren und dem KGB untergeschoben werden sollte, war beabsichtigt gewesen, die Sowjetunion als das »Reich des Bösen« aus dem Kreis der zivilisierten Staaten zu verbannen, die sich anbahnende Entspannung zu boykottieren und die labile Situation in Polen zu destabilisieren, wenn möglich bis hin zu einer Intervention der Sowjets. Es war ein diabolischer Plan.

Sehen wir uns noch einmal die Verknüpfungen an. Ali Agca

und seine Komplizen, sein Boss Abdullah Catli und Oral Celik, waren nicht nur Graue Wölfe, sie gehörten auch einer geheimen Untergrundstruktur an, die es in vielen westlichen Ländern gab. Gegründet nach dem Zweiten Weltkrieg, waren sie ursprünglich dazu gedacht, im Fall einer russischen Invasion hinter den Linien als »Stay Behind«-Kräfte durch Attentate und Sabotage aus dem Untergrund den Feind zu bekämpfen. Es waren geheime Nato-Verbände, die mit Nato-Waffen und -Sprengstoff aus versteckten Depots versorgt wurden. Sie wurden erst von amerikanischen Militärs, dann nach amerikanischen Handbüchern trainiert. Auch die GSG9-Kämpfer des deutschen Bundesgrenzschutzes stellten den rechten Terroristen ihr Expertentum zur Verfügung – so etwa Abdullah Catli, der einen 8-Wochen-Lehrgang in der Bundesrepublik absolviert hat.

Nach der Verhaftung Agcas lebten Catli und Oral Celik unter der schützenden Hand des französischen Geheimdienstes in Frankreich. Celik erhielt von den französischen Behörden sogar eine neue Identität, systematisch wurde seine Auslieferung an die italienische Justiz von ihnen boykottiert. Der Schweizer Geheimdienst und CIA-Männer aus Ankara sorgten für die Entlassung Catlis aus einem Schweizer Gefängnis. Ungehindert konnte der türkische Rechtsterrorist zudem in die USA ein- und ausreisen, zuweilen sogar in Begleitung des gesuchten italienischen Terroristen Stefano Delle Chiaie.

Den Auftrag erteilte – wenn auch nicht aus eigener Initiative – der türkische Waffen- und Drogenhändler Bekir Celenk, Lieferant für die Grauen Wölfe, auch er mit westlichen Geheimdiensten verbunden. Ein italienischer Sismi-Agent, der für diese Aufgabe nach Bulgarien gereist war, hatte ihn eingewiesen. Die Tatwaffen wurden von dem österreichischen Waffenhändler Horst Grillmayer besorgt, einem bekannten Neofaschisten. Als er einmal von der österreichischen Polizei mit einer Ladung von Waffen verhaftet werden sollte, musste er laufen gelassen werden: Es stellte sich heraus, dass er im Auftrag des deutschen Bundesnachrichtendienstes unterwegs war.

Der Ursprung des Komplotts liegt in den USA, wenn auch nicht bei der CIA. Namen können nur vermutet werden. Die westlichen Verbündeten wurden freilich nicht gänzlich über die Absichten des Großen Brudes informiert. Ein privates, unveröffentlichtes Memorandum eines ehemaligen italienischen Sismi-Agenten, das der Autorin vorliegt, enthüllt die volle Wahrheit. Die westlichen Geheimdienstverbündeten des ungeheuerlichen Verbrechens sollten glauben, dass Agca den Papst nur anschießen sollte. In Wirklichkeit sollten zwei amerikanische Scharfschützen den Papst genau in dem Moment ermorden, in welchem Agca seine Waffe gehoben und schießen würde.

Dieser Plan wurde jedoch in letzter Minute aufgegeben. »Diejenigen, die auf den Papst schießen sollten, um ihn zu ermorden (was nicht einmal die italienischen Beteiligten wussten), erschienen nicht auf dem Petersplatz, sondern fuhren aus ihren Hotels direkt zum Flughafen und begaben sich nach Hause …«

Die »höchsten Sphären des Vatikans«, so heißt es weiter in dem Memorandum, »sind niemals im Dunkeln darüber gelassen worden, was geschehen sollte, obwohl auch sie nicht alles wussten. Aber sie waren die ersten, die alles verdeckt haben, um eine schwerwiegende innere Machtverlagerung im Vatikan zu verhindern. Ein Name ist mir (so der Ex-Sismi-Mann) in diesem Zusammenhang besonders in Erinnerung: SILVESTRINI.«

Die Authenzität des Memorandums ist streng überprüft worden – es gibt keinen Zweifel an ihr. Der Inhalt deckt sich im Übrigen mit unabhängig davon ermittelten Fakten – genau wie die oben genannten westlichen Verknüpfungen des Attentats, die aus unterschiedlichsten Quellen belegt sind.

Sämtliche Ermittlungen der letzten 20 Jahre haben dagegen nicht einen einzigen Kontakt zwischen dem Trupp, der den Anschlag auf den Papst ausführte, zu östlichen Geheimdiensten ergeben. Die bulgarische These blieb ohne einen Faden von Beweis.

Anfang der Neunzigerjahre wurde die »Operation Papst« mit einer weiteren Schicht Propaganda überzogen. Der amerikanische Journalist Carl Bernstein, dem nach »Watergate« keine einzige Enthüllungsgeschichte mehr gelungen war, setzte in einer 1992 erschienenen Titelgeschichte für *Time* die These von einer »Heiligen Allianz« zwischen Ronald Reagan und Karol Wojtyla zur Niederringung des Kommunismus in die Welt, ein Kompendium von Erfindungen und Lügen, das in Polen, bei den Männern und Frauen von Solidarność, Empörung auslöste und auch den Papst indignierte.

Immerhin hat Johannes Paul II. mit einer vernünftigen Politik der Kommunikation und der Beschwichtigung beider Seiten im polnisch-sowjetischen Konflikt wesentlich dazu beigetragen, dass die Entwicklung in seinem Heimatland nicht zu einer blutigen Tragödie eskalierte. Für Karol Wojtyla war eine »Heilige Allianz« mit den ausgeflippten Kalten Kriegern im Weißen Haus Ronald Reagans nicht vonnöten und sehr wahrscheinlich auch nicht erwünscht. Eher hat das Auftauchen einer charismatischen Figur wie Michail Gorbatschow das Ende des Kalten Krieges herbeigeführt. Als Ronald Reagan beim Besuch Gorbatschows in Washington die amerikanische Freundschaftsformel »Hello, Mike, my name is Ron« zwischen den Führern der beiden Weltmächte etablierte, war der Anbruch einer neuen Ära auch formell besiegelt.

Die Mitwirkung höchster Kreise am Attentat auf den Papst wurde auch durch die innere Struktur eines staatlichen Gemeinwesens gedeckt, das seinen Mitgliedern grundsätzliche Menschenrechte verweigert: von der Rede- bis zur Meinungsfreiheit, zum Telefon- oder Briefgeheimnis, von der Gleichheit der Geschlechter ganz zu schweigen. Diese autoritäre Verfassung macht Veränderungen, macht eine Öffnung hin zur Gegenwart so gut wie unmöglich. Nach seiner Wahl hat sich Johannes Paul II. zum dogmatisch wohl reaktionärsten Papst des Jahrhunderts entwickelt. Aber wir wissen nicht, welche Perspektiven ohne den Mordanschlag auf ihn möglich gewesen wären. Er war immerhin erst 60 Jahre alt, als Ali Agca auf ihn schoss. Ein Mann mit einer Lebensgeschichte, die weltlich begonnen hatte, die politischen Widerstand gegen das Naziregime, das Leben in der Arbeitswelt und möglicherweise sogar eine jugendliche Liebesgeschichte einschloss, hätte nicht als bleiköpfiger Dogmatiker in die Geschichte der Päpste eingehen müssen. Doch nach dem fast tödlichen Angriff auf ihn war Johannes Paul II. ein Gefangener der Kurie, und er wusste es. Er verstand auch, dass er in Rom nicht erwünscht war. Und so wurde er zum Reise-Papst, dessen Fähigkeit, TV-wirksam aufzutreten, Millionen von Anhängern vortäuschte, Karol Wojtyla sei das Oberhaupt der katholischen Kirche. Das hat seit dem Mordanschlag nicht mehr gestimmt. Wojtyla war nur ein elektronisches Abbild dieser Herrschaft. Diejenigen, die das Sagen im Vatikan hatten, waren und blieben in Rom. Manchmal hat Johannes Paul II. noch versucht zu widersprechen. Meistens kamen dann klägliche Sätze heraus wie: »Meine Vorgesetzten werden nicht glücklich sein, wenn ich das jetzt sage.« Selbst seinen Feinden konnte bange werden, wenn ein Herrscher über inzwischen eine Milliarde von Gläubigen sich zu derartigen Unterwerfungsgesten gezwungen fühlte. Die Akten sprechen deutlich genug von den inneren Kriegen im Vatikan, immer mehr Zeitzeugen auch. Der römische Gerichtsmediziner, der am deutlichsten auf die Spuren hingewiesen hat, die in den Vatikan selbst führen, nannte ein glaubwürdiges Motiv für die innervatikanische Unterstützung des Anschlags: Die Kurienfraktion wollte ein Zeichen setzen und vor der Erhebung des

Opus Dei zur Personalprälatur warnen, die gleichwohl geschah.

Auch die Morde an dem Kommandanten der Schweizergarde, Alois Esterman, seiner Frau Gladys und dem jungen Schweizergardisten Cédric Tornay im Mai 1998 sind aus dem wechselseitigen tödlichen Hass der beiden Seilschaften zu deuten. Möglicherweise hat die zynische Verfälschung der Tatsachen durch den Vatikan in dieser Tragödie jenen letzten Stein davongespült, der den Dammbruch bisher verhindert hat. Die »omertà« im Vatikan, das erpresste Schweigen zu den Verbrechen hinter seinen eigenen Mauern, beginnt zu bröckeln.

Doch das könnte zu spät sein. Sichtbar geht die katholische Kirche an ihren eigenen Lebenslügen zu Grunde. Sie wird bald nur noch zur zeremoniellen Verzierung menschlicher Lebensetappen gut sein: falls die dafür notwendigen Priester aufzutreiben sind. Mit dem biblisch nicht gerechtfertigten Ausschluss von Frauen vom Priesteramt verzichtet die katholische Kirche auf die wichtigste menschliche Ressource, die ihr zur Verfügung steht. Trotz freundlicher Worte des Papstes für das weibliche Geschlecht herrscht im Vatikan eine erschreckende Frauenverachtung. Die wenigen weiblichen Mitarbeiter, alle in untergeordneten Positionen, beklagen sich über die Arroganz ihrer Chefs, die sie wie Menschen dritter Klasse behandeln.

Als besonders zerstörerische Kraft für die menschliche Substanz der katholischen Kirche wirkt das Verbot der Sexualität für Priester. Glücklicherweise, so kann man sagen, wird es nicht eingehalten. Etwa 50 Prozent der Priester im Vatikan leben in homosexuellen Beziehungen: eingeschlossen drei der engsten Mitarbeiter des Papstes. Aber welche psychischen Leiden müssen diese Männer ertragen, wenn sie zugleich für die donnernde Verurteilung der Homosexualität in ihrer Kirche geradestehen müssen.

Für junge Frauen, aus deren Liebesbeziehungen mit italienischen Priestern Kinder hervorgehen, unterhält der Vatikan in Rom ein Heim für »gefallene Mädchen« – verborgen natürlich, unter strengster Schweigepflicht für alle Beteiligten. Der Kontakt zu den Vätern ist verboten – eine der schändlichsten Scheinheiligkeiten einer Kirche, die nach außen die Werte der Familie über alles stellt.

In dem Lügengebäude, das sie um sich selbst errichtet hat, kann die katholische Kirche natürlich auch keinen Zugang zu historischen Wahrheiten finden. Zur Serie der päpstlichen Entschuldigungen für Verbrechen der katholischen Kirche im Lauf der Jahrhunderte gehörte auch eine Verneigung vor Martin Luther und dem Protestantismus – die dann wenige Jahre später durch Kardinal Ratzingers Verdikt, die katholische Kirche sei die einzig selig machende, zurückgenommen wurde.

Viele Jahre lang haben sich päpstliche Kommissionen darum bemüht, den Antisemitismus der katholischen Kirche wirklich, wahrhaftig und für immer aus ihren Dogmen zu entfernen. Doch es gelang nicht. Noch schlimmer endete die historische Aufarbeitung des Holocaust, die mit lahmen Entschuldigungen für Priester und Bischöfe endete, welche die rassistische Vernichtung des biblischen Volkes Gottes mitgetragen hatten.

Sollte es einer derart verblendeten Institution dann möglich sein, die Vision von einfachen portugiesischen Hirtenkindern zu lesen? Der durch zeitliche Abfolgen von Aussagen in den Akten eindeutig belegte Umstand, dass Ali Agca im Vatikan und sechs Monate vor dem Papst selbst, andeutungsweise über den Inhalt des dritten Geheimnis von Fatima informiert wurde, beleuchtet die kriminelle Phantasie derjenigen, die das Attentat auf den Papst hinter den vatikanischen Mauern mitgetragen und gesteuert haben. Die im Jahr 2000 plötzlich und unter großem Publicity-Getöse vorgelegte Interpretation des Vatikans, der »Bischof in Weiß« sei eine Voraussage des Attentats, ist eine Manipulation. Haben Ratzinger und seine Gefolgsleute nicht das gesamte dritte Geheimnis gelesen? Schließlich wurde ja nicht nur der »Bischof, gekleidet in Weiß« von einer »Gruppe von Soldaten ermordet, die teils mit Feuerwaffen, teils mit Pfeilen auf ihn schossen«. Der Bischof war schließlich nicht allein unterwegs. Die Vision sagt: »Auf dieselbe Art und Weise starben, einer nach dem anderen, die Bischöfe, Priester, die Mönche, die Nonnen und verschiedene weltliche Personen, Männer und Frauen, aus verschiedenen Klassen und Positionen.« Es wäre angemessen, diese kraftvolle Vision nicht zu einer vereinfachenden Vorausschau des Attentats auf Johannes Paul II. zu verfälschen, sondern hinzuhören, wovon sie wirklich spricht: vom Ende der katholischen Kirche, jedenfalls in der Gestalt, in der sie sich heute selbst vorführt.

Anmerkungen

Kapitel 1: Ende eines Pontifikats

1 *Corriere della Sera*, 10. November 1999
2 Discepoli della Verità, *All' ombra del Papa infermo*, Mailand, 2001, p. 91
3 Ebenda, p. 91
4 Sentenza Istruttoria di Proscoglimento, Tribunale di Roma, Uffizio Istruzione-Sezione 1a, Nr. 9031/85 A PM, Nr. 2675/85A G. I., p. 508, im Folgenden als *Sentenza Priore* bezeichnet
5 S. dazu: Frances FitzGerald, *Way Out There in the Blue, Reagan. Star Wars and the End of the Cold War*, New York, 2000
6 *New York Times*, 21. Mai 1981
7 Anna Maria Turi/Ali Mehmet Agca, *La mia Verità*, Milano, 1994, p. 152
8 Ebenda, p. 153

Kapitel 2: Ein Mordanschlag

1 Die meisten Zeugen sprechen von zwei Schüssen. Aus dem Magazin der Browning Parabellum mit zwölf Patronen, das in der Pension Agcas gefunden wurde, fehlten jedoch vier Schuss. Einer steckte noch im Lauf der Pistole, die Agca unmittelbar nach der Tat aus der Hand geschlagen wurde. Auf dem Petersplatz wurde weiterhin eine Patronenhülse aus einer anderen Waffe gefunden – ein klarer Hinweis, dass es Komplizen gab, von denen einer auch geschossen hat.
2 *Tempo*, 14. Mai 1981
3 Die Angaben über die Besucher auf dem Petersplatz stammen aus römischen Tageszeitungen vom 14. Mai 1981.

4 *Turi/Agca, La mia Verità*, p. 152
5 Ebenda, p. 154
6 *Il Messagero*, 14. Mai 1981
7 *Der Spiegel*, 21/81, S. 26. Aus dieser Beschreibung des deutschen Nachrichtenmagazins wird erkennbar, dass der Türke von oben nach unten gezielt haben muss – ein sehr wichtiger Umstand für die Interpretation seiner Absichten.
8 *Literaturnaja Gazeta*, 13. Mai 1981
9 Telefongespräch mit der Autorin, 21. Mai 1981
10 Turi/Agca, a.a.O., p. 53
11 *Corriere della Sera*, 14. Mai 1981
12 *Ansa*, 14. Mai 1981, 0.30 Uhr
13 Corte d'Assise, Motivazione della Sentenza, 21. September 1981, p. 38, im Wortlaut in: Atti del Prozesso, Vol. I, p. 44
14 *La Stampa*, 15. Mai 1981
15 *Corriere della Sera*, 15. April 1981
16 ebenda
17 *Frankfurter Rundschau*, 17. Mai 1981
18 *Ansa*, 20. Juli 1981, 11.30 Uhr
19 Im letzten Kontakt der Autorin mit Ali Agca, der nach dessen Rückkehr in die Türkei stattfand, hat Agca bestätigt, dass es eine solche Zusage vom Vatikan für ihn gegeben habe.
20 *Frankfurter Rundschau*, 21. Juli 1981
21 *La Repubblica*, 23. Juli 1981
22 Ebenda
23 *Sentenza Priore*, p. 188
24 Ebenda, p. 196f.
25 Ebenda, p. 194f.

Kapitel 3: Der fremde Papst

1 Rossend Domènech Matilló, *Marcinkus. L'Avventura delle Finance Vaticane*, Neapel, 1987, p. 201
2 Tad Szulc, *Papst Johannes Paul II. Die Biografie*, Stuttgart, 1997, S. 2
3 Ebenda, p. 231
4 Ebenda, p. 231
5 *Der Spiegel*, 21/78, S. 24
6 *Der Spiegel*, 21/84, S. 25
7 *The Globe and Mail*, 4. Dezember 1978
8 Peter Hebblethwaite, *Pope John Paul II and the Church*, Kansas City, 1995, p. 36

9 *L'Espresso*, 13. Okober 1980, S. 69

10 Hansjakob Stehle, *Geheimdiplomatie im Vatikan. Die Päpste und die Kommunisten*, Zürich, 1993

11 Ebenda, S. 351

12 Jonathan Kwitny, *Man of the Century. The Life and Times of Pope John Paul II*, New York, 1997, p. 446f.

13 Szulc, a.a.O., p. 244

14 Stehle, a.a.O., S. 224

15 Stehle, a.a.O., S. 352

16 Szulc, a.a.O., p. 256

17 Hebblethwaite, a.a.O., p. 17

18 Dafür nahm sich Casaroli die Freiheit, die Reden des Papstes nachträglich zu interpretieren. Als deutsche Vertriebenenverbände sich beim Vatikan beschwerten, Johannes Paul II. hätte in Polen polnischen Nationalismus gepredigt, beschwichtigte sie Casaroli: Der Heilige Vater sei missverstanden worden. Bezeichnenderweise erschien der Brief Casarolis an die Vertriebenenverbände nur in der deutschen Ausgabe des *Osservatore Romano*. Vgl. Stehle, a.a.O., Fußnote 13, S. 429

19 Stehle, a.a.O., S. 349

20 Carl Bernstein/Marco Politi, *Seine Heiligkeit Johannes Paul II. Macht und Menschlichkeit des Papstes*, München, 1996, S. 173

21 I Millenari, *Via col vento in Vaticano*, Mailand, 1999, p. 170

22 Hebblethwaite, a.a.O., p. 27

23 Szulc, a.a.O., p. 295

24 Frank Brodhead/Edward Herman, *The Rise and Fall of the Bulgarian Connection*, New York, 1984, p. 174

25 Stehle, a.a.O., S. 356

26 Domènech, a.a.O., p. 204

27 Domènech, a.a.O., p. 234

28 Interview der Autorin

29 Domènech, a.a.O., p. 234

30 Alceste Santini, *Agostino Casaroli, l'uomo del dialogo*, Mailand, 1993, p. 93

31 Francesco Pazienza, *Il Disubbidiente*, Milano, 1999

32 Ebenda, p. 275–281. Pazienza selbst ist in vieler Hinsicht ein zweifelhafter Zeuge. Wegen seiner Beteiligung an einer Intrige des so genannten Super-Sismi, der versucht hatte, die Spuren im schwersten Attentat der italienischen Nachkriegsgeschichte in eine falsche Richtung zu lenken, ist Pazienza zu zehn Jahren Gefängnis verurteilt worden, die er derzeit absitzt. Die von ihm geschilderte Affäre ist freilich aus vielen anderen Quellen belegt.

33 Nach dem Tod De Nunzios ist Peter Duft von einem Mailänder Gericht wegen Erpressung verurteilt worden, ohne dass nachgewiesen werden konnte, dass der Züricher Anwalt, im Übrigen Führungsmitglied des Opus Dei im Züricher Raum, mehr getan hat, als sein anwaltliches Sonderkonto für die Zahlung zur Verfügung zu stellen. Über den Inhalt der Dokumentation sagte Duft der Autorin, dass sie keine explosiven Vorwürfe gegen Marcinkus enthalten hätte. Auf die Frage, ob sie eingesehen werden könnte, erklärte Duft, er hätte den ersten Teil in den Schredder gesteckt und den zweiten Teil an den Sohn des 1981 verstorbenen De Nunzio zurückgegeben. Was natürlich die Frage eröffnet, warum der erste, offensichtlich »heiße« Teil des Dokuments vernichtet werden musste.

Kapitel 4: Hinter der Bronzetür

1 In einem Schnellprozess wurde Calvi am 20. Juli 1981 von einem Mailänder Gericht zu 15 Milliarden Lire Strafe (damals etwa 60 Millionen Mark) und vier Jahren Haft verurteilt; die Haftstrafe wurde bis zur nächsten Stufe in der Abfolge von drei Prozessen, die bis zur endgültigen Verurteilung nach dem italienischen Justizsystem Vorschrift sind, ausgesetzt.

2 Hartmut Benz, *Finanzen und Finanzpolitik des Heiligen Stuhls*, Stuttgart, 1993, S. 159ff.

3 Die Lira war auf Grund eines geheimen spekulativen Manövers von Sindona bis an den Rand des Abgrunds getrieben worden; großzügig machte sich der Mafiabankier anschließend mit einigen Stützungskäufen bei der christdemokratischen Führung Italiens beliebt.

4 Charles Raw, *The Moneychangers*, New York, 1992. Zitate nach der italienischen Ausgabe *La Grande Truffa*, Mailand, 1993

5 Ebenda, p. 4

6 Heribert Blondiau/Udo Gümpel, *Der Vatikan heiligt die Mittel*, Düsseldorf, 1999, S. 64–65

7 Rupert Cornwell, *God's Banker*, London, 1983, p. 252

8 Am 12. Oktober 1982, in der italienischen Botschaft in Washington. Bericht der parlamentarischen Untersuchungskommission über den Untergang der Banco Ambrosiano (CdI), Vol. V, p. 457

9 Ebenda, p. 174

10 Blondiau/Gümpel, a.a.O., S. 65

11 Ebenda, S. 64f.

12 *Sentenza Priore*, Bd. 2, p. 300

13 *Civiltà Cattolica*, 19. Oktober 1974

14 Pecorelli hat seinen Scoop nicht lange überlebt. Er wurde im Frühjahr 1979 in seinem Auto erschossen. Ein italienisches Gericht hat Giulio Andreotti in der ersten Instanz von dem Verdacht freigesprochen, den Mord an Pecorelli in Auftrag gegeben zu haben. Für den zweiten Prozess, der 2001 stattfinden wird, sollen sich neue Belastungszeugen gegen Andreotti gefunden haben.

15 I Millenari, a.a.O., p. 124

16 Ebenda, p. 125

17 Ebenda, p. 226

18 Professor Wolfgang Beinert, Ordinarius für katholische Dogmatik in Regensburg, zitiert von Peter Hertel in: *Limes*, 1/2000, p. 164

19 So der bekannte Schweizer Theologe Hans Urs von Balthasar, in: *Limes*, ebenda, p. 164

20 So der Sprecher des Opus Dei, Giuseppe Corigliano, in seinem *Limes*-Beitrag

21 Sie werden »Abtötungen« genannt und beginnen morgens mit Geißelschlägen auf das nackte Gesäß während des individuellen Morgengebets. Anlegen eines Bußgürtels oder eines Nagelmetallbandes um die Schenkel kommt nach dem Frühstück.

22 »Anachronistische Lebensform« heißt der Beitrag des Kapuziners Anton Rotzetter.

23 So behandelt in *Limes. Rivista Italiana di Geopolitica*, 1/2000. Diese Ausgabe der renommierten Zeitschrift, die das »Impero del Papa« behandelt, enthält zwei Beiträge über das Opus Dei; der erste, kritisch gestimmt, stammt von dem deutschen Journalisten Peter Hertel, der sich seit 20 Jahren mit dem Thema befasst und einer der wichtigsten Kenner auf diesem Gebiet ist. Den zweiten Artikel, aus der Gegenposition, hat der Sprecher des Opus Dei, Giuseppe Corigliano, verfasst. Die Vorstellung des neuen *Limes*-Bandes fand im Pressezentrum des Vatikans für das Giubileo, also praktisch auf vatikanischem Boden, statt. Auf so hoher Ebene war der Dissens über das Thema Opus Dei im Vatikan noch nie offenbart worden.

24 In einem Gespräch mit der Autorin in Martigny sagte sie auch, sie sei von Männern, die sich als Vertreter des Vatikans vorstellten, in bedrohlichem Ton aufgefordert worden, das Thema nicht mehr öffentlich zu behandeln. Sie hat sich nicht daran gehalten. Ihr Beitrag in dem Buch der Discepoli di Verità zeigt eine intellektuell begabte, kämpferische Person am Werk, die sich nicht

damit abfinden wird, stummes Opfer vatikanischer Intrigen zu bleiben.

25 Discepoli di Verità, *Bugie di Sangue in Vaticano*, Mailand, 1999
26 Ebenda, p. 156
27 Ebenda, p. 157
28 *Ansa*, 5. Juli 1983
29 *La Repubblica*, 10. Juli 2000
30 *Sentenza Priore*, Bd. 1, p. 48

Kapitel 5: Ein bulgarisches Komplott?

1 Claire Sterling, *The Time of Assassins*, New York, 1983, p. 6
2 Ebenda, p. 10
3 *Who's Who in the CIA?*, New York, 1983
4 *Panorama*, 12. Juli 1985
5 Ebenda
6 Sterling, a.a.O., p. 79
7 *Reader's Digest*, Nr. 8/9, 1982, p. 173
8 In dem auf den Sterling/Henze-Thesen beruhenden Prozess von 1985 wird aus Mustafaeoff auf einmal Mustafa Eof.
9 *Reader's Digest*, Nr. 8/9, 1982, p. 76–93
10 Sterling, a.a.O., p.113
11 Kommission für Sicherheit und Zusammenarbeit in Europa des amerikanischen Kongresses, Protokoll der Sitzung vom 23. September 1982
12 Das Geld wurde nicht abgeholt, weil Ali Agca den Denunzianten, einen Grauen Wolf wie er selbst, nach seiner Flucht aus dem Gefängnis erschossen hatte. Marvine Howe, Korrespondentin der *New York Times* in Istanbul, hatte darauf hingewiesen, dass Agca den Namen des Mannes nur von der Polizei erfahren haben konnte.
13 Sterling, a.a.O., p. 131
14 Ebenda, p. 132
15 Vernehmungsprotokoll, 3. Mai 1982, Atti del Processo di Appello, p. 343
16 Vernehmungsprotokoll, 19. November 1982
17 Vernehmungsprotokoll, 18. November 1982
18 Vernehmungsprotokoll, 20. November 1982
19 *Covert Action Magazine*, Frühjahr 1983

Kapitel 6: Ein Prozess scheitert

1 *Panorama*, 13. Oktober 1983, p. 64
2 *Sentenza Priore*, Kap. 4, p. 403
3 *Panorama*, a.a.O., p. 63 ff.
4 Interview der Autorin
5 Zitiert in Brodhead/Herman, a.a.O., p. 103
6 *La Stampa*, 25. Juni 2000, p. 9
7 Ebenda
8 Verhörprotokolle Ali Agca, Bd. 2, p. 273
9 Sentenza Corte d'Assise, Kap. 6, p. 158
10 *Panorama*, 23. Oktober 1983, S. 62
11 Zitiert in einer Artikelserie von Michael Dobbs in der *Washington Post*, »The Man Who Shot the Pope«, 4. Teil, 17. Oktober 1984
12 *Corriere della Sera*, 29. Mai 1985
13 *Ansa*, 25. Mai 1985
14 *Liberation*, 23. September 1985, p. 33

Kapitel 7: Komplizen und Auftraggeber

1 *New York Times*, 14. Juni 1981
2 Gespräch mit der Autorin, März 2000
3 Atti dell'Inquiesta di Trento dell Giudice Carlo Palermo, p. 367 (Akten des Ermittlungsverfahrens über Waffen- und Drogenhandel des Trientiner Staatsanwalts Carlo Palermo)
4 Giulio Andreotti, *L'Unione Sovietica vista da vicino*, 1988, p. 210

Kapitel 8: Die geheime Welt der »Gladio«-Kämpfer

1 Dokumente der Susurluk-Kommission, herausgegeben vom Internationalen Verein für die Menschenrechte der Kurden, Bonn, 1998, S. XIII
2 Ebenda, S. 42
3 Lucy Komisar in *The Progressive*, April 1997
4 *L'Europeo*, 21. Mai 1981
5 *Der Spiegel*, 34/79. Ölzweig für D. W.

6 David Corn, *Blond Ghost*, New York, p. 359
7 *Washington Post*, 16. Februar 1987
8 Com, a.a.O., p. 359
9 Ebenda, p. 361
10 Ebenda, p. 363
11 Zitiert in *Washington Post*, 16. Februar 1987
12 *Sentenza Priore*, p. 472

Kapitel 9: Ein Bischof, gekleidet in Weiß

1 Die korrekte Schreibweise ist Khron, hat sich jedoch in der Berichterstattung über den zweiten Attentäter auf den Papst nicht durchgesetzt.
2 *The Globe and Mail*, 14. Mai 1982
3 Carlo Palermo, *Il Papa nel Mirino*, Rom, 1998, p. 116
4 *New York Times*, 15. Mai 2000
5 *Sentenza Priore*, Bd. 2, p. 85
6 Abkürzung für die kurdische Befreiungsbewegung
7 *Sentenza Priore*, Bd. 2, p. 101
8 Discepoli di Verità, p. 105

Literaturverzeichnis

Aarons, Mark/Loftus, John: *Ratlines.* Rome, 1993

Aarons, Mark/Loftus, John: *Unholy Trinity. The Vatican, the Nazis and the Swiss Banks.* New York, 1991

Agca, Mehmet Ali/Turi, Anna Maria: *La mia Verità. Il sorprendente Memoriale del uomo che ha sconvolto il mondo.* Milano, 1994

Andreotti, Giulio: *L'Unione Sovietica vista da vicino.* Roma, 1988

Andronov, Ion: *On the Wolves' Track.* Sofia, 1983

Benz, Hartmut: *Finanzen und Finanzpolitik des Heiligen Stuhls.* Stuttgart, 1993

Bernstein, Carl/Politi, Marco: *Seine Heiligkeit Johannes Paul II. Macht und Menschlichkeit des Papstes.* München, 1996

Blondiau, Herbert/Dümpel, Udo: *Der Vatikan heiligt die Mittel. Mord am Bankier Gottes.* Düsseldorf, 1999

Brodhead Frank/Herman, Edward: *The Rise and Fall of the Bulgarian Connection.* New York, 1984

Brozzu-Gentile, Jean-François: *L'Affaire Gladio. Les réseaux secrets américains au cœur du terrorism en Europe.* Paris, 1992

Calderoni, Pietro (Hrg.): *Servizi Segreti. Tutte le deviazioni dal piano »Solo« al golpe Borghese, dalla »P« alla strage di Bologna, dal caso Cirillo al super Sismi.* Napoli, 1986

Celik, Selahattin: *Verbrecher Staat. Der »Susurluk-Zwischenfall« und die Verflechtung von Staat, Unterwelt und Konterguerilla in der Türkei.* Frankfurt, 1998

Coen, Leonardo/Sisti, Leo: *Il Caso Marcinkus. Le vie del denaro sono infinite.* Milano, 1992

Corn, David: *Blond Ghost. Ted Shackley and the CIA's Crusades.* New York, 1994

De Angeli, Floriano (Hrg.): *Le Guide di Mafia Connection.* Milano, 1992

Denzler, Georg: *Das Papsttum. Geschichte und Gegenwart.* München, 1997
Discepoli di Verità: *All'ombra del Papa infermo.* Roma, 2001
Discepoli di Verità: *Bugie di Sangue in Vaticano. Il triplice delitto della Guardia Svizzera.* Milano, 1999
Domènech Matilló, Rossend: *Marcinkus, L' Avventura delle Finance Vaticane.* Napoli, 1987
Early, Pete: *Confessions of a Spy. The Real Story of Aldrich Ames.* New York, 1997
Fabiani, Roberto: *I Massoni in Italia.* Roma, 1979
Fitzgerald, Frances: *Way out There in the Blue. Reagan, Star Wars and the End of the Cold War.* New York, 2000
Flamigni, Sergio: *Trame Transatlantiche. Storia della Loggia Segreta P2.* Roma, 1996
Giovanni Paolo II: *Nelle spire della nomenclatura vaticana.* Milano, 2001
Guarini, Mario: *I Mercanti del Vaticano. Affari e scandali: industria delle anime.* Milano, 1998
Guarini, Mario: *L'Italia della Vergogna.* Milano 1995
Hammer, Richard: *The Vatican Connection.* New York, 1982
Hebblethwaite, Peter: *In the Vatican.* Bethesda, 1986
Hebblethwaite, Peter: *Pope John Paul II and the Church.* Kansas City, 1995
Henze, Paul: *The Plot to Kill the Pope.* New York, 1984
Herman, Edward S.: *The Real Terror Network. Terrorism in Fact and Propaganda.* Boston, 1982
Hertel, Peter: *Geheimnisse des Opus Dei. Geheimdokumente – Hintergründe – Strategien.* Freiburg, 1995
Robert Hutchison: *Their Kingdom Come. Inside the Secret World of Opus Dei.* New York, 1997
I Millenari: *Via col Vento in Vaticano.* Roma, 1999
Knopp, Guido: *Vatikan – die Macht der Päpste.* München, 1997
Konstantinow, Dimiter: *Paul Henze – Mastermind of the Bulgarian Connection.* Sofia, 1985
Kwitny, Jonathan: *Man of the Century. The Life and Times of Pope John Paul II.* New York, 1997
Marino, Guiseppe Carlo: *Storia della Mafia.* Roma, 1998
Mumcu, Ugur: *Papa, Mafya, Agca.* Istanbul, 1984
Özbudun, Ergun: *Turkish Politics, Challenges to Democratic Consolidation.* London, 2000
Oschwald, Hanspeter: *Vatikan – Die Firma Gottes.* München, 1998
Palermo, Carlo: *L' Attentato.* Trento, 1992
Parry, Robert: *Trick or Treason.* New York, 1993

Pazienza, Francesco: *Il Disubbidiente.* Milano, 1999
Peterlini, Hans Karl: *Bomben aus zweiter Hand.* Bozen, 1992
Poulton, Hugh: *Top Hat, Grey Wolf and Crescent.* New York, 1997
Prados, John: *President's Secret Wars. CIA and Pentagon Covert Operation from World War II through Persian Gulf.* Chicago, 1996
Raugei, Fedora: *Bologna, 1980. Vent'anni per la verità. Il più grave attentato della storia italiana nella ricostruzione processuale.* Roma, 2000
Raw, Charles: *La Grande Truffa. Il Caso Calvi e il crack del Banco Ambrosiano.* Milano, 1993
Reese, Thomas J.: *Inside the Vatican. The Politics and Organization of the Catholic Church.* Cambridge, 1996
Santini, Alceste: *Agostino Casaroli, uomo del dialogo.* Milano, 1993
Sebastian, Peter: *I Servizi Segreti Speciali Britannici (1940– 1945).* Napoli, 1986
Sisti, Leo: *Per Conto del Vaticano.* Napoli, 1989
Stehle, Hansjakob: *Geheimdiplomatie im Vatikan. Die Päpste und die Kommunisten.* Zürich, 1993
Stehle, Hansjakob: *Graue Eminenzen – dunkle Existenzen. Geheimgeschichten aus vatikanischen und anderen Hinterhöfen.* Düsseldorf, 1998
Sterling, Claire: *The Time of Assassins.* New York, 1983
Stoerkel, Jean-Marie: *Les Loups de St. Pierre.* Paris, 1996
Struffi, Maurizio/Sardi, Luigi: *Fermate quel giudice. Carlo Palermo, i trafficanti di droga mercanti di armi, gli errori, i servizi segreti e i »fulmine« di Craxi.* Trento, 1989
Szulc, Tad: *Papst Paul Johannes II. Die Biographie.* Stuttgart, 1996
Westerfield, H. Bradford (Hrg.): *Inside CIA's Private World.* New Haven, 1995
Wills, Gary: *Papal Sins. Structures of Sin.* New York, 2000
Yalcin, Soner/Yurdakul, Dogan: *Bay Pipo.* Istanbul, 1999
Yalcin, Soner/Yurdakul, Dogan: *Reis. Gladio'nun Türk Tetikcisi.* Istanbul, 1992
Yallop, David A.: *Im Namen Gottes? Der mysteriöse Tod des 33-Tage-Papstes Johannes Paul I.* München, 1984

Archive und Dokumentationen

Archiv des Tribunale di Roma.

Commissione d'inquiesta del parlamento italiano sulla P2 (CipP2)

National Security Archive, Washington, D.C., USA.

Behörde für die Unterlagen des Staatssicherheitsdienstes der ehemaligen DDR (Gauck-Behörde)

Public Information Research, San Antonio, Texas, USA.

Akten der Susurluk-Kommission des türkischen Parlaments.

Dow Jones Interactive Library, New York, USA.

Documentazione elettronica dell'Ansa. (Elektronisches Archiv der italienischen Nachrichtenagentur *Ansa*)

Globnet (Elektronisches Archiv des *Corriere della Sera*, Milano)

Register